中国科普大奖图书典藏书系编委会

（以姓氏笔画为序）

顾　　问	王麦林	王梓坤	王绶琯	杨叔子
	杨振宁	张景中	章道义	
主　　任	叶永烈	刘嘉麒		
副 主 任	卞毓麟	石顺科	何　龙	
编　　委	王直华	尹传红	曲　颖	任福君
	刘华杰	刘兴诗	李　元	李毓佩
	吴　岩	吴国盛	张之路	张开逊
	陈芳烈	林之光	金　涛	孟　雄
	星　河	夏　航	郭曰方	隋国庆
	董仁威	焦国力		

总 策 划	何　龙	何少华
选题策划	刘　辉	高　然
编辑统筹	高　然	曾　菡
装帧设计	胡　博	
督　　印	王东生	刘春尧
责任校对	蒋　静	

中国科普大奖图书典藏书系

幻 想

探索未知世界的奇妙旅程

尹传红 ◎ 著

长江出版传媒　湖北科学技术出版社

图书在版编目（CIP）数据

幻想：探索未知世界的奇妙旅程 / 尹传红著.
—武汉：湖北科学技术出版社，2013.4（2016.11重印）
（中国科普大奖图书典藏书系 / 叶永烈 刘嘉麒主编）
ISBN 978-7-5352-5641-6

Ⅰ.①幻… Ⅱ.①尹… Ⅲ.①科学知识－普及读物
Ⅳ.①Z228

中国版本图书馆CIP数据核字（2013）第059846号

责任编辑：谭学军	封面设计：戴 旻
出版发行：湖北科学技术出版社	电话：027-87679468
地　　址：武汉市雄楚大街268号	邮编：430070
（湖北出版文化城B座13-14层）	
网　　址：http://www.hbstp.com.cn	
印　　刷：武汉立信邦和彩色印刷有限公司	邮编：430026

700×1000　1/16　　　　　　　23.75 印张　2 插页　280 千字
2013年4月第1版　　　　　　　2016年11月第3次印刷
　　　　　　　　　　　　　　　定价：36.00元

本书如有印装质量问题　可找本社市场部更换

题 献

谨以此书献给

引导我走进科学世界并改变了
我人生道路的两位著名作家——

艾萨克·阿西莫夫
叶永烈

幻想是遥遥天际飘荡的彩色气球,是茫茫长夜游移的熠熠火炬。幻想寄托着人类的希冀,未来的蓝图。尹传红的《幻想》一书,以历史为经,以科学、文化为纬,交织出人类千百年来追求美好幻想的斑斓图锦。

——叶永烈(著名科幻作家、科普作家、纪实文学作家)

在浩浩的历史长河中,在斗转星移的时空变化中,人类永不停歇的就是对未知的追寻。人类的幻想穿越肉体的束缚,叩击着未来的门扉。幻想,使人类在那些懵懂的岁月里,他们的心灵也显得如此卓尔不凡。在《幻想》一书中,传红以他颇为强大的文字驾驭能力,蛮富趣味地向我们娓娓道来人类幻想征程中一个个动人的故事。这些故事串在一起,分明是一部人类科技史的独特注脚。

——任福君(中国科普研究所所长、中国科普作家
协会副理事长、北京市科协副主席)

把人类的幻想作为考察对象,论述幻想在探索未知世界的历程中所起的作用,充分阐述科学幻想在认识世界、调动创造性思维方面的功能,进而将人类独具的科学幻想列入科学发现和技术创造的原动力之一,在我看来,这些,都是别开生面的理论概括,也是近年来科幻史研究的新收获。尹传红的著作《幻想》,便是这方面的代表作。

——金涛(科学普及出版社原社长兼总编辑,
中国科普作家协会原副理事长)

38岁时发表独树一帜的科幻研究论著《幻想》(首版),意味着尹传红已由一个单纯的科幻爱好者向一个成熟的科幻研究者转换;41岁时推出别具风格的科学随笔集《星星还是那颗星星》,标志着他又由一个普通的科技新闻工作者向一个优秀的科技评论家靠拢。新版《幻想》兼扬上述诸长,堪称妙不可言!

——卞毓麟(著名科普作家、天文学家,
中国科普作家协会副理事长)

幻想是思维的翅膀,科学才使人真正飞翔。千百年来,科学大师们,在追逐幻想中,构建着人类的文明;科幻作家们,则以幻想创作科幻作品,憧憬着人类的未来。要从古今中外的科幻小说中选出精品,从千头万绪的幻想思路中理出脉络,再作画龙点睛式的评述,是科幻研究中的一座险峰。尹传红以他执著的钻研精神和浪漫的幻想情怀进行攀登,为读者献出了《幻想》,一部构思新颖、精彩纷呈、好读耐读的佳作。

——甘本祓(著名科普作家、微波技术专家,
中国科普作家协会荣誉理事)

《幻想》,是启迪无穷思维的佳作;幻想,是飞向美好未来的翅膀!幻想启迪无尽的思维,幻想通往美好的未来!

——陈芳烈(人民邮电出版社原总编辑,中国科普作家原副理事长)

立足科学的平台,放飞幻想的翅膀。尹传红的《幻想》一书,可说是科学与人文融合的范本。

——王晋康(著名科幻作家)

步武前贤,幻想无边,"阿迷"传红,再续新篇。

——江晓原(上海交通大学教授,科学史与科学文化研究院院长)

幻想乃人类的天性，科幻则相伴科技而生，又给科技的进一步发展插上了想象的翅膀。《幻想》一书所描绘的，就是二者互动互促的一条不平凡的轨迹，一段人类探索未知世界的奇妙旅程。其中不乏美妙的故事、深层的反思。非常精彩！

——吴岩（北京师范大学教授，世界华人科幻协会会长）

《幻想》不是一本书，而是一个世界。这个世界集中了人类历史上最绚丽的幻想，以及伟大幻想家们的生命传奇。

——姚海军（《科幻世界》主编、科幻图书出版人）

一个从小就满怀新奇幻想和美好愿望的人，饱含激情写出了启人心智的《幻想》；一个自幼就承受科学雨露和人文滋养的人，又以其深具人文情怀和哲思意味的生花妙笔，书写科学，描绘世界，展望未来，奉献社会。赞！

——詹琰（中国科学院大学新闻与科学传播系副教授）

幻想是人类创造力的源泉，科幻是想象力的盛宴。《幻想》一书将这二者完美结合，充分展示了幻想与科技之间的血缘关系，以及作者所具备的那种能够纵横开阖于多个知识领域、自如驾驭文字的深厚功力。

——王卫英（科幻评论者）

总 序
ZONGXU

我热烈祝贺"中国科普大奖图书典藏书系"的出版!"空谈误国,实干兴邦。"习近平同志在参观《复兴之路》展览时讲得多么深刻!本书系的出版,正是科普工作实干的具体体现。

科普工作是一项功在当代、利在千秋的重要事业。1953年,毛泽东同志视察中国科学院紫金山天文台时说:"我们要多向群众介绍科学知识。"1988年,邓小平同志提出"科学技术是第一生产力",而科学技术研究和科学技术普及是科学技术发展的双翼。1995年,江泽民同志提出在全国实施科教兴国的战略,而科普工作是科教兴国战略的一个重要组成部分。2003年,胡锦涛同志提出的科学发展观则既是科普工作的指导方针,又是科普工作的重要宣传内容;不是科学的发展,实质上就谈不上真正的可持续发展。

科普创作肩负着传播知识、激发兴趣、启迪智慧的重要责任。"科学求真,人文求善",同时求美,优秀的科普作品不仅能带给人们真、善、美的阅读体验,还能引人深思,激发人们的求知欲、好奇心与创造力,从而提高个人乃至全民的科学文化素质。国民素质是第一国力。教育的宗旨,科普的目的,就是为了提高国民素质。只有全民的综合素质提高了,中国才有可能屹立于世界民族之林,才有可能实现习近平同志最近提出的中华民族的伟大复兴这个中国梦!

新中国成立以来,我国的科普事业经历了 1949—1965 年的创立与发展阶段;1966—1976 年的中断与恢复阶段;1977—

1990年的恢复与发展阶段；1990—1999年的繁荣与进步阶段；2000年至今的创新发展阶段。60多年过去了，我国的科技水平已达到"可上九天揽月，可下五洋捉鳖"的地步，而伴随着我国社会主义事业日新月异的发展，我国的科普工作也早已是一派蒸蒸日上、欣欣向荣的景象，结出了累累硕果。同时，展望明天，科普工作如同科技工作，任务更加伟大、艰巨，前景更加辉煌、喜人。

"中国科普大奖图书典藏书系"正是在这60多年间，我国高水平原创科普作品的一次集中展示，书系中一部部不同时期、不同作者、不同题材、不同风格的优秀科普作品生动地反映出新中国成立以来中国科普创作走过的光辉历程。为了保证书系的高品位和高质量，编委会制定了严格的选编标准和原则：一、获得图书大奖的科普作品、科学文艺作品（包括科幻小说、科学小品、科学童话、科学诗歌、科学传记等）；二、曾经产生很大影响、入选中小学教材的科普作家的作品；三、弘扬科学精神、普及科学知识、传播科学方法，时代精神与人文精神俱佳的优秀科普作品；四、每个作家只选编一部代表作。

在长长的书名和作者名单中，我看到了许多耳熟能详的名字，备感亲切。作者中有许多我国科技界、文化界、教育界的老前辈，其中有些已经过世；也有许多一直为科普事业辛勤耕耘的我的同事或同行；更有许多近年来在科普作品创作中取得突出成绩的后起之秀。在此，向他们致以崇高的敬意！

科普事业需要传承，需要发展，更需要开拓、创新！当今世界的科学技术在飞速发展、日新月异，人们的生活习惯和工作节奏也随着科学技术的进步在迅速变化。新的形势要求科普创作跟上时代的脚步，不断更新、创新。这就需要有更多的有志之士加入到科普创作的队伍中来，只有新的科普创作者不断涌现，新的优秀科普作品层出不穷，我国的科普事业才能继往开来，不断焕发出新的生命力，不断为推动科技发展、为提高国民素质做出更好、更多、更新的贡献。

"中国科普大奖图书典藏书系"承载着新中国成立60多年来科普创作的历史——历史是辉煌的,今天是美好的!未来是更加辉煌、更加美好的。我深信,我国社会各界有志之士一定会共同努力,把我国的科普事业推向新的高度,为全面建成小康社会和实现中华民族的伟大复兴做出我们应有的贡献!"会当凌绝顶,一览众山小"!

中国科学院院士
华中科技大学教授　杨叔子　二〇一二·九·廿八

序 一

幻想是什么？

幻想是肥皂泡，在阳光下折射着美丽的彩虹，虽说是那么吸引眼球，但转瞬之间，泡飞泡灭，无影无踪。

幻想是白日梦，虚幻，无根，不可捉摸，无法"下载"，可是有时梦境却那般诱人，那么甜蜜，如同充饥的画饼。

幻想是任人打扮的小女孩，每一个人都可以用自己的愿望和想象，编织各种各样的奇思怪想，在无尽的天际绘制着充满憧憬的蓝图。幻想是任小女孩打扮的小女孩！

幻想五花八门。幻想虚无缥缈。幻想却又无羁无束，生机勃勃。

有人称，幻想是"指违背客观规律的，不可能实现的，荒谬的想法或希望。"

No！No！我无法苟同这样的"定义"。

幻想是美丽的。

幻想是可贵的。

幻想是希望。

幻想是未来。

在种种幻想之中，尤为珍贵的是建立在科学基础上的幻想。自从1818年英国诗人雪莱的夫人玛丽出版世界上第一部科学幻想小说以来，多少科学幻想小说作家用文学的笔调，为读者绘声绘色地描述了多少动人而又迷人的科学幻想。

尹传红先生的《幻想》一书，带领读者漫游于科学幻想的山阴道上，领略古今中外科学幻想从未知到现实的曲折历程，令人目不暇接。

幻想，从某种意义上讲，就是一种诱惑、疑惑、迷惑、困惑。作者擅长解疑释惑。《幻想》一书，以"浪漫的诱惑"、"红色的疑惑"、"时空的迷惑"、"生命的困惑"四章，以生动有趣的文笔，以广征博引的事例，细细剖析，娓娓道来，令读者对科学幻想知命不惑、知疑辨惑。

科学幻想，就是科学的梦，未来的梦。愿你我都成为追梦人，追逐美好，奔向未来。

叶永烈

2013 年 3 月 19 日于上海"沉思斋"

序 二

尹传红著《幻想》出新版了。在当今这个"速朽"的时代，这本书能够被人记住，并在短短几年时间内推出新版，这本身就是对其价值的最大肯定了。作为他的老友，也作为该书初版的策划者之一，我的欣喜之情不言而喻。

传红是国内近年来在科普创作领域颇有建树的新星，他以阿西莫夫和叶永烈为楷模，在从事科技新闻工作之余，一直笔耕不辍，写出了不少科普佳作。同他所敬仰的两位偶像一样，传红自小也非常热爱科幻文学，尤其关注其中提出的幻想对技术进步和社会发展的推动作用，并收集、研读了大量的相关资料。记得在2005年前后，他和我就这个话题进行了多次深入的讨论，而最后的结晶，就是这本出版于2007年年初的《幻想》。

由于在创作理念与写作手法上有着诸多创新和鲜明特色，该书一问世即受到公众和媒体的广泛好评，被称为"近年来为数不多的通俗科幻理论读物之一"；而且，先后荣膺2009年"上海市优秀科普作品"、2010年度上海市科学技术进步奖，并入选科技部评出的"2012年全国优秀科普作品"。书中的部分章节内容，甚至还被改编成了一些地方的高考或模拟高考语文试卷中的考题。2007年底，《科学时报》在回顾当年度科学文化作品时总结道：科普作品要想好读好看，就要注重科学与人文的融合，国内优秀科普作家卞毓麟创作的《追星》和尹传红创作的《幻想》，可以称之为"科学与人文融合的范本"。

的确,在20万字出头的篇幅里,《幻想》十分巧妙地将丰富的科学内容、优美的文学笔法、深层的哲学反思、朴素的人文关怀同历史的发展脉络熔于一炉,深入浅出,雅俗共赏,为推动科学传播与人文教育的有机结合做出了积极而有益的探索。而这种结合,可谓是新时代科普创作的一个新趋势。

《幻想》之妙,首在立意高远。它创造性地选择将人类的幻想作为考察对象,论述幻想在探索未知世界的历程中所起的巨大作用,并且用大量鲜活的实例,生动地阐释了"液体火箭之父"戈达德的名言:"昨天的梦想,就是今天的希望和明天的现实。"

在该书初版序里,我曾这样写道:

> 对于幻想,大多数人只把它们当作遥不可及的梦。然而,我们今天所生活的世界,在很大程度上是诸多幻想家在几百年前着力描述过的世界。我们生活中的许多事物,都早已出现在前人的幻想之中,只是到了现在才终于变成活生生的现实。正是在幼稚的幻想变为成熟的现实这一过程中,人类发掘出了自身的巨大潜力,实现了社会的不断进步。
>
> 幻想之所以能最终变成现实,无疑靠的是一种力量——科学。正是科学,也只有科学,才能把幻想变成现实。当然,现实决不会完全是幻想的翻版。有的时候,幻想与现实之间的惊人重合令人感到不可思议;而有的时候,它们却颇有距离。这其中的对比和关联,往往意味深长。
>
> 从幻想到现实,人类的思维和智慧划过了一条不平凡的轨迹。追寻这条轨迹,我们将不仅可以回味诸多激动人心的历史时刻,更可以感受科学发展给人类社会带来的巨大震撼。

现在回过头来看,《幻想》所提出的"科学幻想是科学发现和技术创造的原动力之一"这一主题,正在得到越来越多的认同。这不仅将大大提升我们对科幻文学本身价值的认知,而且对于激发读者(尤其是青少年读者)

拓展创新思维,对于我国建设创新型国家,都将会起到有益的作用。而这部新版对此主题的论述,也更为全面,更为深入。相信读者诸君在阅读过程中,一定会与我有相同的共鸣。

除了创作思想上的高度与深度外,《幻想》一书的写作手法也有一些独到之处,让人在阅读过程中深悟科学与文学相融、现实和幻想交织之妙。全书的叙述以两条既相互独立又密切相关的线索展开:一条是科学技术的发展史,另一条是科学幻想的发展史。两条主线看似各行其道,却又相互作用、互为因果,有时甚至交织在一起,共同阐明了本书的主题。

在书中,作者还以精炼优美、富有诗意和哲理性的文字,充分烘托出了科学的理性之美。全书由四个充满诗意的"惑"字统领:第一篇"浪漫的诱惑",描绘古往今来人类对月球的无限遐想;第二篇"红色的疑惑",探讨人类对火星的向往和猜测;第三篇"时空的迷惑",讲述人类对时间和空间的漫漫求索;第四篇"生命的困惑",追寻人类对自身的认识和对生命的思考。全书文笔流畅,娓娓道来,引人入胜,正可谓是:真幻交织蕴深意,科文相融笔生花。

显然,一部科普作品要想做到知识性、可读性、趣味性、哲理性兼而备之、浑然一体,无疑对其创作者提出了很高的要求,即不仅要有开阔的思想视野、宽广的知识结构,还要有扎实的文学功底、浓厚的历史情怀和良好的哲学素养,以及勤奋的工作精神和精益求精的写作态度。毋庸讳言,这样的作者时下并不多见。传红正是其中的佼佼者之一、科普界公认的后起之秀。

我相信,在未来的岁月里,还将看到传红更多、更好的科普作品问世;我也真切地希望,中国科普的星空上,能涌现出更多像传红这样的科普之星,更多像《幻想》这样的科普佳作。

匡志强
2013 年 3 月 3 日于上海

目 录

引子 ·· 1

第一篇　浪漫的诱惑

第一章　天文学的光辉 ·· 4
人类梦想的源泉 ·· 5
天空的双眸 ··· 7
时间符号 ·· 8
异象与神力 ··· 11
古代智者的思索 ·· 14

第二章　飞镜无根谁系 ·· 18
从广寒宫到月球国 ··· 18
"优秀清教徒的圣地" ·· 21
撩开月亮的面纱 ·· 24
牛顿的灵感与辛弃疾的神悟 ·· 26

第三章　科学浪漫主义 ·· 29
凡尔纳的预见 ··· 30
印证预言 ·· 32
一个并非不合理的假设 ··· 34

    捷足先登者 36
    登月情节的翻版 39
    冒险家的新乐园 40
  第四章　可上九天揽月 45
    越来越近的现实 46
    真正的登月先锋 48
    开发地球第八大洲 51
    "嫦娥"奔月 57

第二篇　红色的疑惑

第一章　迷雾重重 62
    战神与荧惑 63
    逆行解谜 66
    行星轨道的真相 68
    太像地球了 69
第二章　打开幻想之门 71
    想象变成现实 71
    水道与运河 74
    既顺理成章又不可思议 75
    "科学信徒"的迷误 78
第三章　奇异的世界 82
    邂逅火星公主 83
    不可思议的生命 86
    千奇百怪的异形 89
    异乡异客 91
    地球移民者的新大陆 96

第四章　揭开战神的面具

无情的仲裁……………………………………………… 100
希望犹存…………………………………………………… 102
石破天惊…………………………………………………… 104
再受质疑…………………………………………………… 106

第五章　通向新世界之路

为伟大梦想而着迷………………………………………… 109
人人都能上太空…………………………………………… 112
最浩大的工程……………………………………………… 113
未来的使命………………………………………………… 115

第三篇　时空的迷惑

第一章　樱桃树上的梦想

将人载到空中去…………………………………………… 120
开启太空大门的钥匙……………………………………… 123
点燃"天火"的人………………………………………… 125
执著的追梦人……………………………………………… 127
"月球火箭狂"的壮举…………………………………… 130
梦想照进现实……………………………………………… 133
迟到的荣誉………………………………………………… 136

第二章　向太空的长征

前赴后继的先驱们………………………………………… 139
粉碎权威人士的断言……………………………………… 144
进入"航天时代"………………………………………… 148
竞逐人造地球卫星………………………………………… 150
"我们选择到月球去"…………………………………… 153

第三章　太空大舞台 ········· 156

地球变得越来越小了 ········· 156
未来银河帝国战事 ········· 159
轰动一时的太空探险 ········· 160
延续多个世代的旅程 ········· 162
到外星球殖民去 ········· 165
一个功勋卓著的设想 ········· 167
太阳帆船 ········· 169
直达天穹的扶梯 ········· 172

第四章　穿越时空 ········· 177

80万年以后的景象 ········· 177
"重返"中世纪 ········· 180
真的能回到过去吗 ········· 182
时间狩猎公司的生意经 ········· 185
控制时光流逝 ········· 187
虚幻的梦境 ········· 191

第五章　时间、空间与万物 ········· 195

难解的谜团 ········· 195
一切新奇特征的根源 ········· 198
科学与科幻的双向交流 ········· 202
科学的边缘地带 ········· 205
无尽的探索 ········· 208

第六章　谎言与真相 ········· 213

我们是否孤独 ········· 213
月亮骗局 ········· 215
火星人"入侵" ········· 218
不可对抗的超级文明力量 ········· 224

一个温情的现代童话……………………………………228
第七章　茫茫宇宙觅知音……………………………………231
　　捕捉来自外星球的声音………………………………231
　　他们在哪儿呢…………………………………………234
　　追寻生命的踪迹………………………………………237
　　最令人好奇的情形……………………………………241
　　没有讲完的故事………………………………………244

第四篇　生命的困惑

第一章　作法自毙……………………………………………248
　　噩梦激发的灵感………………………………………249
　　苦难"造就"的邪恶……………………………………251
　　堕落的天使……………………………………………253
　　跨越一个多世纪的认识………………………………256
第二章　真实与虚妄…………………………………………260
　　百万富翁的惊人之举…………………………………261
　　闹出了大风波…………………………………………263
　　一场跨国官司…………………………………………267
　　《自食其果》的后果…………………………………269
第三章　理性与迷狂…………………………………………272
　　奇怪的面孔……………………………………………272
　　半人半兽的怪物………………………………………274
　　化身博士………………………………………………277
　　"设计"人………………………………………………279
　　美丽的新世界…………………………………………282
　　脱胎换骨之觞…………………………………………284

我知道你在想什么 …………………………………… 287

第四章　进步与隐忧 ………………………………………… 290
　　两个"世界"的冲突 …………………………………… 290
　　寻找"特殊基因" ……………………………………… 293
　　破解遗传疾病宿命 ……………………………………… 296
　　造个完美娃娃 …………………………………………… 299
　　耐人寻味的教训 ………………………………………… 301
　　潜藏着的危险 …………………………………………… 304

第五章　福近易知，祸远难见 ……………………………… 306
　　给怪异病毒画像 ………………………………………… 306
　　人类最可怕的敌人 ……………………………………… 310
　　生命世界中的异类 ……………………………………… 311
　　永无休止的战斗 ………………………………………… 313
　　一个前所未有的实验 …………………………………… 316

第六章　如影随形 …………………………………………… 320
　　机器人的"道德" ……………………………………… 321
　　像人一样思考 …………………………………………… 325
　　好梦还是噩梦 …………………………………………… 330
　　生物能被远程操纵吗 …………………………………… 333
　　心有灵犀一点通 ………………………………………… 335
　　"非自然"的选择 ……………………………………… 337
　　幻想化成了事实 ………………………………………… 339

参考书目 ……………………………………………………… 343
初版后记 ……………………………………………………… 350
新版补记 ……………………………………………………… 355

引 子

时空转换,回到30多年前的南方小城,柳州。

在炎热的夏夜里,少年时代的我,常常喜欢一个人躺在居家附近工地的沙堆上,遥望茫茫太空、圆圆月亮,反反复复思考这样一些问题:这月亮上到底有啥?宇宙空间究竟有多大?天边之外又是什么?这一切的一切有没有个尽头?

再则,人是打哪儿来的?死了以后又会去哪?真的有灵魂和天堂吗?

我还想过:也许我们已经习惯于见到山再高也有个尽头,江再长也有个源头,于是乎我们便认定自己所观察到的一切都应该有个界限。进而又寻思:莫非真有我们人类的智力和想象力所不能触及、描述和理解的存在?

闭上眼睛,假想自己乘坐着火箭、飞船,向着宇宙纵深飞去……找不到自己急于知道的答案,常常就贴着凉丝丝的沙砾进入了梦乡。

许多年过后,见到年龄相近的同行和科幻作家韩松,聊起这幼年往事,获知他小时候闲坐长江边愣神,常常也是在思考诸如此类的"大"问题,我们心领神会,相视一笑。

现在,我已经回想不起,到底是什么触动了少年时代的我去思考那些问题,产生那样的想法。但毫无疑问,幻想是人类的天性。作为人类独有的一种思维方式,幻想对于人类社会的进步和发展起着难以估量的巨大作用,并且一直在影响和改变着我们的生活。

更进一步说,伴随着科学探索的进程所萌生的科学幻想,从诞生伊始便是创新思维的原动力之一。在现代科学出现之后,科学与幻想更是呈现出一种互动互促的关系,并以一种特殊的方式跟文学结合在一起,从而成就了科学幻想这一崭新的文学体裁。

自20世纪以来,科学与科幻小说两者之间的双向交流与渗透日趋深入。科幻小说提出思想,激励着科学家解决现实世界中的问题。科学家把这些思想纳入到自己的理论中,进行深入的探究,把今天的科学幻想变成明天的科学现实。许多科幻作品中有关未来的科学幻想,成为激发科学家探索的原动力,并已经被科学发展的历史所证实。

但有的时候,科学提出的概念要比科幻小说所展现的内容更神奇、更难以想象。比如,黑洞、暗物质和暗能量就是一些典型的例子。还有,诸如QQ、物联网、云计算、大数据、社交网络之类,也未必都是科幻作家预先幻想过的玩意,但在不知不觉中就进入了我们的现实生活。

或许可以这样说:科幻作品以其超前的眼光、多元的探究和深层的发掘,对科学技术的发展所引起的变革予以大胆预测,并对科学技术所带来的负面效应作出了超越时代的预见。尽管它对科技的反思往往并不是那么严谨和系统,但是,它的一种异常直观和锐利的视角,倒又可能要比单纯的学术研究具有更强的感染力和震撼力。从这个意义上讲,科幻小说有其独到的价值。

再看:世界存在各种可能性。科幻小说被认为是略微超前并且看到了这些可能性的"超科学"。它突破了常规科学方法的禁锢,提供了一种在不同环境下探讨当代问题的可能性,进而使人们获得一种独到的、可借以规避危险的自我预防能力。

事实上,科幻小说也是在创造一种替代性的历史或情境,是一种探究各种可能形态的"思想实验",是一种展望未来图景、启迪创新思维、开阔思路视野、系念明天生活的文学。

本书所要展现的,就是这样一种生机无限的文学孕育、发展的轨迹,以及它引领人们探索未知世界的奇妙旅程。

第一篇
浪漫的诱惑
LANGMANDEYOUHUO

月球，我们地球的这颗天然卫星、与我们靠得最近的天体，自古以来就充满着浪漫的诱惑力，蒙着一层神秘的面纱。

今天，虽然科学技术的发展已经大大增进了人类对宇宙万物的了解，使月球"失色"不少，但是，有关月球的种种幻想、假说和臆测所蕴涵的价值，以及它们在激发人类的活力和创造力方面的贡献，却一直令我们难以忘怀。而一些以月球旅行或探月为主题的科幻作品，确曾在一定程度上对相关科学技术的发展起到了"先导"作用，并常为人们所津津乐道。

正如一位天文学家所言，月光是天文学的光辉，它照亮了人们研究这门科学的道路，使人们慢慢地将注意力转向星球和无边的宇宙。

第一章 天文学的光辉

"俱怀逸兴壮思飞,欲上青天揽明月。"

"今夜月明人尽望,不知秋思落谁家。"

"人有悲欢离合,月有阴晴圆缺,此事古难全……"

月亮似乎与人生有缘。遥望一轮明月,人们或萌发无限的遐想,或寄托真挚的情感,或表达良好的愿望。于是,有无数诗词歌赋闪现着月亮的清幽,也融入了人生的欢乐与哀愁。

月球,我们地球的这颗天然卫星、与我们靠得最近的天体,自古以来就充满着浪漫的诱惑力,蒙着一层神秘的面纱。今天,虽然科学技术的发展已经大大增进了人类对宇宙万物的了解,使月球"失色"不少,但是,有关月球的种种幻想、假说和臆测所蕴涵的价值,以及它们在激发人类的活力和创造力方面的贡献,却难以让人忘怀,无怪乎法国著名天文学家弗拉马利翁(Camille Flammarion, 1842—1925)早在100多年前就称颂月光是"天文学的光辉","这一光辉照亮了人们研究这门科学的道路。"

美丽的月亮

人类梦想的源泉

月亮几乎跟我们的地球一样古老。

古希腊阿卡狄亚地方的人,为了炫耀他们是最古老的民族,吹嘘说在地球还没有月亮陪伴时他们的祖先就存在了,所以他们自称是"先月族"。还有别的氏族也夸耀说,他们的祖先曾亲眼看见月亮被装上天穹。

跟太阳一样,月亮在各种文化中、各个时代里,常常被赋予某种象征性的含义,许多民族都以月亮的循环周期来安排宗教节庆和神话故事中的纪念日。今天,即使在使用阳历计时的地方,仍可以在许多节日里感受到月亮的巨大影响。

在中国,圆月被视为团圆和繁荣富足的象征,也是文人墨客情感之所系。每年农历八月十五日,是传统的中秋佳节。天涯共此时,人们把酒问天,吃水果、尝月饼,庆贺美好的生活;或祝远方的亲人健康快乐,"千里共婵娟"。这个民间节日起源于中国古代秋祀、拜月之俗。《礼记》中载有"天子春朝日,秋夕月。朝日以朝,夕月以夕。"这里的"夕月"就是拜月的意思。唐代时中秋赏月之俗开始盛行,"中秋节"之称也就在那个朝代落定。

在西亚,新月作为古老的宇宙能力的象征符号,代表的是月神在浩瀚无垠的宇宙中驾驶着的小船。

在印度、凯尔特民族及穆斯林传统中,新月形如杯状,盛着长生不老的仙丹妙药。《古兰经》说,新月"是为人民和朝圣所安排的固定时间"。穆斯林虔诚的信徒一直听从先知穆罕默德的指示:"你要看到新月才禁食,不看到新月别开斋;但当新月被(云或雾)遮蔽时,那就要尽力观察。"

在埃及,新月与太阳圆盘的组合象征着日与月的神圣结合,新月一直都是大地母亲(即天之女皇)的标志。

在古希腊神话中,月亮女神阿尔特弥斯是太阳神阿波罗的双胞胎妹妹，同时也是狩猎女神，并守护着未婚少女的贞洁。她容貌秀丽、武艺高强，常常穿行于山林之中，上弦月是她的弓，月光就是她的箭。罗马神话中的月亮女神狄安娜，头发中常常盘有一轮新月，暗指的便是她的贞操。

基督教绘画中的圣母玛利亚，其脚边常也画着一弯新月。基督教中最重要的随月亮而定的节日，当然就是庆祝耶稣复活的复活节。英国教会祈祷书规定"复活节永远是在3月21日或在是日以后月圆的第一个星期日；如果月圆正逢星期日，那么复活节就在后面一个星期日。"

忧郁的月神。英国人波因特创作的这幅作品，描绘月神阿尔特弥斯（Artemis）的化身塞勒涅（即罗马神话中的狄安娜）爱上了英俊的牧羊少年恩底弥思。令塞勒涅感到忧伤的是，神赋予恩底弥思永恒的青春，同时也让他长眠不醒。

而佛教寺庙和道家宫观中常有在圆月和新月天祷告的仪式，佛教中的许多节日，也都"安排"在新月或满月出现的时候。对使用阴历的佛教徒而言，新月和满月是非常重要的时刻，因为佛陀正是在满月期间出生、得道和圆寂。在那样一个充满力量和神威的时刻过节，一则纪念佛在满月时的觉悟，二则表达信徒对佛祖的尊敬。

中外有关月亮的神话、象征和诗意形象，古往今来真是随处可见、数不胜数。英国学者朱尔斯·卡什福特对此有一个十分精辟的评述：月亮早已成为人类梦想的源泉，其循环往复的月相变化引导人们不断探索有关永恒、时间和死亡的主题，给了人类一个广阔的想象空间；而月亮的象征意义——满月，团圆；黑月，死亡；新月，新生——也已经成为约定俗成的思维方式。月亮还在，人类想象之心不死，渴望永恒之心不死。

天空的双眸

在人类历史上，太阳神与月亮神或许算得上是最受崇拜的物质对象了。对于这两个明亮的天体，有一个非常形象的比喻：一个是白昼的眼睛，一个是黑夜的明眸。两者形成了直观的对比：它们中的一个似乎是另一个的死亡形式，各自又跟黑暗有着不同的联系，而且，在原始文化中常常还被赋予人格化的生命色彩。于是，它们之间的关系也就变得耐人寻味了。

英国人类学家爱德华·泰勒(Edward Tylor, 1832—1917)的代表作《原始文化》提到，在南美洲的姆博科比人眼中，月亮起着丈夫的作用，而太阳则是它的妻子。相反地，在阿尔衮琴人的神话中，太阳是丈夫，而月亮是妻子。有趣的是，在埃及人那里，太阳和月亮是哥哥和妹妹，也是丈夫和妻子。

其他国家有关太阳和月亮的神话中，类似的两性关系可能没有表现出来，但在经常反复却也永远新鲜的一种周期性的轮替——白昼与黑夜的故事中，则表现了同样的生命人格化。例如，依据墨西哥人的讲述，当旧的太阳燃尽、世界一片黑暗之时，一位古代英雄毅然投身于巨焰，沉入地下的冥暗里。由是，在东方升起了光辉灿烂的太阳——托纳齐乌。在他之后，另一个英雄也投身其中，但此时火焰的力量已经减弱，因而发出的便是较弱的光华，以月亮米茨特里的形态再生了。

在欧洲人的神话中，有关于太阳或

月亮这个天体的变动和反复，使得它在各种文化中常常被赋予某种象征意义。这幅画表现的是基督（和太阳联系）与死神（和月亮联系），即是说，太阳主吉，月亮主凶。

月亮跟天空敌人斗争，或者关于月亮虚弱、生病的概念。人们相信月亮是某个恶魔的祭品，它找到月亮就要吞吃掉。"变化的月亮"常常出现在某些特定类型的故事中。喜马拉雅山的卡西亚人说，月亮每个月都向他的岳母示爱，岳母往他脸上撒灰，于是他脸上就有了斑点。在斯拉夫人的传说中，夜王月亮是太阳的丈夫，他对太阳不忠贞，爱上了晨星，因此他受到惩罚，被劈开了，这时我们看到天上的月亮就不圆了。

英国人类学家和民俗学家J.G.弗雷泽（James George Frazer，1854—1941）在其人类学名著《金枝》里记述说：秘鲁的森西人在日食之时会向太阳射去燃烧着的箭，但他们这样做，显然主要不是去点燃太阳的灯，而是为了去赶走那只他们想象中的与太阳搏斗的野兽。相反地，当发生月食时，奥里诺科的一些部落经常做的是将空地上燃烧着的木柴埋掉。他们说，如果月亮被扑灭了，地面上的一切火光除了藏在她视线以外的，都应和她一起熄灭。

正如有些人想象他们能加速太阳运行一样，另外一些人则想象自己能够推动行动迟缓的月亮。新几内亚的土著居民相信，当他们当中有些人向月亮扔石头或长矛时，就能加速它的运行，从而使得他们那些远离家乡在烟草种植场劳作了12个月的朋友们能够早点回来。

在大多数情况下，月亮在世界宗教中的作用与它在自然中的地位相吻合——它占有从属于太阳的神的地位，英语里Sunday（星期日，即太阳日）与Monday（星期一，即月亮日）的排序就表示了这种从属性。

不过，自古以来就有一些民族特别敬重并崇拜月亮，在非洲的许多地方，月亮崇拜尤其显得突出，这似乎跟周期性节日的确立有关。这些民族往往按月亮的出没来计算时间，并且常常在新月下举行庆典。

时间符号

可以想见，当人猿揖别、人类的大脑中迸发出智慧的火花之时，天穹上日月星辰的运动与和谐,不会不引起他们的注意。而在人们目力所及的诸多天象中,月球的形状(它的"相")变化无疑最为引人注目。

除了昼夜更替、日出日落,月球由西自东的自行和月相的循环往复,应该算得上是最先吸引原始人眼球的天文现象了。这大概也是人类最早认识的天象和对"轮回"最初的直观认识,它们成了时间测量和历法建立的最早基础,也成了人们思考自身和宇宙万物生存模式的一个参照。

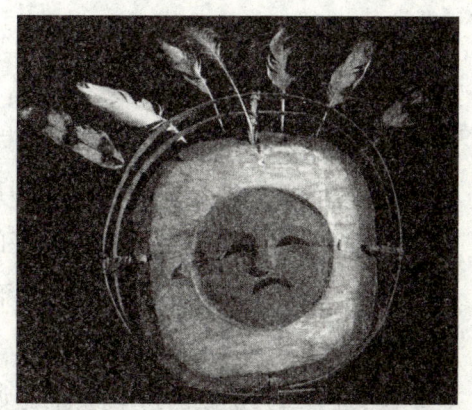

生活在北美极北地区的因纽特人的月亮精灵。在那个冰天雪地的世界里,太阳经常缺席,是月亮在漫长的冬季为因纽特人提供了光亮。

以此来看,天文学的产生很可能是出于实际的需要,人们从记录月相变化的过程中渐渐摸索出了历法;而这一活动又激励和驱使人类进一步研究天文,对各种自然现象做更为细致的观测,并终于使科学发展起来。

《古冰岛诗集》中有这么一句:新月和旧月是神为人类创造的时间符号。在一些人类学家看来,人类文明在一定程度上可以说源于对月亮的原始记载。这是一种认知行为,它依赖于对时间的认识,反过来又促进人们对时间的理解,进而为其他"以时间为要素"的学科——天文学、农学、数学的发展奠定了基础。这些成就,并不像前人所认为的那样,在青铜器时代"突然"涌现。实际上,它们是在漫长的岁月里逐渐孕育出来的。

现在可以推断:早在旧石器时代,人类的祖先就开始记录月亮的周期了。考古学家曾经在乌克兰贡茨发掘到一颗有刻纹的猛犸牙,在这颗距今15000年左右的化石上,就有一些记录月亮周期的刻线。

科学史家也注意到了月亮与测量之间的原始关系:"月亮"一词在英语以及与之同源的其他语言中,其词根都是意为"测量"的me(如希腊语的metron、英语的meter和measure);英文中的"月份"(month)和"星期一"(Monday），也都来自于月亮（moon）这个词。这就不禁让人想起,月亮可是人类通用的第一种计时器呢。

反过来,用英国天文学家约翰·巴罗（John D.Barrow）的话说,宇宙通过时间的作用,将月亮对我们的影响印刻在我们身上了。是啊,一年12等分,我们称之为"月",这实际上是月亮的"月";一个月接近于月亮围着地球转一圈,它相对于遥远的恒星的位置不变,需要27.32天（这段时间叫做月亮周期）。

瞧,月亮每月圆缺的这个周期,跟妇女为时28天的雌激素分泌周期（月经周期）,近到了几乎等同的地步！这种"巧合"难免让人寻思：月亮会不会是月经的诱因？妇女是不是受到了月亮的控制？为什么人类的生育竟会反映出月相变化的周期？

古人显然产生过这样的联想,因为,"menses"（月经）一词源于希腊文,意为"月亮的"。根据朱尔斯·卡什福特的记述,亚马孙河上游的一个印第安部族,把女孩的初潮称为"被月亮开苞";巴布亚人认为,当月亮进入一个女孩的梦中时,她的月经就开始了。大多数的澳大利亚土著人和太平洋岛屿上的居民都普遍持有这一观点。

对于上述两个周期的"巧合",有一种解释认为,这或许是我们早期演化阶段的残存物,那时我们的祖先还生活在海洋里,并以某种方式依赖于与月亮的存在密切相关的潮汐周期。还有人断言：月亮的阴晴圆缺,是与大海的潮起潮落遥相呼应的;造成地球上大潮的月球引力,也能使人的五脏六腑微微上抬。既然人体的主要成分是水,那么,它的起落为什么就不能跟"地球—月球"的韵律合拍呢？

另外还有一种假设：这些周期是尚处在原始狩猎—采摘时期的人类对光的一种适应性变化。在当时的情况下,日光是一种稀有的东西,满月必须加以充分利用。于是,月亏天暗自然就成了人们寻欢、交媾的好时机。长此以往,这种适应性变化就会出现在带有化学周期性变化的身体周期变化之中——正是这些化学变化周期反映了月亮的变化。

异象与神力

由于认识的局限和观测手段的落后,在相当长的一个时期里,人们对天体不甚了解,甚至还心怀恐惧:总以为天上的星辰是一些具有无上威力的神灵,可以赐福或降祸于人。

于是,许多天体便跟人们的命运"联系"起来了;而异常的天象,特别是月食与日食,往往又被视为恶魔在作怪,是不测灾祸的预兆。

异常的天象,特别是月食与日食,往往被视为恶魔在作怪,是不测灾祸的预兆。

因为,日食骤然剥夺了太阳的温暖,月食瞬间劫去了夜里的亮光。远古时代的人们把月食看成是一种可怕的现象,也许会认为那一瞬间月球是被某种邪恶的势力所吞噬了。

其实,月食不过是月亮在地球背后被地球挡住了射到月面上的日光所造成的一种自然现象。据说,哥伦布远行来到牙买加的时候,加勒比人要将他和他的随从饿死,他宣称:如果加勒比人不给他食物,他那夜就不给他们月光。结果,那晚月食一开始,加勒比人就投降了。这一次月食发生在1504年5月1日,曾经有两位有名的天文学家在欧洲观测过那天夜晚6时牙买加岛所看见的月食。

总体来看,月球在各种文化中还是以"福"的形象居多。但是,在一些民族古老的传说中,月亮更有着超凡的神力。某些奇迹般的事情和现象,似乎就来自月亮的影响力。

英国学者、近代实验科学的先驱罗吉尔·培根(Roger Bacon,1220—

1292)的观点颇有代表性:包括决定天气变化的太阳和月亮在内的所有天体星辰在处于凶位时,都能够给人以刺激,使人的情绪变化无常;这就会引发矛盾和冲突,矛盾与冲突则会引起战争,而战争又会造成贫困和瘟疫。如此下去,恶性循环。

在罗吉尔·培根所处时代以及随后的几个世纪里,欧洲有关"狼人"的传说更增添了月亮的神秘色彩。在传说中,月亮对一种天生的狼人有着无比的魔力。这种狼头人身、遍体长毛、嗜血如命的怪物在月光下会幻化为人形,凶残地扑杀人类当做食物;而另外一种类型的狼人,即那些遭诅咒或者被狼人咬过的人,在白天虽与正常人毫无二致,但到了有月亮的晚上,他们就会在邪恶、野性的冲动驱使之下,变成可怕的恶狼。

在基督教传统中,狼是残忍的象征,它时常诱骗那些脱离牧羊人保护的羊羔落入其魔爪;而在欧洲民间,狼人则是潜在恐怖的象征。由于它们会以正常人的形象出现(传说后一种类型的狼人一旦受伤或者见到日光,很快就会恢复人形),因而对人来说危险性就更大。

在15世纪和16世纪,欧洲人已经普遍相信有狼人这种恶魔存在,还有数以千计的人以"变狼术"的罪名被送上法庭,乃至被判处死刑。变狼术(lycanthropy)是传说中可使自己变成狼的魔法。在英、法等语言中,该词的拼写源于古希腊国王吕卡翁(Lycaon)的名字。传说吕卡翁在一次宴会上以人肉为肴,结果招致宙斯的惩罚,被变为一头狼。

现实生活中有些病症,如多毛症和

塔罗纸牌上的月亮。太阳与月亮在占星术中都被当做行星看待,其中月亮代表头脑的想象力或沉思默想,可以说是最经典的女性象征。

卟啉症,会使患者看起来很恐怖,而且他们白天对光线十分敏感、惧怕。这在那个狼人传说盛行的年代里,难免就会让人起疑。还有一种在医学上被视为心理疾患的"变狼妄想狂",也是狼人传说存在的一个"基础":这类人存于心中的某种畸形的、超乎寻常的渴望,常常会使他们产生幻觉——感到自己变成了狼,具有强大的力量。在受到外界刺激时,他们很容易发作,且攻击性极强。欧美拍摄的有关狼人的电影,常常以月圆之夜作背景,更强化了人们对于月亮"恶"的或"主凶"的一面的印象。

有意思的是,人们还一度以为,月光也能影响到植物。多年以前的四五月间,橙黄色的月亮常常令欧洲的园丁们非常惧怕,因为人们会在次日清早发现春天的嫩芽变得枯黄,完全无法挽救。而月亮每次似乎都是在高空上冷眼旁观,让人联想到这灾难可能与月光有关。一位名叫阿拉贡(Arago)的法国物理学家对这一现象很感兴趣,经过一番研究后他证明:早春的严寒才是罪魁祸首。由于夜间的酷冷现象,使得月亮在明亮的夜空中显得更清晰;更由于月亮的出现常常伴随着春天的冻害,难怪它会被误认为是摧残嫩芽的元凶。

时至今日,仍还有人把人们的一些生理和行为上的异常现象归于月亮,如认为精神病的发作及犯罪率、出生率等与月亮的圆缺或运行相位有关。

这是法国17世纪初的一件木雕作品。对于它有不同的解读。其一是,在月亮下面,5个女人因月光而疯狂地舞蹈,这就是所谓的"月狂症"者;其二,男人必须用灯笼为自己照明,而女人却可以直接享用来自月亮的礼物——满月的月光。作者似乎想用这一鲜明的对比,来凸现女人跟月亮在本质上的相同性。

过去在美国就有这样一个并不靠谱的建议:女子睡觉时如果拉开窗帘,让月光洒在身上,受孕的机会就会大大增加,月经周期也会变得更有规律。

还有一种调侃的说法:满月既是诗人和情人的灵感,也是精神病人的灵感。不难发现,英文中的"lunatic"(疯的,精神错乱的,狂人,癫狂者)一词,其本意就是"被月亮打击的人",源于拉丁文"luna",意指月亮女神。先天痴呆的人,或者傻瓜、笨蛋之类,则被叫做"mooncalf"(字面意思是月亮上的牛犊),因为月亮也与痴想或出神发呆有关。而希腊语的"mania"(疯狂)来自梵语词根"ma"(月亮),从"ma"这个词根派生出今天英语中的"maniac"(疯子)。此外,英语中还有类似moonstruck(发狂)、moonshine(胡思乱想)这样的词,也都跟月亮沾边。

据称近年来风靡欧洲的"月亮法则"——《和月亮一起生活》一书在2005年有了中文版,该书断言:"任何人都无法摆脱月亮的影响,至多是可以避开月光。"还声称:在一个阴历月中,当月亮运转经过黄道的所有12个星座时,都会对我们的心理产生相应的影响,使我们时而感到愉悦欢畅,时而又有些忧心忡忡,而且无缘无故。不过,对于上述说法,全书并没有给出令人信服的科学论证。

古代智者的思索

那么,古代哲人眼中的月球究竟是怎样的一个世界呢?

早在公元前5世纪,希腊的一些天文学家就展开了他们想象的翅膀:大地是薄薄的圆片,它飘浮在空气的旋涡里,孤立在球状宇宙的中心,日、月与行星在它的周围循圆周运行。他们相信:恒星比太阳和月亮更接近地球,恒星是嵌在晶莹球上的金钉。

他们当中,有一位叫做阿那克萨哥拉(Anaxagoras,前499—前428)的天文学家和哲学家明确指出:产生天体的过程与形成地球的过程是一样的,所以月球和行星都像地球一样是岩石结构。他甚至相信月球上是可以住人的。他还推证说,月球因反射太阳的光而明亮(公元前6世纪的古希腊哲学家泰勒斯已经认识到,月球是由太阳照亮的),月食是因为月球运行到地影里去的缘故。

阿那克萨哥拉与我们这个时代相距2500多年,他能以自己对自然现象的冷静观察和理性思考得出上述大体正确的结论,实在很不简单。

比阿那克萨哥拉稍晚的另一位希腊哲学家亚里士多德(Aristotle,前384—前322),则把宇宙看做一个永恒的巨大的球,它被月球所在的球壳分成一上一下两个区域。月球以上是天界,月球以下是地界;月球既是空间上的中间者,也是本性上的分界线。地界

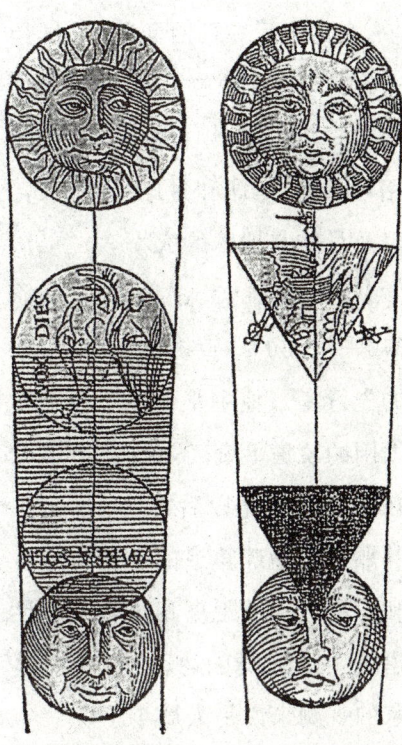

这两个16世纪制作的木刻显示了亚里士多德对地球形状所给出的论证:月食时地球投在月面上的阴影总是圆形的,这表明大地是球形的,而不是三角形等别的形体。

或月下区的特征是生与死和各种短暂的变化;而天界或月上区则是永不变化的循环的区域。他还提醒人们注意观察证据,包括发生月食时地球投射到月球上的圆形阴影。亚里士多德提出的这个宇宙体系,显然也是源于观察所作出的臆测。

公元前450年,阿那克萨哥拉到雅典讲学时,站在一个理性主义者的立场宣扬了他的一些看法和主张,称月亮有希腊的伯罗奔尼撒城那样大,而太阳还要大些。结果他的仇敌以此控告他亵渎神灵,他被判处死刑,幸得门徒伯里克利相救才被改为放逐。

阿那克萨哥拉想象月亮只有一座城池那样大,这跟实际情形差得太远

了。在他之后一两百年间,同样是古希腊时代的两位智者,利用十分巧妙的办法,算出了月球与太阳的相对距离、地球和月球间的距离,以及月球与地球的大小。

阿利斯塔克(Aristarchus,约前310—前230)一直被称为"哥白尼的先行者",他主张地球是在绕着太阳的轨道上旋转。他假定(就像在他17个世纪以后哥白尼所坚持的那样):地球轨道的半径与地球和恒星之间的距离相比是微不足道的,因此地球的运动对于天文学家的观测来说是太微小了。

阿利斯塔克首先提出了一个测量月球和太阳的大小和距离的方法,即在月球上弦的时候去测定太阳和月球之间的角距离。也就是说,当月球恰恰被照亮一半时,

这幅漫画表现的是古希腊先哲在探求世界如何从混沌走向有序的答案。

地球、月球和太阳必然处于直角三角形的三个顶点。根据几何学原理,就能确定该三角形各边的相对长度,并确定太阳距离地球(三角形的斜边)和月球距离地球(三角形的短边)之比。后来,阿利斯塔克又根据月食时观察地球投到月球上影子的大小,以及从地球上看到的月轮的大小,推算出月球的确切大小。从理论上讲,阿利斯塔克所采用的上述方法或思路是完全正确的,但由于受到不准确计量的影响,他得出的结果跟实际数值有着比较大的误差。

最早应用有充分根据的数学方法计算出月球与地球大小的人,当属依

巴谷(Hipparchus,约前190—前120)。他承继了阿利斯塔克的月食法,并测定了月球视差。他发现,在适当的变化条件下,通过测量月球相对于星星的位置,便可测定月球的视差;另外在发生月食的时候通过比较月亮的视直径与地影的直径,就能算出月亮与地球的距离。

这样,依巴谷基本上找到了正确的答案:月球直径大约是地球直径的1/4;从地球表面到月球的距离为从地球表面到地球中心距离的60倍。按现在的计算,月球与地球之间的距离为381000千米,月球的直径为2470千米。依巴谷还把几个世纪内太阳和月亮的运动编了精密的数字表,以此来推算日食与月食。他为方位天文学奠定了稳固的基础,堪称古希腊最伟大的天文学家。

这里,不妨总结一下:人们常说科学起源于希腊,本节所述,不过是能够佐证此论的几个侧面而已。它们完全符合英国科学史家克劳瑟(J. G. Crowther)对科学的描述,科学首先是"对自然有序而有系统的理解、描述和(或)解释",其次是"进行这项工作所需要的工具",特别包括逻辑和数学。

而专事古希腊科学思想史研究的英国剑桥大学教授劳埃德(G. E. R. Lloyd)也曾特别指出,古希腊智者(米利都哲学家们)的思辨确实有两个重要特点,使它们的思考有别于它们之前的希腊或非希腊思想家们的思考。第一个特点可以说是自然的发现,第二个特点则是理性的批判与辩论活动。

其中,"自然的发现"是指懂得区分"自然"和"超自然",即认识到自然现象不是因为受到任意的、胡乱的影响而产生,而是有规则的,受着一定的因果关系的支配。他们的成就在于拒斥了对自然现象的超自然解释,他们的探索则指向自然现象的类别,并展示出了科学的如下特征:科学探讨普遍的、本质的事物,而不是特定的、偶然的事物。

第二章　飞镜无根谁系

揣测月亮上有生命似乎是一件很自然的事。

人们发现,月亮是天穹上唯一没有均匀光色的天体,在它的明亮表面上凭肉眼就能看到一些较暗的阴影,在满月时更是明晰可见。这些阴影在不同的文化背景下,常常被附会成为各种各样的"角色",勾起人们的无限遐想。

从广寒宫到月球国

在中国、日本和墨西哥的一些传说中,都把兔子和月亮联系在一起,把它看做是住在月亮上的动物。这种传说据称是跟佛教一起从印度传来的。

古往今来,各国有关月球旅行的传说、故事层出不穷,代代流传,它们寄寓了人类飞向广袤空间的美好愿望。

在中国,"嫦娥奔月"是一个家喻户晓、妇孺皆知的神话,始见于《淮南子·览冥训》。传说大力士和神箭手后羿从王母娘娘那儿得到了两颗长生不老丹,他的妻子嫦娥禁不住诱惑偷吃以后身体变得轻盈飘逸,竟然飞进了月宫。嫦娥住在广寒宫里,有捣药的玉兔和砍伐桂树的吴刚陪伴着她。可是,碧海青天夜夜心,每逢农历八月十五日,嫦娥还是会步出广寒宫,遥望人间。

迄今所知第一个空间旅行的故事，也跟奔月有关。这便是古叙利亚人卢琦安（Lucian）大约在公元165—175年创作的《真实的故事》。这部乍看有些荒诞不经，但却颇具科幻小说特征的讽刺作品，对科幻小说的发展起到了历史性的促进作用，有人甚至将其视作西方科幻小说的源头。它讲述的是"我"和伙伴们乘坐的一艘帆船，在通过直布罗陀海峡时，被巨大的龙卷风卷起，甩上了高空。经过7天7夜的空中航行，我们到达了月球国，那时月球国与太阳国正在为向启明星殖民而交战。

月球国里新奇的事情很多：月球人生孩子的是男人，其胎儿不是怀在腹中，而是怀在腿肚子里；月球人没有大小便，也没有直肠口，他们的眼睛还可以拆装、借用。"他们到了老年，绝无死亡之事，而是逐渐分解、消失，最后变成烟状的空气"……故事的结尾是日月双方以休战终局，"我"则驶返地球，准备作另一次探险。

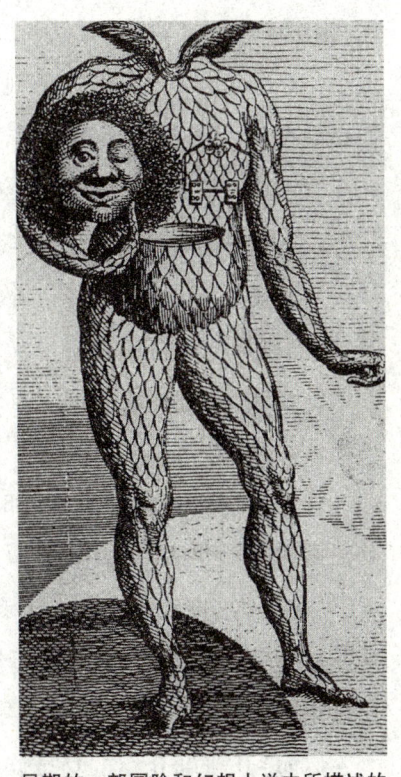

早期的一部冒险和幻想小说中所描述的月球居民，脑袋居然"挂"在腰上。

除了《一个真实的故事》外，卢琦安还写过另一部有关月球旅行的讽刺作品《伊卡罗墨尼波斯》，它讲述的是一个哲学家一心要证明地球是圆的，而借助鹰的翅膀飞往月球的故事。这两部讽刺作品曾给许多文学后人以灵感和启示。

卢琦安之后，描述太空飞行故事的著作经过了1300多年的历史沉寂。当文艺复兴和宗教改革运动席卷欧洲的时候，自由思考的风气开始形成。1543年，哥白尼（Nicolaus Copernicus, 1473—1543）的《天球运行论》问世；半个多世纪之后，望远镜得以发明和应用，一些更大胆的猜想不断地被提了出来，近代天文学也与其他门类的科学一样应运而生。从那时起，人们已逐渐学会用新的眼光来看待宇宙和世界了。

1634年，卢琦安的探月主题在小说中再次出现：德国出版了著名天文学家、行星运动定律的提出者约翰内斯·开普勒（Johannes Kepler，1571—1630）撰写的一本名为《梦》的小册子。它讲述的是"我"到月球上旅行的故事，其中对月食、日食、行星运动、飞行时的体重变化、真空状态等都有较为细致的描述，甚至还想象出了月球居民和月球上存在着的巨大植物和新奇动物。

这是月球表面第一次被"如实"地加以描写，因此，《梦》可谓是第一部有根据的科幻小说。科幻史家认为，该书是开普勒对科幻小说发展的一个贡献。如果说，卢琦安所写的月球旅行全都出自于纯粹的幻想，那么，开普勒在其作品中提供的，则是接近事实且其中大部分都超出了他那个时代好几百年的预见（开普勒承认，他这篇作品得益于卢琦安的故事的启发）。

然而，开普勒介绍的月球旅行的动力，却是一种"意念力"。他在小说中写道："那时，我们将他们的身体完全暴露在空中并松开手，于是他们的身体就像蜘蛛一样，自己卷成一个个我们几乎单凭意念就能带着前往的球，以致最终这团身子会自动地向目的地飞去。"这当然是个毫无科学根据的设想。

曾经担任过宫廷天文学家的开普勒经常为皇帝和其他人占星算命。在他生活的那个时代，人们深信太阳与行星在天上的位置影响着他们的生活，出行做事都有所谓的"吉日"和"凶日"。

有人认为，开普勒是为了使他所研究的领域的知识能够广为传播才写下《梦》这篇小说的，因此他写得很谨慎、很慢，并力图融入最新的科学知识。为了避免招致攻击，求得神学上的"安全"，开普勒很间接地道出了他的科学幻想故事——事实上，这是一部借"精灵之力"完成的月球旅行故事。所以，乍一看它像是一个迷信和科学的混合体，是中世纪的神秘主义和近代科学的奇妙融合,它提到精灵和巫术的地方基本上都是隐喻。

《梦》大约写于1610年,直到开普勒去世也没完成,后来经过他的女婿和儿子的加工才得以出版。在作者生前,《梦》只是被私下里传阅。开普勒的母亲曾于1620年因传播巫术而被捕,据说可能跟此书有关。因为开普勒让他书中的人物念着一套咒语离开地球,而这套咒语正是他母亲经常挂在嘴边的口头禅,于是这便成了指控他母亲为女巫的又一条罪状。

开普勒一生都在为了解行星的运动、探索宇宙和谐的原理而奋斗。他对月球也做了较为深入的研究,并对地球上的潮汐现象给出了正确的解释——这是月球的引力给予海水的作用。他还正确地指出:月球上气候严酷,温度变化悬殊。

不过,开普勒有关月球智慧生物的某些想象,未免就有些离谱了(本书后面还会说及)。

"优秀清教徒的圣地"

《梦》出版4年之后的1638年,第一本用英文撰写的月球旅行小说——《月球上的人》问世,其作者是英国的一位基督教主教弗兰西斯·戈德温(Francis Godwin, 1562—1633)。小说讲的是,一个小流浪汉在圣赫勒拿岛登岸后,驯养了一群像天鹅一样的大鸟,并被它们拉着飞越天空登上了月球。在月球上,他见识了月球环境和月球居民。那些人用像音乐一般的语言谈话;而且,这种语言只能以书面的形式记录下来。

戈德温还写道:月球社会是优秀清教徒的圣地,任何潜质顽劣的月球儿童都会被果断地遣送到地球,因为地球上已经充满了罪恶,再多增加些这样的孩子也没有多大关系。最后,旅行者还是由那些大鸟拉着,平安地在中国着陆。

《月球上的人》毫无科学性可言,但它却激起了那个时代的许多人对太空飞行的兴趣,并且在早期的同类作品中最有影响,引起了不少人模仿。到18世纪后期,该书已出现了不同语种的25个版本。

同时在1638年,另一位英国主教约翰·威尔金斯(John Wilkins,1614—1672)也出版了一本非小说体裁的幻想作品——《在月球上发现的另一个世界》。在书中,威尔金斯根据已知的天文学和物理学知识,从理论上推测了月球的可居住性、月球人的特征,以及多种可能的飞行方法。他坚持认为,月球是可居住的世界,并且非常郑重地建议英国政府应当为了国家利益而对月球实行兼并。

威尔金斯是英国皇家学会的创始人之一和首任秘书,他那部有关月球的书出版后自然引起各方人士的关注。尤其是他在书中设想的一种能够载人飞入空中,甚至可以直抵月球的"飞车",更唤起了大家的兴趣。

不过,威尔金斯在书中也重复了他那个时代的一些错误观点,即以为月球之旅的关键是设法抵达地球引力作用不到的地方,也就是地月之间的某一点上。他认为这个地方位于大气层外大约70千米处,穿越此点后太空旅行就会简单、容易得多。

他还确信:第一个登上月球的人是个英国人。263年后的1901年,他的同胞赫伯特·乔治·威尔斯(Herbert George Wells,1866—1946)发表的科幻小说《登月先锋》也是这么认为的。从某种意义上讲,他们都是正确的,因为第一个真正登上月球的人正是英国人的后裔。

有趣的是,在威尔金斯去世258年后,1930年春的一天,美国星际航行协会(美国火箭协会之前身)的一些"都具有幻想品质"的科幻迷和火箭迷,在筹备有关火箭登月的学术演讲及宣传活动时,在图书馆里发现了威尔金斯写的那部有关月球的书。

巧得很,此时作者的后代、冒险家胡伯特·威尔金斯正好来到纽约。热情的人们马上邀他加入美国星际航行协会,并参加有关活动。(1930年5月2日,该协会在一次报告中预言:人类用一个直径为33.5米的金属球形发动机推进,以离子氢作燃料,可在2050年到达月球。这个球形物可容纳 60 名乘客,其中包括 12 名科学家。)

显而易见,从卢琦安、开普勒到戈德温、威尔金斯,这些幻想家所想象的登月手段或工具都未免太粗陋了,或者干脆就以超自然的方式"瞒天过海"。又过了一些年头,才有人设想出稍微成熟一些的推动工具。

1657 年,法国军人、冒险家西拉诺·德·贝热拉克(Cyrano de Bergerac,1619—1655)的《月球之行》一书在他死后出版。此书更把有关月球旅行的故事写得天真、浪漫、趣味无穷——他以讥讽的口吻描述了月球上的居民,抨击了社会时弊,嘲笑了宗教迷信。

在书中,贝热拉克还探讨了各种飞行方法(包括利用磁铁的吸引力实现升空),并首次提出:应以"火箭"作为太空旅行的工具——他安排他的主人公设计出一个以焰火爆竹作为推进动力的飞行器,以便挣脱地球的引力。其"登月飞行器"上绑有 6 组巨型爆竹(每组 6 个)。每一组爆竹爆炸后,都会使飞行器的速度增加一些。贝热拉克在书中写道:"我站在一组玻璃杯中间。那些杯子都盛满了露水,紧紧地系在我身上;烈日炎炎,热气吸吮着露水,如同其作用于乌云一般,将我带向高空。"不过,这个旅行者只配有出发的动力,于是只好在月球上来了个"硬着陆"——坠落在一株苹果树上。

可以说,贝热拉克已经不自觉地应用了反作用原理,设想出了"多级火箭"的雏形,而牛顿直到这之后多年才阐述了反作用原理的真正含义。

在这之后,有关月球旅行或探险的作品大行其道,作家们纷纷"奔向"月球,建立基地——这个"基地"同样也被人们看做是科幻小说的一个发祥地。

与月球旅行相关的早期幻想作品,值得一提的还有:加布里埃尔·丹尼尔的《通往笛卡尔世界的航行》(1691 年)、戴维·罗森的《月球之旅》(1703 年)、丹尼尔·多佛的《联合体》(1705 年)、萨缪尔·布伦特的《考克罗格里纳的旅行》(1730 年)、拉尔夫·莫里斯的《约翰·丹尼尔的奇异冒险》(1750 年)、亚拉图的《月球行》(1793 年)、乔治·福勒的《飞往月球》(1813 年)、乔治·塔克的《月球旅行》(1827年)、埃德加·爱伦·坡的《汉斯·普法尔登月记》(1840年)等。上述作品都可视为"太空幻想小说",它们(以及古代有关登天和太空飞行的故事与传说)的出现和兴盛,均直接或间接地促成了太空飞行思想的初步建立。

下面,还是让我们回到现实当中,去看一看科学家们的发现吧。

撩开月亮的面纱

17世纪初,月亮引人遐思的神秘面纱终于被悄悄地撩开了一个小角。

1609年秋,杰出的意大利天文学家和物理学家伽利略(Galileo Galilei, 1564—1642),利用他自己设计改造的新望远镜瞄向天空观察天体,开拓了望远镜天文学时代。

伽利略对月球的观察结果表明:月球表面上有明暗交错的斑点,有参差起伏的山脉!这跟传统观念可是大相径庭——自古以来人们都想象月球是一个完美的、自身发光的球体,其表面就像水晶一样光滑。

伽利略既是近代实验科学的先驱者、科学革命的先驱,也是光学望远镜的发明者。

进一步的观察思考又使伽利略确信:月球本身不发光,而是由它所接受的阳光照亮的。他还论证:月亮上像地球一样多山;月亮的"灰光"(月面的明亮部分呈娥眉状时,它的其余部分会蒙上一层浅灰色的光,那就是灰光),实际上就是映照在月球上的"地光"。

伽利略认为,月球上那些阴暗、平坦的区域,是真正有水的海洋,而那些明亮、较崎岖的、布满环形山的区域则是一些大陆。

现在我们知道，在月球上有一个很小的、后来被命名为"伽利略"的陨石冲击坑（有时也称为环形山）。它的直径大约有14.5千米，只有用一架很大的望远镜才能看到它的全貌。

在月球上还有一个巨大的环形山被命名为阿方萨斯，它是按照13世纪西班牙的一位君主卡斯蒂尔的阿方索十世（Alphonso X of Castile）的名字命名的。此君在了解了托勒密系统的复杂性后评论说，如果他现在处在创世纪时代的话，他会给上帝一些关于安排宇宙的有益建议的。凑巧的是，在阿方索十世故去700

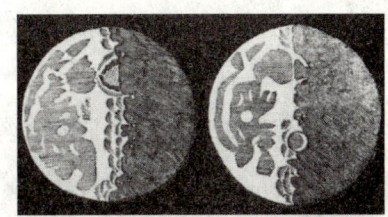

上图为伽利略当年绘制的月面图，图上环形山清晰可辨。下图为实拍的月面照片。

年之后，"漫游者9号"飞行器发往月球。它在着陆的同时自动地拍摄月球表面的地貌，最后正好坠毁在以阿方索名字命名的凹地上。

再说在伽利略首次利用新望远镜观察月球60年后，他的同胞卡西尼（J. D. Cassini，1625—1712）应法国国王路易十四之召，于1669年去往巴黎天文台。在那里，他借助大型望远镜，对月亮、太阳和行星作了仔细观察，并绘制了多幅月亮图。1675年，他在对土星光环进行观测时发现光环中间有一条黑暗的缝隙，后来被称为"卡西尼环缝"。卡西尼土星探测器即是以他的名字命名的。

与卡西尼同一时代的德国天文学家约翰内斯·赫韦留斯（Johannes Hevelius，1611—1687）也对月球进行了比较深入的研究。借助他的大型望远镜观察月球，赫韦留斯画出了第一幅我们今天能够清楚辨认其特征的月面图。1647年，赫韦留斯发表了一部宏伟的著作，名叫《月图》，并辅之以手刻的铜版插图。他认为，月球缺少大气，也许根本就没有水。

赫韦留斯系统地用地球上的地理学名词为那些月面特征命名，还将月球上相对来说较为平坦的暗区称作"海"。这个名称一直沿用至今。

月海的命名基本上是随命名者一时的兴致或自然条件而定的,诸如雨海、梦湖、彩虹湾、风暴洋之类富有诗意、美妙动听且引人遐想的名字。

然而,事实上月海上十分干燥,由美国"阿波罗号"宇宙飞船和苏联的月球飞行器从月海带回的样品显示出,它们过去从未有过水。那里也绝没有海洋、海湾、湖泊或彩虹。取回了月球表面资料的宇宙飞船"月神2号"降落在雨海区域;人类发射的飞行器首次在这个天然卫星上的着陆点,以及1969年"阿波罗11号"宇航员登陆的地方,都是在静海区。

在这张满脸创伤和疤痕的月球正面图中呈现的一大片暗区就是所谓的"月海",它实际上是火山活动的结果。

牛顿的灵感与辛弃疾的神悟

多少让人感到有点儿意外的是,浪漫而又神奇的月亮在《圣经》中的"待遇"并不高。《圣经》极力反对神化大自然。"创世纪"首章开篇对于太阳、月亮和星宿的"定位",与诸多上古宗教对它们的"神化"描述形成了极大的反差:它称这些天体是神放在天空中"用来发亮的光体",要达成神的目的,正如一个妇人在台阶上挂灯笼作照明之用一样。

对这一现象,荷兰科学历史学者霍卡斯(R.Hooykaas)在《宗教与现代科学的崛起》一书中形容说,这是大自然的"非神化"。自然界的事物——太阳、月亮、森林、河川——不再是神明所在和被崇拜的对象。它们乃是神的创造,被安置在大自然来达成神的目的和造福人类。

美国科学史专家兰西·佩尔斯(Nancy Pearcey)和查尔斯·撒士顿(Charles Thaxton)则更进一步指出,大自然的非神化是科学研究的关键性的大前提。《圣经》的一神论将大自然的神灵赶走,使人能毫无惧怕地享受它和研究它。只有当大自然不再是被崇拜的对象时,它方可成为研究的对象。

从自然的角度思考月亮的存在,不纯是科学家和哲学家的"专利"。中国古代文学家天马行空般的丰富想象力和探索意识,也着实令人惊叹。相传屈原(前339?—前278?)在流放期间,看到神庙的壁画龙飞凤舞,心有所感,便在墙壁上写下了奇伟瑰丽的著名诗篇《天问》:

> 上下未形　何由考之
> 冥昭瞢暗　谁能极之
> 九天之际　安放安属
> 日月安属　列星安陈

屈原提出的问题是:这浩茫的宇宙有没有一个开头?那时混混沌沌、天地未分,可凭什么来研究?穹隆的天盖高达九层,多么雄伟壮丽!太阳和月亮高悬不坠,何以能照耀千秋?

而南宋词人辛弃疾(1140—1207)曾写过一首仿屈原《天问》体的送月词《木兰花慢》:

> 可怜今夕月,向何处、去悠悠?是别有人间,那边才见,光影东头?是天外空汗漫,但长风、浩浩送秋月?飞镜无根谁系?嫦娥不嫁谁留?谓经海底问无由,恍惚使人愁。怕万里长鲸,纵横触破,玉殿琼楼。虾蟆故堪浴水,问云何、玉兔解沉浮?若道都齐无恙,云何渐渐如钩?

这首想象奇瑰、构思新颖的词,开篇即对月亮发出一个个疑问:那圆如明镜的中秋之月,飞峙中天而不坠,难道是谁把它系住了吗?可又系在哪里、如何系法呢?接着,作者又对有关月亮的一些优美的神话传说展开了神奇的想象和猜测,表现了作者朴素的唯物主义思想。清代王国维(1877

—1927)在《人间词话》中评价这首词时发出了这样的感慨:"……词人想象,直悟月轮绕地之理,与科学家密合,可谓神悟。"

再说,赫韦留斯的《月图》发表将近20年后,英国杰出的科学家牛顿(Isaac Newton,1642—1727)开始了对月球及引力问题的思考。

据牛顿称,大约在1666年,正是掉下来的苹果使得坐在苹果树下的他开始琢磨:这种将苹果往下拉的力会不会也在控制着月球?就人们所见,所有的东西一旦失去支撑,必然就会坠落,可月球并没有支撑,那为什么它并不坠落呢?

苹果树下的牛顿。牛顿在24岁那年,为躲避伦敦流行的瘟疫而回到了母亲的农场。就在那个农场里,一个落到地上的苹果引起了他的思考。

后来,牛顿推导出物体的下落速度改变率与重力的大小成正比,而重力大小与距地心距离的平方成反比。他进而又得出推论:月球也是会下坠的,不过,由于它在最初形成时的"切向速度"非常大,大到它足以一方面向地心下坠,一方面又恰好保持一定的轨道,绕地球运行,并且与地球保持一定的距离。

事实上,在18世纪,月球成了检验牛顿力学的一个试验场,牛顿所做的与此相关的工作,对物理学、天文学乃至整个现代科学都产生了难以估量的巨大影响。

更具体地说,牛顿所提出的万有引力原理,以及往下要谈到的三个宇宙速度,奠定了后来发射人造地球卫星和各种宇宙飞行器的科学基础。牛顿的同胞、著名诗人拜伦(Geoge Gordon Byron,1788—1824)评价说:"牛顿铺设的道路,减轻了痛苦的重负,从那时候起已经有了不少的发现。看来,我们总有一天会在蒸汽的帮助下,开辟出奔向月球的道路。"

今天我们身处的,不正是这样一个激动人心的时代吗?

第三章　科学浪漫主义

时光悠悠,100多年过去了。1783年6月5日,蒙哥尔费兄弟(J.M.Montgolfier,1740—1810;J.E. Montgolfier,1745—1799)制造的直径为11米的大热气球第一次升上天空。那个时代的人们深受鼓舞,已经幻想着要用热气球作月球旅行了。美国作家埃德加·爱伦·坡(Edgar Allan Poe,1809—1849)在1840年发表的《汉斯·普法尔登月记》就采用热气球,把他的主人公送向月球,落入一座月球人的城市。他见到的月球人相貌丑陋、身材矮小,一幅傻呵呵的样子。

时至19世纪初,尽管人们对月球大体已经有了一些了解,但仍还很难想象那是一个死寂的星球。许多人(包括一些天文学家)相信月球上有智慧生命,发生在1835年的"月亮骗局",一时间竟蒙蔽了不少人(关于这个骗局的详情,本书后面还有专章介绍)。

19世纪中叶以后,科学技术得到长足发展,各种新技术、新发明相继问世,过去的许多幻想或想象,在人们眼皮底下都纷纷变成了活生生的现实。与此同时,新的奇观又不断地拓展着人类的想

在18世纪末制作的这幅木刻画上,绘着一个快要飞到月球上的气球;在月轮上面,还绘了一座建筑在山岭之下的天文台以及好些摆弄着望远镜的天文学家。

象空间,人们的视野由此也显得开阔多了。

凡尔纳的预见

1827年,美国弗吉尼亚大学教授乔治·塔克的《月球旅行》发表。这部幻想作品宣称:将一种新发明的反引力材料应用在飞船上,可借助地球的斥力作用飞上月球。

虽然《月球旅行》的"科学依据"或者说科学性并不是那么充分,但其要旨确是以科学探索为主线的:作者描述的飞船是密封的,内设供氧装置和加热系统,还配置了望远镜和地球仪。这一点与在它之前问世的几乎所有登月幻想作品有着很大的区别。"纸上登月"俨然已经步入科学的轨道。

过了将近40年,1865年,37岁的法国科幻小说作家儒勒·凡尔纳(Jules Verne,1828—1905)发表了他的科幻名著《从地球到月球》。故事讲的是,美国南北战争结束后,巴尔的摩城大炮俱乐部(这是大炮发明家的俱乐部)主席巴比康等人,异想天开地造出了一门炮身长达275米的巨型大炮,用来向月球发射载人炮弹,以实现飞往月球的梦想。

这或许是第一部系统地以"非纯幻想"的形式探索太空旅行的书。凡尔纳把他通向月球的深思熟虑设想成一个可行的工程计划,还根据当时的科学知识,推断并描述了整个登月旅程。这标志着对月球的描述进入到了一个新的阶段。

儒勒·凡尔纳。1828年2月8日,凡尔纳出生在法国西部海港城市南特的一个律师家庭。早年遵父命在巴黎学过法律,曾一度从事过戏剧创作。

在凡尔纳时代,人们对天体运行的规律已经有了较多的了解。在《从地球到月球》一书第5章《月球的故事》中提到:"在这几个被太阳用伟大的引力定律束缚在椭圆形轨道上的'仆人'中间,有几个也有自己的卫星……地球有一个,月球是太阳系中最不重要的卫星之一,美国人要以大胆的天才去征服的也就是它。"

按照《从地球到月球》一书中的描述:为将一个直径2.74米、重达8.74吨的铝制空心大炮弹发射到月球上去,大炮俱乐部挖了一个深270米、直径180米的大坑,在坑里铸造了一门长达275米的大炮。

长达275米的大炮。这是凡尔纳设想的太空大炮的三维模拟图。

在《从地球到月球》一书第4章《剑桥天文台的回信》中,凡尔纳借天文学家之口谈道:"假使炮弹的初速度能达到每秒12000码,我们就可以向月球发射炮弹。"这当中的"每秒12000码"即11.2千米/秒,就是所谓的"第二宇宙速度"。它是根据牛顿发现的万有引力定律推算出来的,达到这个数值,炮弹就能摆脱地球的引力,飞出地球,环绕太阳飞行。

而物体的运动速度如果达到7.9千米/秒,它就可以挣脱地球的引力,环绕地球飞行,不再落到地面上,此即"第一宇宙速度";如果物体的运动速度达到16.7千米/秒,它就可以逃脱太阳的引力,飞出太阳系,此即"第三宇宙速度"。

乘坐炮弹去旅行——凡尔纳的这一灵感可能来自牛顿的一部著作。书中牛顿提出了用大炮来克服地球引力的办法:

> 如果在山顶上架起一门大炮,用火药的力量把一颗炮弹按水平方向射出去,炮弹在落到地面以前,会沿着一段曲线飞过一段

第一篇 浪漫的诱惑

距离。假设没有空气的阻力,我们使炮弹的速度增加一倍,它飞行的距离也增加 1 倍;如果速度增加 10 倍,飞行的距离也会增加 10 倍。只要增加速度,就可以任意增加飞行的距离。因此,只要把速度加大到预定程度,就可以使炮弹绕着地球转,甚至飞入宇宙空间,直到无限远。

当然,牛顿设想的这种大炮是不可能造出来的,因为要使炮弹达到 7.9 千米/秒的速度,炮身将长达 1000 米。

严格地讲,凡尔纳在《从地球到月球》中所描绘的用大炮将人类送上月球去的幻想,即利用在巨型大炮内部点燃的抛射装置把旅行者送往月球,实际上是办不到的。不要说当时的火炮,就是今天威力最猛的大炮也无法把炮弹射到宇宙空间去。因为炮弹飞到一定的高度总是要落下来,就好像有一条看不见的链子紧紧地拉着它似的。这条看不见的链子就是地球的引力。

不过,"炮弹登月"的原理和构思却有一定的合理性。凡尔纳在撰写这部作品时态度是非常认真、谨慎的。借助当时所掌握的科学知识,他进行过各种计算,并且还请他的堂兄、一位高等数学教授也认真地算了一遍。计算结果表明,从弹道的角度上说,这个方案显然是可行的。

凡尔纳并不是不懂得使用火箭。其实,在他所设想的炮弹里就配有近似于制动火箭系统的装置。但在他所处的那个枪炮社会,根本还谈不上使用火箭,更何况推进火箭所必需的燃料当时尚未问世,有的只是火药,而使用火药又无法控制其爆炸力。

印证预言

《从地球到月球》无疑是凡尔纳影响最大最深远的作品。太空探索的先驱、自幼好读科幻小说的著名火箭设计师冯·布劳恩(Wernher von Braun,

1912—1977)曾这样评价凡尔纳:"他当然不是完全正确,但他差不多算正确了。这是受 19 世纪科学所局限的缘故。他最大的错误是没有认识到,他的乘客在他们出发旅行的一瞬间,会被爆炸所造成的巨大冲击力所杀死。"

事实上,《从地球到月球》的准确性简直有点不可思议。1969 年美国"阿波罗 11 号"飞船登月成功之后,有人将这次科学探索与凡尔纳的这部幻想小说进行了对比,发现了惊人的相似之处:"阿波罗 11 号"飞船上有 3 名宇航员,小说中乘炮弹上天的也是 3 个人;"阿波罗 11 号"飞船的航速是 35533 英尺/秒,而小说中的载人炮弹航速为 36000 英尺/秒;"阿波罗 11 号"飞船登月用了 103 小时 30 分,而小说中的载人炮弹到达月球用了 97 小时 13 分,仅仅相差 6 小时。此外,小说中描写的发射基地和现代美国发射导弹和宇宙飞船的实验场地卡纳维拉尔角相距不远,都在美国的佛罗里达州。

在《从地球到月球》的续篇——1870 年发表的《环绕月球》中,凡尔纳准确地描述了失重的影响,并勾画了宇宙飞船重返地球大气层、溅落到太平洋上的壮观场面;而且,他记述的地点与 1969 年 7 月美国"阿波罗 11 号"飞船从月球返回时溅落的地点仅仅相距 3 英里!

而把举世瞩目的登月壮举安排在美国进行,并且让美国人担当"实验"的发起者和领导者的重任,又充分显示了凡尔纳对时代和社会的深刻洞察力。

在《环绕月球》的"尾声"中,凡尔纳颇有远见地写道:尽管科学进步日新月异,谁也难以预料明天又有什么新的奇迹会出现,然而,只要我们想一想美国人民是多么富有大胆进取的精神,我们就很容易得出这样一个结论:他们一定会设法使他们的伟大同胞巴比康的大胆构想和精彩卓越的实验开出最灿烂的花

这是现实中首航月球的三个英雄飞返地球后,受到美国人民热烈欢迎时的情形。

朵，结出最丰硕的果实！

时隔99年，凡尔纳的预见果真也变成了现实！《环绕月球》讲到，三位旅行家乘坐的炮弹最后坠入了太平洋，他们被一艘军舰救起，美国人民像欢迎英雄一样迎接他们的归来。1969年7月24日，美国发射的"阿波罗11号"飞船上的三名宇航员，在执行完登月任务后，当真也穿过地球大气层，溅落到太平洋上。他们飞返地球后所受到的欢迎和追捧情景，跟小说里的描述毫无二致。

一个并非不合理的假设

其实，凡尔纳并不是第一个撰写科幻小说的人。但他所写的题材以及写作这些题材的方法，对科幻小说这一新文学样式的发展和普及，起到了一种不可或缺的推动作用，所以，人们把他誉为"科幻小说之父"、"未知世界的探索先驱"、"科学浪漫主义的奠基人"。

从总体上看，包括《从地球到月球》和《环绕月球》在内的凡尔纳的"科学小说"，大多洋溢着乐观向上的主题，而且总是充盈着丰富的知识和自然科学方面的许多预言和假设。它们激励或启发了许多杰出的科学家、发明家和探险家。这当中包括齐奥尔科夫斯基（宇航先驱者之一）、罗伯特·哈金斯·戈达德（设计并建造了第一枚液态燃料火箭的"火箭之父"）、威廉·毕比（第一位用球形潜水器进行深海观测的发明者和领航员）、阿迪迈尔·理杰德·伯德（南极探险的先驱）、尤里·加加林（第一位进入太空的宇航员）、尼尔·阿姆斯特朗（第一位在月球上行走的宇航员）、奥古斯特·皮卡特（首次完成气球同温层飞行的探险家），等等。

美国科学家、潜艇发明者西蒙·莱克在其自传中一开始便这样写道："儒勒·凡尔纳是我一生事业的总指导。"法国元帅、法兰西学院院士路易·利奥泰甚至认为："现代科学只不过是将凡尔纳的预言付诸实践的过程而已。"

不知为什么，凡尔纳在晚年拒绝被人当做是发明家或预言家。他说："我只不过是作了些假设……然后采取或多或少带有想象性的方式对它们加工，以符合我所确定的远景。"凡尔纳生前最为遗憾的事情之一，就是人们只把他看做是一位科学普及者，而不是一位可以进入文学殿堂的艺术家。

凡尔纳的同胞、1921年诺贝尔文学奖获得者阿纳托尔·法朗士（Anatole France, 1844—1924）就对他持有偏见。这位著名作家在1885年还武断地说：深信不疑的男孩子们，一听凡尔纳先生这样说，便想象着人类可以乘炮弹飞上月球，并设想一个装置能毫无损害地摆脱地心引力规律。这种对高尚的宇宙科学以及古老的令人肃然起敬的天文学的歪曲既不真实，也缺少美感，所以并无可取之处。他甚至还告诫说：凡尔纳必须摒弃他的伪科学。

事实证明：法朗士这位大作家真是大大低估了凡尔纳对后世的影响。凡尔纳小说里的不少设想，如远射程大炮、登月、飞机、火箭、电话、电视、传真等，在当时都曾被视为痴人说梦，可它们在他辞世数年至数十年后却一件件变成了事实。

美国宇航员弗兰克·博曼曾写信告诉凡尔纳的孙子说，他驾驶的宇宙飞船跟凡尔纳小说中描述的飞船重量相同，高度也一样。他妻子读了《从地球到月球》之后，对他面临的命运深为忧虑。因此，为使妻子重新恢复信心，他不得不嘱咐她读一读《环绕月球》。

特别应该提及的是：据目前所掌握的资料，1900年，福建女诗人薛绍徽在她的丈夫、旅法学人陈寿彭的帮助下，最先将凡尔纳的科幻小说《八十天环游地球》译成中文，该书名为《八十日环游记》，出版后大受欢迎。1902年，卢藉东、红溪生又将凡尔纳的《海底两万里》译出（名为《海底旅行》）。1903年，逃亡日本的著名学者梁启超将凡尔纳的《两年假期》日译本翻译、改写成章回体小说《十五小豪杰》出版；同年，正在日本留学的鲁迅，亦从日文译本用文言文将凡尔纳的《从地球到月球》译出，更名为《月界旅行》出版。

在这部译著的序言中，鲁迅写下了一段经典言论："盖胪陈科学，常人厌之，阅不终篇，辄欲睡去，强人所难，势必然矣。"然则"假小说之能力，被优孟之衣冠,则虽析理谭玄,亦能浸淫脑筋,不生厌倦"。进而他指出:科学小说可以使民众"获一般之智识,破遗传之迷信,改良思想,辅助文明",并预言:"导中国人群以行进,必自科学小说始。"

有学者认为,凡尔纳的作品从根本上影响了早期中国科幻创作的发展走向,确定了中国科幻注重科学的风格。

也有这样"一个并非不合理的假设":假如凡尔纳没写过《从地球到月球》和《环绕月球》这两本书,现代宇航学很可能会遇到更多的挫折,人类兴许也不会那么快地涉足月球!

是的,一旦把自己的想象力解放出来,凡尔纳就能以其预言的准确性而令

"科幻之父"凡尔纳之墓。这个雕塑家手下的幻想家仿佛要从墓穴里冲出来,继续他在未知世界的无尽探索。

人震惊。这是因为,他始终密切地注视着科学技术的发展;他的太空科幻作品中的主人公所遇到的技术问题,实际上大多也正是 20 世纪的宇航工程师将要面对的问题;那些由凡尔纳经过审慎思考、合理推断并想象出来的问题答案,在某种程度上竟然与现代解决问题的方式相似或共通,也该不会让人感到惊讶吧?

捷足先登者

在《从地球到月球》问世 36 年后的 1901 年,与凡尔纳齐名的英国著名科幻小说作家赫伯特·乔治·威尔斯(Herbert George Wells, 1866—1946)发表了《登月先锋》,其风格、内容与凡尔纳的两部月球旅行作品迥然不同。

它讲的是：一个名叫卡沃尔的科学家提炼出一种可以隔绝万有引力的物质，并用它制成一个球体旅行器，与他的朋友柏福德一道飞上了月球。在月球上，他们与奇特的月球人干起了仗。结果卡沃尔被月球人捕去，柏福德则只身逃回了地球。后来，柏福德接收到卡沃尔发自月球的信息，知道他被捕后受到月球大王的礼遇，并融入了月球人的生活。但不久信息就中断了，卡沃尔的命运不得而知。

威尔斯出生于小商人家庭，少时曾一度辍学，后来获得助学金进入伦敦的一所科技师范学校攻读生物学。大学毕业后，做过教师、记者。

在威尔斯笔下，月球人像是近乎人体大小的昆虫，更像是用后腿立着的蚂蚁，而且有不同的类型和分工：作为数学家的月球人脑袋在不断长大，而肢体却在萎缩；专事喝道开路的月球人长着一张喇叭形的脸；负责奔跑送信的月球人有一条像蜘蛛一般的长腿；当警察的月球人则显得身强力壮。

至于月球大王，他有一个像大球一样的脑袋，要由侍从在旁边扶持，它上边长着一双发光的精灵般的小眼。月球上的每个公民都知道自己的地位和分工，其实他们生来就是如此。他们所受的精密训练和外科手术，使他们已经适应了这样的生活。这里，作者显然是把人类社会的分工和阶级社会，以漫画式的夸张手法比之于月球社会了。

《登月先锋》发表两年后，凡尔纳在接受一家英文周刊记者的采访时，毫不客气地批评威尔斯的这部作品是"伪科学"。他说："我用巨炮把弹丸般的太空船发射到月球上去，只要初速度够大，这并非不可能做到。而他却杜撰出一种能够抵抗重力法则的物质来，那是毫无科学依据的欺人之谈。不然的话，请他拿出事实来。"

对此威尔斯不以为然，他反驳说，其实是凡尔纳自己孤陋寡闻，"我们之间的分别,就像斯威夫特和当时的幻想故事作家一样。讲故事和文学创作是截然不同的,后者在情节之外要有创意,这创意我们可以视为一种理念的新组合,那才是真正价值之所在。"

从两位科幻大师的探月作品看:凡尔纳着重在旅行的本身,讲求细节的科学性,预见可以付诸实践的发现和发明;他展开想象的"依据",是在他那个时代通过天文望远镜观测月球表面,以及由此进行的科学研究所推测或了解到的月球的物理状况;对于颇能勾起人们的兴趣乃至引发轰动效应,但科学论据尚显

《登月先锋》(1927年再版)的插图所描绘的月球生物,看起来既像昆虫又像人。

不足的幻想(比如月球上有没有"居民"),凡尔纳谨慎地在小说中回避了,尽管他也借小说主人公之口探讨过这类问题。

而威尔斯则关注幻想,着重于旅行的目的——月球见闻,为的是向读者描述一个新奇的世界。他的作品所关注的不是"实现科学假设的可能性",而是以科学幻想的形式揭露现代生活中的矛盾冲突,更关注科学的发展与发明的应用对社会的影响。换言之,凡尔纳是以其准确的科学预见见长,而威尔斯则是以其深刻的社会意义取胜。

总的来看,威尔斯科幻小说的主要特点是把科学幻想和社会批判密切结合起来,寓深刻的社会批判于丰富的科学幻想之中,因而他的作品既生动好读而又不乏深邃的思想内涵。这一点,在《登月先锋》中体现得也尤为突出。

例如,在比较人类社会和月球人社会时,威尔斯写道:"我们地球上的方法是让儿童长大成人,然后再把他们变成机器。那么看来,月球人的做法就自然显得人道多了。"作品中提到:劳动者失业时,月球人会让他们喝

下一种药,然后就睡觉,直到需要他们起来劳动时,才把他们叫醒。威尔斯认为这也很人道,并比之于人类社会:"他们醒着又有何用? ……比从工厂开除他们,让他们流落街头饿着肚皮要好多了。"

他还借书中人物之口指出:"人类对于月球似乎没有什么用处。而月球对人类又有什么好处呢?即使是人类自己的行星,他们除了把它变成一个战场和发生无数蠢事的场所外,又用它干了些什么呢?"

登月情节的翻版

19世纪末20世纪初,凡尔纳和威尔斯的登月幻想故事在世界上广为流传,迷住了无数对宇宙航行、对未来世界充满好奇心的人,其中也包括前面提到的齐奥尔科夫斯基(Konstantin E.Tsiolkovsky,1857—1935)。这位自学成才的航天先驱在提出了一系列有关宇宙航行的细微设想后,大概仍觉得不太过瘾,于是便开始撰写科学幻想小说,向人们讲述他进入未来宇航时代的幸福体验。

他从1896年着手创作、1916年开始在一家杂志上连载的科幻小说《在地球之外》,提到那些旅行家中的两位,乘一辆四轮车在月球上着陆,观赏到了从来没有见到过的奇妙景色,见识了一些奇异的动植物,还采集到了不少矿石和宝石样品。随后,他们又点燃火箭离去,与在环绕月球轨道上等候的母船会合。

齐奥尔科夫斯基的整个梦幻之旅,除了月球景象纯属臆造之外,其他部分都经过了他的严格推导,所以跟后来实

第一次"登月"。这是在齐奥尔科夫斯基生活的那个时代,法国画家鲁必达所想像的人类第一次登月时的情形。

际的登月飞行有着大量的惊人相似之处。事实上,在整个20世纪,他的后继者们也正是沿着他指引的方向前进的。对此,中国物理学家卢炬甫作过这样一番评述:1969年,两个美国人乘坐从"阿波罗11号"宇宙飞船中分离出来的登月舱到达月面,在那里留下了人类的第一个脚印,然后又点燃火箭起飞,与同伴驾驶的正绕着月球兜圈子等候的母船会合,一起返回地球。"整个过程几乎就是《在地球之外》中登月情节的翻版。"

更早些时候,1883年,齐奥尔科夫斯基还写过一部中篇科幻小说《在月球上》,于1892年发表在莫斯科出版的《环球》杂志上。它借一名少年的梦境,用第一人称详细地描绘了月面上的种种奇妙景象,还讲述了"我"与一位物理学家朋友,在月球上"实地"考察并讨论在不同重力作用下物体运动的情况,如研究枪里射出的子弹在月球上是怎样运动的,读来饶有趣味。

《在月球上》第4章"我们从月球上观看地球"中,作者想象的情形是:"我们有时候走出洞来,寻找一块阴凉的地方,观看太阳、恒星、行星以及我们的'大月亮'(指地球)的运行情况。如果把在月球上看到的'大月亮'跟在地球上看到的那个小得可怜的月亮相比较的话,简直就像拿苹果比樱桃一样。"

时隔半个多世纪我们再来看,地球在月球地平线上冉冉升起,彼时当是"举头望地球,低头思故乡"。首次登月的宇航员奥尔德林曾经说过:"我所记得的最激动人心的景象不是月球,而是那蔚蓝色和白色的地球。它看起来是那么遥远,离地平线那么高。"

冒险家的新乐园

回顾19世纪末和20世纪,这真是一个发明、发现与世事迭出的时代:发现宇宙射线、行星原子、原子序号;发明X射线管、坦克、不锈钢、质谱仪、真空管振荡器;爆发第一次世界大战;同时,技术的进步又带来了诸如电影、内燃机、白炽灯以及照相机等等新发明。这时候，越来越多的作家转向了科幻小说的创作，有关科学、技术、奇异的自然现象以及人类尚未知晓的宇宙奥秘等题材，都成为科幻作家猎奇的领域。科学新发现揭开了自然法则的神秘面纱，科幻文学由此也获得了滋生发展的沃土与良机。

在古老的东方——中国，也较早地出现了科学幻想小说，而它居然跟月球相关。

据著名作家叶永烈考证，到目前为止所查到的中国最早的科学幻想小说，是1904年发表的《月球殖民地》。这篇大约13万字的长篇章回体小说，刊登在清朝末年重要的文学杂志《绣像小说》上，共35回，还配有精美的插图（绣像）。作者署的是笔名"荒江钓叟"。

这部《月球殖民地》，看来受到了凡尔纳的科幻小说《气球上的五星期》的影响。不过，它却是一部地道的中国风格的科幻小说。作品写的是，湖南湘乡一个名叫龙孟华的人，因杀人报仇被官府追捕，逃亡到了海外。忽然有一天夜里，他对月饮酒，"酒到半酣，抬头一望，只见天空里一个气球，飘飘摇摇"。这气球的主人叫玉太郎，是个日本人，他"今日六点钟从东京起程"，居然只用十几个小时便飞到南洋。于是龙孟华也乘上气球开始旅行，飞到美国纽约，发生种种曲折的故事。内中，玉太郎还游历了月球。

而在《月球殖民地》问世之前两年，第一批太空冒险家的银幕形象就出现了，他们冒险的第一站便是月球。1902年，凡尔纳的法国同胞乔治·梅里爱（Gearges Melies, 1861—1938），根据他的《从地球到月球》和威尔斯的《登月先锋》，自编、自导、自拍了一部16分钟的电影——《月球旅行记》。

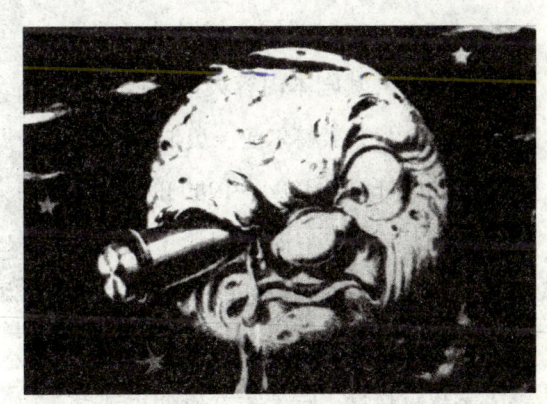

电影《月球旅行记》中的经典画面：月球痛叫一声——载人炮弹击中月球。

第一篇 浪漫的诱惑

这部影片讲述的是：一群科学家乘坐由一座超级大炮发送的炮弹飞抵月球，并通过火山口进入月球内部。在那里，他们与月球居民——状似昆虫的智慧生物相遇并开战，轻松取胜——只用雨伞就将他们一个个像气泡一样戳裂而死。随后，这些科学家又顺利地返回了地球。

《月球旅行记》被认为是第一部具有里程碑意义的科幻电影，它将凡尔纳与威尔斯关于月球的想象融为一体，并综合利用背景布幕幻觉和奇妙多变的电影特技，取得了很好的效果。

电影一开始，科学家们头戴尖顶帽、身披古代占星家的长袍，在一个类似中世纪城堡的大厅中集会，随后又出现了一个"巨大的工厂"。影片中最精彩的部分是：当科学家们钻进炮弹后，炮弹发射正中月球。这时影片现出了"蒙太奇"技术——炮弹射出后迅速飞过画在布幕上的天空，接着观众看见月球（用石膏制成的模型）逐渐向他们逼近……影片中还有一个场景：到达月球的探险家们睡着了，他们在梦中又看到了别的星球的美丽景象。这部影片充分表现了凡尔纳小说中天真烂漫的幻想。

在《月球旅行记》问世将近 30 年后，一部居然能够刺激火箭技术发展的科幻电影，由德国著名导演弗利兹·朗（Fritz Lang, 1890—1976）推出。该片名为《月亮上的姑娘》，其剧本内容大量参照了德国著名的火箭专家赫尔曼·奥伯特（Hermann Julius Oberth, 1894—1989）的论文。

奥伯特在 11 岁时就因读了凡尔纳的科幻小说《从地球到月球》和《环绕月球》而迷上了星际旅行。他早年在慕尼黑大学攻读医学，后来转赴海德堡大学攻读数学、物理和天文学，并将全部业余

奥伯特第一个创立了空间火箭点火理论公式，并用数学方法阐明了火箭脱离地球引力的方法和速度。第一枚具有现代意义的大型火箭 V-2，其发动机的基本构造原理就出自他的设想。

时间投入到液体火箭的研究上。1923年初，他写出了他那篇全面论述火箭和太空飞行、具有广泛影响的著作——《飞往星际空间的火箭》。后来，他被誉为欧洲火箭和航天学之父。但在当时，他的理论和观点非但没有受到职业科学家的关注，反而还遭到了挖苦和嘲笑，这使奥伯特感到十分难过、沮丧。

《月亮上的姑娘》在1928年开拍时，期望电影中的每一个细节都能正确，弗利兹·朗特别邀请奥伯特作技术顾问。奥伯特想到这样正好可以借机宣传他的理论，让更多的公众关注他的研究工作，便很高兴地答应了。他还说服朗出资制造一枚真正的火箭，安排它在电影的首映式上发射，以造成轰动效应。

遗憾的是，这部无声影片的票房并不理想，奥伯特一手谋划的液体燃料火箭也没能飞起来。然而，该片的一个独特创意却让它在航天史上留下了一笔，因为它最早引入了倒计时："5, 4, 3, 2, 1, 点火！"

而且，许多火箭迷对这部科幻片也很追捧，该片甚至为火箭及太空之旅掀起了空前的高潮。两年过后的1931年初，本篇前面提到的美国星际航行协会举办了一场主题为"火箭登月"的公共聚会，其最吸引人之处是安排放映了电影《月亮上的姑娘》。协会主席戴维·拉瑟（David Lasser）将该片的爱情镜头剪掉，把它宣传为"表现了一枚幻想的、但在科学上可实现的火箭的真实登月过程"。

由于资金不足和第二次世界大战的影响等原因，奥伯特的许多天才设想都没能经他的手实现。但相对另外两位航天先驱齐奥尔科夫斯基和戈达德来说，他依然算是幸运的——他的长寿使他几乎目睹了20世纪人类航天事业发展的全过程，见证了从第一枚火箭升空到载人太空飞行，再到人类踏上月球的每一个历史时刻。

1969年8月3日，英国著名科幻作家阿瑟·查尔斯·克拉克（Arthur Charles Clarke, 1917—2008），在他的《太空序曲》（1969年版）一书序言中写道："一个批评家曾在20世纪30年代的一份重要的科学期刊上讨论奥伯特的提议,他讽刺地说,它们可能会'在人类将要灭绝之前'实现。现在,我要高兴地说,赫尔曼·奥伯特,一个不太老的75岁的人,看到'阿波罗11号'1969年7月16日从肯尼迪卡拉尔角发射了。"

众所周知,在倒计时中,人类发射了第一颗人造卫星,实现了第一次载人飞行,成功地登上了月球。不过,在因创作连环画人物"丁丁"(TINTIN)而举世闻名的比利时画家埃尔热(Hergé,1907—1983)的笔下,首次登上月球的人,则是"传奇小子"丁丁等人。

《月球探险》中文版封面

第二次世界大战期间,埃尔热——其本名是乔治·雷米(Georges Remi)在比利时《晚报》创作连环漫画,描绘其作品的新人物——记者丁丁的全球历险记。为了躲避新闻管制,他把丁丁的历险带到了月球和一些幻想的国度。第一部《丁丁历险记》1929年诞生。在随后问世的数十部《丁丁历险记》中,有两部与月球相关,它们是《奔向月球》和《月球探险》。这些作品在世界上产生了很大的影响。

丁丁是一个圆脸、头发翘起的小伙子。他与爱犬"白雪"以及同伴阿道克船长、警官兄弟等努力对抗跨国邪恶势力,并总能逢凶化吉。1979年埃尔热已不再创作,但他说:"那种用绘画讲述故事的乐趣没有改变,因而我始终快乐"。"我直到很晚才发现,丁丁就是我。我在他身上寄托了所有的英雄主义梦想。"

第四章　可上九天揽月

跨入20世纪50年代，世界又发生了巨大的变化，人类已经一步步走近那个激动人心的"航天时代"。如果说，汽车和飞机的出现影响了过去几十年人们的交通和地域观念，那么，宇宙飞船则成了引领20世纪50年代现代化观念的先导。

在20世纪50年代早期，有两件事情在引导西方大众认真对待太空飞行上起到了重要的作用，第一件事情是《目的地月球》这部电影的放映，另一件事情是一篇名为《最小的卫星运载器》的文章的发表。

1950年，"美国现代科幻电影之父"乔治·帕尔（George Pal）与罗伯特·安森·海因莱因（Robert Anson Heinlein，1907—1988）合作，根据后者1947年出版的科幻小说《"伽利略号"火箭飞船》，改编拍摄了电影《目的地月球》。在这部场面壮观、充满特殊效果的影片中，观众破天荒地看到了极为逼真的月球旅行。在观众们眼里，登月之梦跟现实俨然越来越近了。

电影《目的地月球》剧照。影片的月球背景参考了大量的天文照片，还制作了许多迷人的画面。

越来越近的现实

海因莱因早年曾就读于密苏里大学和安纳波利斯海军学院,第二次世界大战期间任费城海军航空试验所工程师,还做过银矿矿工和建筑商。《目的地月球》上映16年后,海因莱因推出给他带来了巨大声誉的科幻小说《严厉的月亮》(又译《月亮是个严厉的妇人》)。

在这个发生于公元2075年的故事中,月球从一个令人向往之所,变成了关押来自地球的罪犯的流放地。被流放者生活在地下城市之中,他们及他们的后代经过艰苦努力,使月球变成了一个粮食基地。而那时有着110亿人口的地球已不堪重负,许多人只能睡到大街上,饥荒更是威胁着人们的生存,于是月球便成了人类最后一根救命稻草。

地球同盟通过傀儡政府管理着月球,只为确保月球地下农场生产的粮食以低廉的价格出口地球,以缓解地球世界愈演愈烈的粮食危机。地月贸易的不平等导致了大多数月球人只能生活在温饱线上。

另一方面,月球资源的迅速消耗(尤其是水资源),也已危及整个月球世界的安全。月球的形势,正如1775年独立战争前夕的美国,于是,以德拉帕扎、曼尼尔等人为代表的月球人在迈克(一台获得了自我意识的、高度灵活的"计算机人")的支持和帮助下,掀起了一场摆脱地球盘剥的独立革命。最后,"月球狂人们"(他们这样称呼自己)终于成为一个得到了承认的自由民族。

"美国现代科幻小说之父"海因莱因

《严厉的月亮》延续了海因莱因以往长篇作品独特的艺术风格:视未来为既成事实,在写作上避免冗长的陈述和解释,而是通过对话和行为,巧妙地把信息传递给读者。小说中还出现了中国驻联合国代表张博士的形象,他找主角讨论地球和月球之间的交通运输问题。

国外不少学者将《严厉的月亮》称为"美国独立战争的月球版"。这一点不仅表现在故事背景上,而且在其中的几个主要人物身上也可以得到印证。我们在月球革命的思想主导者贝尔纳多·德拉帕扎教授身上,可以看到《美国独立宣言》的作者托马斯·杰斐逊的影子;而同情革命并为之倾尽资财的斯图·拉茹瓦,则让人联想起美国独立战争中那个把一切都奉献给了美国革命的法国人拉法叶。

中国科幻评论家姚海军认为,《严厉的月亮》之所以具有长久的艺术魅力,首先是具有独创性且自成体系的科幻构思。月球开发本是个很多科幻作家都写过的题材,但海因莱因在《严厉的月亮》中的开发方案与众不同:开发月球并在其地下建成一座座月球城的不是那些科幻小说中常见的人类精英,而是一些罪犯。以此为基础,海因莱因构想了一套独特而完整的月世界社会生态,从日常行为准则到婚姻形式,不仅极富妙趣,而且有着扎实的社会学基础。其次,是激进的思想及痛快淋漓的表达。作者通过科幻小说表达了自己对政治、军事,甚至性问题的看法,尽管不乏激进的观点,但同时也增加了颇具吸引力的看点。第三,是作品中的人物形象丰满、个性鲜明。

《严厉的月亮》热销之时,美国已经设定并正着手准备实现登月的目标,月球又一次成了世界范围内的热门话题,以及太空最具吸引力的一个"目的地"。

而在1964年,即美国提出登月目标3年后,威尔斯的科幻小说《登月先锋》再次被搬上银幕,但故事却被重新进行了编排。影片开头讲述的是:执行首次登月使命的联合国宇航探险队降落在月球上时惊讶地发现,在一处山脉中居然有一面英国国旗和写有维多利亚女王字样的纸条。

消息传回地球，人们经过多方查找，终于找到一个名叫柏福德的老人。这位老者声称他是65年前完成登月旅行的第一批人之一，另外两人中一个是他的女友，一个就是发明登月工具的科学家。他们在月球上的经历跟

月球上的英国国旗。这是影片《登月先锋》中的一个场景。

威尔斯小说中的描述差不多（女友是电影中加进去的人物）。老人的故事讲完，人们正好在电视新闻里看到联合国宇航探险队在柏福德他们去过的山洞处遭到月球人毁灭性的打击。

影片《登月先锋》摄制完毕5年后，人类就真正实现了登月探险的梦想。

真正的登月先锋

科学技术在发展，人类探索太空的步伐也在加快。

1957年10月4日，苏联发射的世界上第一颗人造地球卫星上了天。1959年一年之中，苏联的"月球1号"、"月球2号"、"月球3号"探测器先后发射，并首次拍摄到月球背面的照片。

在太空探索方面，美国不甘落后，奋起直追，终于在登月竞赛中拔了头筹。

1969年7月16日凌晨4时许，著名的火箭设计师冯·布劳恩在肯尼迪航天中心的发射控制室下令："倒计时开始"，紧接着，由他主持设计的"土星5号"运载火箭腾空而起。

7月20日，美国东部时间16时17分，在乘坐"阿波罗11号"宇宙飞船、

经过102小时39分钟的飞行后,美国宇航员N·阿姆斯特朗和E·奥尔德林成为有史以来第一批在月球上登陆的人。而以太空科幻小说知名的克拉克,应美国哥伦比亚广播公司之邀,担任了登月飞行的现场电视评论员。美国人以敬佩的语气称颂克拉克"提供了促使我们登上月球的基本知识动力"。

当阿姆斯特朗爬出登月舱的气闸室舱门,小心翼翼地走下九阶扶梯时,举目所见到的是像粉尘一样的尘土。这使他感到非常吃惊——担心能否在这么大的尘土中站立和行走。为适应月球重力环境,同时也是为了安定一下激动的心情,他从梯子上走下来的速度很慢——足足用了3分钟。

22时56分,振奋人心的时刻终于来到了:阿姆斯特朗向月面迈出了左脚,接着又鼓起勇气伸出了右脚。于是,在静寂的月球尘土上第一次印上了人类的脚印。早期所有人类的梦想,卢琦安的梦,开普勒的梦,戈德温的梦,威尔金斯的梦,还有贝热拉克、凡尔纳、威尔斯的梦,终于变成了现实!

此时此刻,激动万分的阿姆斯特朗通过无线电说道——全世界的人们都听到了他那句注定要流芳千古的话——"对一个人来说,

登月第一人阿姆斯特朗。登月时他39岁,此前他是一名优秀的喷气式飞机驾驶员,具有超群的飞行技能。他还曾驾驶X-15火箭飞机创造过飞行高度和速度的纪录。

月球上的足迹。由于月球上没有空气,阿姆斯特朗在月面上留下的这个脚印将会在较长的时间内保持原有的模样。

第一篇 浪漫的诱惑

幻　想

这只是一小步；可对人类而言，这却是巨人的一跃！"

在阿姆斯特朗走下登月小梯19分钟后，奥尔德林也跟了下来。当他走到月面上时，不禁张口赞叹道："多么美丽、多么壮观的荒凉！"

人类踏足月球，标志着人类从此进入了一个新的时代。

在阿姆斯特朗走下登月小梯19分钟后，奥尔德林也跟了上来。当他走到月面上时，不禁张口赞叹道："多么美丽、多么壮观的荒凉！"

这也是许许多多的人们共同努力的结果。当阿姆斯特朗踩出那个脚印之时，肯尼迪航天中心控制中心与他通话联系的一位官员情不自禁地喊道："你踩下的脚印也是布劳恩博士的足迹！"来自德国的布劳恩一时成为美国家喻户晓的英雄。

阿姆斯特朗和奥尔德林在月面上总共停留了21小时18分钟，在舱外活动了2小时21分钟。在这无声无息的环境里，他们安装了月震仪、激光测距仪等，做了太阳风收集等实验，并采集了24.4千克岩石和尘土标本，拍摄了许多地貌照片。他们还代表人类在月球上留下了一个纪念牌，上面写道："从地球来的人类于公元1969年7月首次登上月球。我们为全人类的和平来到这里。"而他们的另一位同胞M·柯林斯则坐在指挥舱里，绕着月球轨道飞行。当登月舱再次升空与指挥舱对接之后，3位宇航员开始返航，于7月24日穿过地球大气层，溅落到太平洋上。

在庆祝登月成功的记者会中，有一个记者突然向奥尔德林提了一个很特别的问题："由阿姆斯特朗先下去，成为登陆月球的第一个人，你会不会觉得有点遗憾？"在全场有些尴尬的注目下，奥尔德林很有风度地答道："各位，千万别忘了，回到地球时，我可是最先出太空舱的。"他停顿了一下，环顾四周笑着说："所以，我是由别的星球来到地球的第一个人。"

从 1969 年至 1972 年，先后有 12 人登月 6 次，对月球进行了一系列的科学考察。宇航员在月面停留的时间共约 300 小时，在月面上探测时间合计 80 小时。6 次登月采集到的月球岩石和土壤样品达 270 多千克：有采自月面"海"的和"山"的，有古老的也有新生的。这些岩石和土壤标本是研究月球物质成分、结构及其形成和演化过程的珍宝。

许多国家的科学家对宇航员带回的月岩样品进行了多种项目的共同研究，从月岩中已发现近 60 种矿物，其中有 6 种在地球上尚未发现；在月岩和月土中发现了地球上的全部化学元素；没有发现可生存的月球有机物，也无古微生物的证据；在某些月岩中有微弱的剩余磁性；月球样品中存在许多太阳活动事件踪迹；根据样品的同位素分析，得出月球年龄约为 46 亿年。

没有空气的月球似乎是个死寂的星球。人们最关心的是：它究竟有没有水存在呢？

1994 年 1 月 25 日，美国的"克莱门汀 1 号"探测器发射升空。这是自"阿波罗 17 号"发射以来时隔 22 年美国首次发射月球探测器。它最重要的探测结果是：首次在月球上发现有冰存在。

1998 年 1 月 6 日，美国又发射了"月球勘探者号"探测器。美国国家航空航天局公布探测结果时称：月球表面南北两极有着大量的冰，贮量可能高达 60 亿吨，在极区甚至有冰湖存在。这个探测结果令科学家们激动不已，因为这对于建造月球基地和开发月球具有极为重要的意义。

水是人类生活和植物生长的必需品，而且，水经过电解产生的氧和氢，又是火箭发动机的推进剂。如果水的问题解决了，月球基地的建设和人在月球的长期生活，就都有了可靠的保证。

开发地球第八大洲

月球是近地空间唯一大型的地外天体，它并不是一般意义上的不毛之

真正的财富或许就蕴藏在月球岩石中。有人建议:未来的月球矿产公司不妨考虑从月球的岩石上提取氧,并使之成为流体状态后送到地球轨道,作为氧化物供宇宙飞船用。

地。月球上不仅存在着大量矿藏,而且整个月球环境对于人类来说都是极其宝贵的资源。

事实上,开发月球很早就被提上了议事日程。如果说,始于40多年前的第一波探月登月浪潮是冷战时期军事和政治的产物,那么,新一轮的探月热则显然具有完全不同的特征:对空间资源的开发、利用和占有已经居主导地位,因为月球已经变得"有利可图",其能源、资源与特殊环境的开发利用前景,成为各个主要航天国家组织重返月球或月球探测最主要的动力。

2004年1月14日,美国宣布了新太空计划,声称要重返月球,在2020年以前进行一次"更大规模"的人类登月行动。欧洲空间局制定了登陆月球、建立月球基地的设想,并提出了分阶段的月球探测计划。日本、印度、乌克兰、德国、俄罗斯也相继提出了各自的月球探测计划。我国也加紧了对月球的探索,明确提出在2020年前后,分三个阶段实现对月球的无人探测。

根据目前的探测结果,月球上的矿产资源极为丰富,其中探测与研究程度较高的有月海玄武岩中的钛铁矿,以及克里普岩中的稀土元素、钾、磷和铀、钍等。此外,月球上其他岩石还蕴藏着丰富的、极具开发潜力的铝、钙、硅等资源。另外,月球上氦-3的资源也极为丰富,估计其储量在100万吨左右,可它在地球上却十分稀有。这种物质燃烧效率极高,又不产生放射性污染物,被认为是21世纪的理想燃料。

月球表面具有高真空、无磁场、地质构造稳定、弱重力和高洁净的环境,月球背地球面不受地面无线电波干扰,建立月球天文观测基地、生物制品和新材料实验室,对地观测站和深空探测前哨站均具有重大的政治和科学意义。毫无疑问,月球是研究月球科学、天体化学、空间物理、生命科学、对地观测科学与材料科学的理想场所。

而在一些科幻作家笔下,月球也是一个设置悬念、展开故事的理想背景。比如美国著名科普作家和科幻小说大师艾萨克·阿西莫夫(Isaas Asimov,1920—1992)的科幻名篇《音乐钟》,讲的是一个名叫佩顿的人,与同伴康韦尔一道,偷偷乘坐飞船前往月球寻宝,事成之后他又设计干掉了康韦尔。警察根据种种迹象认定佩顿就是凶手,却无法掌握证据。最后,他们在地球调查局的一位从未去过月球的地外学家帮助下,终于使狡猾的佩顿束手就擒。破案的线索原来是:犯罪嫌疑人由于刚刚从月球返回,身体无法适应地球的重力,因而露出了破绽。

还有一部早期的幻想作品《月球奇闻》,把冷战时期的美苏争霸也搬到了月球上。它讲的是美苏两国士兵在月面上建筑基地,然后拔枪对射。可是,子弹并没有落下来,而是变成了月球的卫星。每当暴雨般的"子弹卫星"绕月一圈飞回来时,两方士兵就得东躲西藏。原来,月球的逃逸速度只有2400米/秒,完全在枪弹的射速之内,而月球上又没有空气来阻滞子弹的动量。

美国国家航空航天局约翰格伦研究中心的专家、科幻作家杰弗里·兰蒂斯(Jeoffrey A. Landis)创作的短篇科幻小说《追赶太阳》也别具一格,它讲述的是:一个月球考察队发生事故,失去了能量。唯一幸存的女宇航员要等待地球的救援,但她必须在失去能量的条件下保持宇航服的温度。于是,她便用步行的方法"追赶太阳",使自己在月球的"一天"内始终保持在阳光下。这当中的一个科学背景是:由于月球重力小于地球,人可以凭借体力在一个月球日内环绕月球一周。

兰蒂斯在谈及这篇小说的创作背景时说:"那时我在做一个课题,就是研究利用太阳能电池组建立月球基地的可行性。使我伤脑筋的是月球上有14个地球日的'月夜',这意味着太阳能电池组将停电。我后来设计给月球基地装上轮子,因为月球转动不快,大约每小时10英里。只要轮子的转动达到这个速度,月球基地就能始终沐浴在阳光里。"他将设想写成论文发表后,在学术界引起关注。在此基础上,他又写出了颇受好评的科幻小说《追赶太阳》。

值得一提的是,1995年《追赶太阳》在中国的《科幻世界》杂志上发表后,有好几个中国孩子对这篇名著提出了质疑,认为主人公翠茜大可不必围着月球跑一圈去追赶太阳,他们不约而同地提出了"更好的办法",这使兰蒂斯大为震惊。后来,经过一番思考的他在2003年来到中国,认真地回答了中国孩子们提出的问题。

美国华纳电影公司在2002年推出的冒险喜剧片《月球历险》,也是以月球开发为背景展开故事的。故事发生在2087年,随着地球上自然资源的枯竭,月球变成了新的"大西部",一个只要拥有了金钱和权利就可以随心所欲的地

写科幻的科学家。供职于美国国家航空航天局约翰·格伦研究中心的兰蒂斯别号"火星叔叔",他是固体物理学博士、俄亥俄州航天大学终身教授。1992年,他以科幻小说《追赶太阳》荣获世界科幻最高奖"星云奖"。

方。探险家布鲁托·纳什是镇上最火爆的夜总会的老板。当他拒绝把夜总会卖给一个强盗（此人是一个策划吞并整个月球的神秘人物的帮凶）之后，就陷入了麻烦之中。

从月球所具备的特殊环境和条件来看，月球基地是有可能成为人类第一个在地球外星体上建立的活动场所的。

近10年来，重返月球的呼声日益增高，月球计划也成为许多国家航天发展的重要目标。已有人提出设想，要把月球建设成为地球的"第八大洲"。预计在未来的20年内，人类将重返月球，利用空间航天基地进行地月轨道运输船的组装维护，最终建成月球基地。

建设月球基地，至少要解决5个基本问题，那就是空气、水、食物、重力和辐射防护。根据美国国家航空航天局"阿蒂米斯"计划的研究成果，在月球上建立的一个永久基地的方法，可能采用类似空间站宇宙飞船船舱的结构，只是略作改动。这是因为尽管很小，但月球上还是存在重力。由于月球没有磁场，这就要求有一个阻挡宇宙和太阳射线的系统。为此，科学家

这是未来的月球基地蓝图。在月球上设立有关特种工厂，可进行各种酶和血细胞的分离、合成，培养各种疫苗和抗生素，避免药物表面吸附尘埃、微生物和气体等污染物质，制造出地球上难以制造和无法制造的药物。

考虑,也许可以用月球的土壤覆盖生活舱。

不过,建设月球城市会有很多障碍。因为月球的重力较小,干燥无空气,要使(人造)大气层保持较长时间,是极为困难的,所以几乎就没有希望营造有利于动植物生长的环境,也很难保持液态水或任何可供呼吸用的气体。

在建设月球基地的进程中,国际合作势必会成为

艺术家笔下的月球宾馆

未来月球探测和开发利用的一个特色。这是因为,月球探测是一项先进科学与技术的综合与创新,是一项长周期、大投资的重大工程,任何一个国家都难以独自完成。联合国已明确规定,月球不属于任何国家,但谁先利用,谁先获益。

在开发月球方面,建筑师也早就有了"盘算"。2001年,一位名叫汉斯·约根的荷兰建筑学家设计了一座月球旅馆。由于月球上的重力只有地球上的1/6,而且没有风,这座月球旅馆的外观显得十分单薄。它看起来就像一颗泪滴,由两根粗大的柱子支撑。

旅馆建造使用的材料将取自月球。为了防止月球表面极低的气温和宇宙射线,旅馆的墙壁加厚到了半米。这座旅馆还设有充满乐趣的失重游戏区域,允许住客身穿特制的像蝙蝠翅膀一样的服装进行飞行和登山。汉斯预计,他的这一设计将于2050年在月球上建造并投入使用。

当然,建立月球基地、月球发电站和开发月球资源是长期的艰巨的任务。不过,科学家认为,建立月球基地和开发月球并不存在很大的技术难

题。而对月球进行探测所采用的技术可进一步为探测火星、小行星或其他行星的卫星提供基本经验。

科学家提出：由于月球引力很小，因此，可以把它作为飞向火星或其他星球的中转站，从那里发射航天器，只需要地球上 1/6 的能源。他们认为，把月球作为通往火星的中转站，其相对低的逃逸速度将是一个非常突出的优点。甚至可能回头采用儒勒·凡尔纳描述过的太空大炮方案，把不会破碎的材料从月球送回地球，因为这种情况下，不存在和月球大气层发生摩擦而导致起火的危险。

目前，世界上从事空间研究的国家和组织在21世纪初期实施月球探测和开发利用的战略目标与分阶段进程大致如下：第一阶段（2000—2010年），对月球资源进行全球性、整体性与综合性的探测，包括遥感探测、月面着陆器和巡视车的现场勘察；第二阶段（2010—2020年），对月球深层构造进行勘察，并采样返回，为建立月球基地提供数据，并深化对地月系统和月球本身的起源与演化的认识；第三阶段（2020年后），载人登月，并通过国际合作共建月球基地。

不用说，月球这块净土很快就会被打破沉寂，那时等待我们的是什么景象，这仍然是一个诱人的待解之谜。

"嫦娥"奔月

对月球的探索和开发，中国也已绘就蓝图。

1992年，国家载人航天项目立项。随后，于1994年开始进行中国月球探测的必要性、可行性论证。2004年，代号为"嫦娥工程"的第一次月球探测方案获得批准。中国的月球探测目标明确，它分为三个阶段：第一是无人探月的阶段，第二是载人登月的阶段，第三是把月球作为基地，进行研究开发的阶段。

探月的第一期工程为"绕"月探测,即发射一个绕月卫星"嫦娥一号",绕月飞行一年,对整个月球进行遥感探测,全面了解月球;探月二期工程为"落月探测",对月球上的局部区域开展精细探测,即"嫦娥二号"作为技术先导星开展技术试验和演练,而"嫦娥三号"将实现月面软着陆,着陆器开展就位探测,月球车进行巡视探测;探月三期工程为"采样返回",即派遣机器人降落在月球上,钻取、采样,最后把月球样品安全返回地球。

北京时间 2007 年 10 月 24 日 18 时 05 分 04 秒,"嫦娥一号"卫星在西昌卫星发射中心成功发射升空,并于 2009 年 3 月 1 日受控撞击月球,圆满完成各项科学探测使命。2010 年 10 月 1 日 18 时 59 分 57 秒,"嫦娥二号"卫星发射成功,开始了新的使命。

中国月球探测计划确定了四大科学目标和五大工程目标。四大科学目标是:

——获取月球表面三维影像。划分月球表面的基本地貌和构造单元,初步编制月球地质与构造纲要图,为后续优选软着陆提供参考依据。

——分析月球表面有用元素含量和物质类型的分布特点。对月球表面有用元素进行探测,初步编制各元素的月面分布图。

——探测月壤特性。探测并评估月球表面月壤层的厚度、月壤中氦-3 的资源量。

——探测地月空间环境。记录原始太阳风数据,研究太阳活动对地月空间环境的影响。

而由月球探测卫星、运载火箭、发射场、测控和地面应用等五大系统组成的绕月探测工程系统,届时将实现以下五项

"嫦娥一号"绕月探测。

工程目标：研制和发射我国第一个月球探测卫星；初步掌握绕月探测基本技术；首次开展月球科学探测；初步构建月球探测航天工程系统；为月球探测后续工程积累经验。在基本完成三个阶段不载人月球探测任务后，中国有可能择机实施载人登月探测。

不只是科学家们在谋划探月之举，中国的科幻作家们也盯住了月球。

女作家凌晨的《月球背面》是一部反映中国人征服月球、在静海之滨和哥白尼环形山下建立基地的长篇新作。在凌晨讲述的故事中，月球不再为美国人所独步。

2049年，中国百年建国大庆在即，月球上又传来喜讯——中国月球大型综合基地龙城即将正式投入使用。龙城建设者们计划用盛大开城庆典来迎接共和国的百岁华诞。龙城启用后，人类对月球的利用将由科学考察向移民开发过渡。多国政要以及联合国官员将参加龙城庆典，为人类正式进入"星际时代"拉开帷幕。

但是，意图煽动月球所谓精英分子独立的地下活动，也在紧张进行着。

接到龙城庆典嘉宾邀请信的火箭发动机专家舒畅，为与家人团聚，在秘书许宁陪同下提前数日前往月球。然而，她分别3年的女儿舒展却刻意躲避着她。在月球上从事月球飞机研究的舒展，刚刚经历了试飞失败的打击，她对试飞员林鸿飞进行了严厉批评，从此种下了祸根。

经过改造的月球有了大气层，一颗人造卫星在月海上空盘旋。月海因为有水而变得异常美丽，新"造"出来的海滩更是新奇诱人。

年轻的女记者梅娜一心想报道月球的大事件,她对月面暂现现象穷追不舍,对爱情也是同样态度,闹得舒畅做宇航员的儿子张宇只想躲开她。张宇悄悄喜欢上在游戏中击败他的许宁,可许宁满脑子都是月球问题,三个年轻人之间经历了一场友谊和情感的考验。

舒畅收养的孤儿卓新一直怀疑父亲殉难的"阿尔特弥斯号"飞船天难事故真相,并动员好友警察关山岳一起参与调查,还通过网络寻找知情者。当试图告诉他们真相的人被汽车撞死后,关山岳不再认为卓新怀疑得毫无道理。在朋友埃文帮助下,他发现了天难事故背后隐藏的秘密。这个秘密甚至关系到月球和人类的命运……

想象一直在改变着我们的生活。关于月球的林林总总,在可以预见的未来中,离我们越来越近了。试想:在1900年前后,"登月"在许多人眼里近乎是痴人说梦,人们也不知道什么是核威胁,什么是环境污染,什么是文明的冲突。他们充满希望、朝气蓬勃、积极进取,因为他们的未来具有无穷的可能性。而一百年后的我们,面对的又是多少新奇的事物,多少复杂的关系,多少莫名的烦恼啊!

DIERPIAN
第二篇
红色的疑惑
HONGSEDEYIHUO

　　从古到今,这颗红色的星球一直牵引着人类的视线。可以说,没有一颗行星能够赢得比火星更多的关注,没有一颗行星能够像火星那样激发起人们丰富的联想,并且在人类文化中占有如此重要的地位。

　　我们可以看到,探索火星上的智慧生物,是科学史上最能激发科学家和公众的灵感及想象力,同时也极富争议的重大事件——这当中充满了假象、困惑和谬误。

　　事实上,也正是有关火星的种种新奇美妙的幻想,以及了解地球以外世界的渴望,拨动了无数科学家和科幻小说读者们的心弦,拉近了科学和大众的距离,并激励那些太空时代的先驱者们,坚持不懈地进行探索和思考,进而打开一条通向新世界的道路。

第一章 迷雾重重

据说,在很久以前,有一个报刊发行人向一位著名的天文学家发去一封电报,提出了这样的希望:"请即用500字电复,火星上是否存在生命?"那位颇有幽默感的天文学家随即按照要求答曰:"无人知道,无人知道,无人知道……",一直重复了250遍("无人知道"英文即Nobody Knows,为两个词)。

对于地球上的人们来说,火星无疑是一颗充满神奇魅力的行星。每当夜半它在黄道星座里升上天穹的时候,其表面那淡红色的光辉总是格外地引人注目;而且,它跟地球也极为相似:上面既有极冠和稀薄的大气层,又有肆虐的风暴和随季节变化的图像。所以,人们揣测它是一个有生灵的世界,并非毫无道理。

从古到今,这个红色的星球一直牵引着人类的视线。可以说,没有一颗行星能够赢得比火星更多的关注,没有一颗行星能够像火星那样激发起人们丰富的联想,并且

火星是对人类最有吸引力的行星。2003年8月27日,火星与地球仅相距5576万千米,是两者6万年来距离最近的一次。世界各地的天文爱好者争相目睹"火星大冲","火星热"迅速在全球升温。图为美国国家航空航天局发布的火星图片。

在人类文化中占有如此重要的地位。事实上,也正是有关火星的种种新奇美妙的幻想,以及了解地球以外世界的渴望,拉近了科学和大众的距离,并激励那些太空时代的先驱者们,坚持不懈地进行探索和思考。

重温人类火星寻梦的漫漫旅程,真可谓是众说纷纭、悬念迭出、饶有趣味。

战神与荧惑

火星,西方称之为"玛尔斯"(Mars),也就是战神。作为太阳系的第四颗行星,火星显然早就拥有其独特的文化意义。

在古苏美尔、巴比伦、波斯、埃及和希腊等许多古代文化群体中,人们都认定红色是生命的颜色。它象征着火焰、活力、能量、鲜血,往往又跟创伤、战争、死亡和其他危险联系在一起。因此,红色成为许多战神的标志色。

而在人们目力所及的视野里,火星那红色而带着斑痕的外表,倒颇像一个热血贲张的武士,于是,古苏美尔人就把这颗红色的行星称为"奈格尔"(Nergal)——他们传说中的战争、毁灭和死亡之神的名字。还有一种说法:深受苏美尔人影响的巴比伦人认为,火星"暗时吉,亮时凶",并以他们的黑死

欧洲15世纪的历史书中的一幅插画,图上中央即是象征火星的战神,图中的天蝎座与白羊座据说表示的是每年战争的季节:3月到10月。

病神"奈格尔"为之命名。由此,火星就以这样的面貌被定位在人类的占星术中了。

波斯人和埃及人也是用他们的战神来给火星起名的;古瑞典人则把它叫Tiu,亦为战神,这是英文星期二(Tuesday)的来源。在后来的岁月里,希腊人借鉴苏美尔人(以诸神名字)命名行星的传统,将这颗红色行星重新命名为"阿瑞斯(Ares)"——它是古希腊战争之神的大名。古罗马人继承了这个说法,使用相应的罗马字"玛尔斯"(Mars)为火星命名,并沿用至今。

在古代中国,人们相信天人感应,即上天会以某种方式向人间示警。人们观象主要是希望能预占人事,事先谋求应变之道以趋吉避凶。火星,地球的这个邻居因为颜色"荧荧如火",且行踪和亮度变幻无常,显得非常神秘,故被称为"荧惑"。后来,"五行"学说兴盛,人们将当时能够观测到的五大行星分别命名为水星、金星、火星、木星和土星。火星即是那红色的"荧惑"。

在那个时代,占星术士往往根据火星的天文位置和可见度来为皇帝预测凶吉,所以中国的史书上常可见"荧惑在心"或"荧惑守心"的记载——后者系指火星走过心宿后又回转的现象(即"逆行"),这乃是所谓的"大凶"之兆,跟丧、乱、贼、兵紧密相连。

实际情形真的是这样吗?

在中国历史上,关于"荧惑守心"共有23次记录。台湾清华大学的黄一农教授就此进行了深入的剖析。他惊讶地发现,在每次"荧惑守心"前后,都有皇帝驾崩或被废黜等社稷巨变,这似乎足以印证"荧惑"行止所显出的神奇威力了。

但是,当黄一农用电脑往回推算时,却又得出结论:其中的17次记录很可能是伪造的!

另据《汉书·翟方进传》记载:汉成帝刘骜绥和二年(公元前7年)春荧惑守心,成帝下诏责问丞相翟方进辅助不力,致使各地灾害并起,疾疫流行。结果,这位其实很有作为的丞相见诏当天就自杀身亡。

黄一农指出："荧惑守心"这类天象在星占中常被附会成"大人易政,主去其宫"的征兆,所以古人或为凸显星占卜人事的能力,往往在事后伪造记录。"这17次伪造的记录中,唯独翟氏事件的星占出现在事应之前,政治意义相当大。"

谚语云:"荧惑入南斗,天子下殿走"。"佐证"它的一个事实是:在公元534年初夏的某一天,年逾七旬的南朝梁武帝光着双脚到金銮殿下去跑了一圈。因为太史报告"荧惑入南斗",即火星运行到二十八宿之南斗宿中了,作为"天子"的他得有所"表示"。

以电脑推算,"荧惑守心"的天象相当罕见,平均约50年始发生一次,故古人对此天象了解甚少,易于作伪。身为丞相的翟方进,为一个子虚乌有的"天变"被迫自杀,确实冤得很。事实上,他本人也很可能相信上天会以突发且短暂的"荧惑守心"天象来示警。

在翟方进故去两千年之后,科技史专家、上海交通大学的钮卫星博士载文指出:现在不难计算,公元前7年春天4月21日前后火星由顺行转逆行而发生留守,但位置在轸宿1.4度而不在心宿。该年8月28日火星才运行到心宿,但不发生留守,其位置与火星春天留守的位置相差60度之多。所以,导致翟方进自杀的"荧惑守心"之说,显然是其政敌伪造的天象。

火星,这个与地球相隔数千万千米之遥的"战神",居然也成了阴谋家利用的工具,足见中国古代天文与政治的密切关系。

耐人寻味的是,东西方占星学上对于火星的解释有着惊人的相似性。已有论者指出:古代西方与我国的占星术中提到火星,无不指出其暴烈、易变的特质。在一定程度上,如果一个人的生辰星盘图上出现火星的踪迹,如果不意味着异常的发达和迅速的突破,那就表示突如其来的灾变或是衰落。这种情形,除了有占星学上的内在逻辑之外,很可能也跟火星的形貌相关联。这颗星球的赤红表面往往激起人们的困惑与思考。而数千载以后,在人类的外太空求索中,也正是这个星球提供了无数可能性以及由此而生发的种种疑虑。

逆行解谜

人们很早就注意到,火星在天空中运行的路径十分复杂,亮度也经常变化——时而明亮,时而昏暗。尤其在逆行期间,火星总是分外明亮。虽然其他行星也有逆行现象,但就数火星的"表演"最为显著、充分:你看它移动的速度变得越来越慢了,到某一刻竟然会完全打住;过后不久,它开始向西倒退;然后,它再度停顿,接着又重新按正常的方向往前移动。总的来说,它还是自西向东运行,最终在天空中绕一整圈。

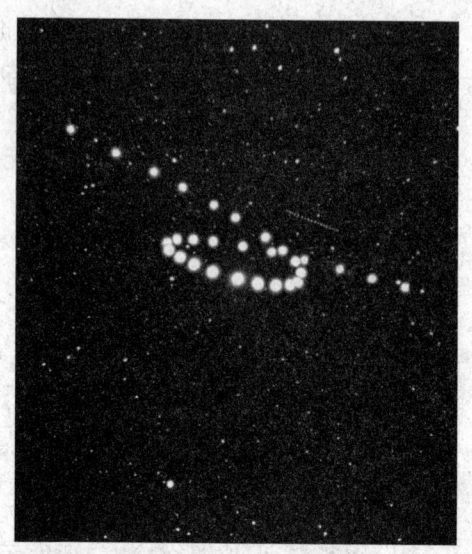

这幅图显示了火星在恒星背景下的顺行、停留和短暂的逆行。

火星的这种怪异行为令古代的天文学家感到非常困惑,这也是他们当时所要着手解释的主要难题之一。他们认为地球是宇宙的中心,绕地运行的所有行星都行进在完美的正圆轨道上,与地球保持固定的距离,亮度也应该是稳定的。可火星的逆行和亮度变化又该如何解释呢?

其实,早在公元前250年,古希腊天文学家阿利斯塔克(Aristarchus,前315—前230)就首先提出:太阳是宇宙的中心;火星的逆行现象,乃是地球和火星在围绕太阳公转过程中之相对运动所产生的视觉效果。可阿利斯塔克的这一论断在当时并没有引起注意,古代盛行的是以地球为中心的托勒密行星轨道系统。托勒密体系虽然能够用来预测行星在将来某时进入的位置,提出后也一直在努力地"改造"、"完善",但仍不能对火星逆行作出合理的解释，从根本上说它是一个错误的天体理论。

真正能够解惑的，是波兰天文学家哥白尼在接近16世纪中期时提出的日心地动学说。哥白尼创立日心理论，为的是简化托勒密那复杂的行星轨道系统，以更好地解释包括火星在内的行星运动的不规则现象。然而，哥白尼学说所引起的革命却不只是更换一个公理，而是最终导致一套全新的研究大自然的方法的诞生。

哥白尼出生于波兰托伦城的一个法官家庭，在克拉科夫大学学习时对天文学发生兴趣。他创立的日心说奠定了近代天文学的基础。

在哥白尼的系统里，逆行只是地球和行星绕太阳公转所综合而成的自然结果，只需假设行星（包括地球）公转的速度离太阳愈远则愈小，便可加以说明。我们可作如下解释：地球在一个比火星更近的轨道上环绕太阳运行，跑的是内圈，所以绕一圈所要走的距离比较短。当地球和火星在太阳的同一侧时，地球赶上并超过跑外圈的火星，使火星看起来好像在往后退。这情形正如两辆汽车沿同一方向前进，当开得较快的那辆车超过另一辆车时，在快车中的乘客看来，较慢的那辆汽车仿佛就在后退。

换句话说，逆行是一种从快速地球看慢速火星的必然的视觉现象。这也正是阿利斯塔克所提到的那种视觉效果，并没有什么可奇怪的。其实，只要把地球的轨道与任何其他行星的轨道加以比较，就可以解释所有的行星逆行现象，而这正是以太阳为中心的行星系统让人信服的一个重要因素。

循着同样的思路，日心体系还能解释火星的亮度为什么会变化，以及它为什么在逆行时最亮。

行星轨道的真相

哥白尼的日心理论虽然使天文学产生了质的飞跃,但由于它承袭了行星以圆形轨道运行之旧说,所以仍然无法做到与观测的数据完全吻合,要彻底解释行星运动的全部复杂性还存在不少困难。

正是由于对火星运行规律的精细研究,才彻底揭示了行星轨道的真相。

自 1580 年起,丹麦天文学家第谷·布拉赫(Tycho Brahe,1546—1601)以前所未有的精确度观察了行星,特别是火星的运动,并记录了许多数据。他注意到,火星在位置上表现的差异比任何天体都大得多。他准备以更细致更精确的测量,来修正哥白尼的行星位置表。

第谷出生于一个瑞典血统的丹麦贵族之家。他是最后一位也是最伟大的一位用肉眼观测的天文学家(他在世时尚未发明望远镜)。他认识到:长期观察和测定天体的精确位置,是研究天体运动的唯一可靠途径。

作为一个精细的、超群出众的观测者,第谷观测并记录下来的火星位置跟椭圆轨道相符,并且精确度很高。但他却不是一个高明的理论家。由于宗教的缘故,他不愿意采纳哥白尼的日心理论,而是主张用一种半日心半地心的混合体系,去解释他的观测结果。

可惜,第谷还来不及对他的观测结果进行仔细分析便去世了。临终前,他把自己毕生积累的观测资料留给了他的助手、德国天文学家开普勒,希望这个接班人以此能够给他引以为自豪的"第谷宇宙体系"增光添彩。

开普勒本以为费不了几个月工夫,便可以利用第谷的观测结果计算出火星的轨道。可没想到这一过程竟然持续了差不多 8 年时间!他发现,火星的运动并不是匀速的——当它靠近太阳时,运行速度就快些;反之,其运行速度就慢。如此看来,行星绕日运行的轨道肯定不会是完美的圆形。因此,两千多年来天文学家一直坚持的圆形轨道的观念必须抛弃。

1609年,开普勒公布了他的研究结果:行星绕太阳作椭圆运动,太阳则位于这个椭圆的一个焦点。他主要通过对火星观测资料进行分析、计算而总结出来的行星运动三大定律,为近代天文学的迅速发展创造了必要条件。就这样,夜空中火星那看似杂乱的舞点,终于被归拢到一条简单而深刻的规律中去了。

太像地球了

在望远镜问世之前,人们从夜空中看到的火星,只不过是一个分辨不出表面特征的红色光点。所以,那个时期的天文学家关注的是火星在天穹上的运行轨迹和规律。

17世纪初,望远镜的出现延展了天文学家的视线,使许多伟大的发现成为可能。

1610年,伽利略用自制的望远镜观测木星并发现了其4颗卫星。他自然也将望远镜指向了那颗红色的行星,但没能发现什么。

随着望远镜性能的改善,天文学家得以进一步分辨火星的表面特征。在对火星的观测上,最早取

法国版画家尼古拉·德·拉米西(约1640—1725)于1695年发表的一幅版画"天文学家"。画中人物的身上是黄道十二宫,衣襟下摆是日、月和五大行星的符号;左手上是哥白尼的著作,右手上是第谷的著作;画面背景是刚落成不久的巴黎天文台。

得一些有价值的发现的,是荷兰物理学家和天文学家克利斯蒂安·惠更斯（Christiaan Huygens,1629—1695）。

惠更斯是介于伽利略与牛顿之间的一位重要的物理学先驱。他第一个注意到火星表面上有不同的标志。1659年,他在火星微红色的圆面上辨认出了一些白色的斑点。它们规律地出现,并随着行星的转动而转动。他还看到了一块模糊的三角形黑斑,并称之为"大流沙"（今天人们管它叫色蒂斯大平原）,这是人类第一次观测到火星的地表特征。

通过追踪观察"大流沙"这个明显的标志,惠更斯断定火星的自转周期与地球几乎一致,大约是24.5小时。意大利天文学家卡西尼也通过研究火星上的地表特征,在1666年测出了火星的自转周期:24小时37分钟——现代的有效计算已经证实:火星的一"日"为24.623小时,即24小时37.5分钟。

1673年,火星对人类探测太阳系作出了另一项重要贡献——卡西尼测定了火星的视差,使人们第一次知道了行星之间的真实距离。接着,他又依据开普勒的行星轨道模型,推算出地球到太阳的距离、火星到太阳的距离,等等。而此前卡西尼还与人合作,第一次测出了地球与火星间的距离约为8000万千米。

将近100年过后,1781年,英国天文学家威廉·赫歇尔（William Herschel,1738—1822）通过观察、分析得出结论:火星上的标志移动的方向与火星自转的方向相同,火星自转轴的倾斜方式也跟地球非常相似。因此,火星和地球一样有四季的变化。3年后,赫歇尔又通过观察证实:火星的北极和南极都有冰冠（卡西尼在1666年便发现火星两极的白色区域）,而且它们在一年过程中从增大到消融,跟地球冰雪极冠的变化一样。此外,赫歇尔还首先观察到了火星表面的稀薄的大气。

这样看起来,火星比我们在天空中见到的其他任何一个天体都更像地球。正因为如此,当时的许多学者都热衷于研究火星。这种热情也鼓舞了更多的人以更大的热情去观测火星。火星,俨然成了天文学研究和天文观测的明星。

第二章　打开幻想之门

既然火星跟地球如此相像,那么,它是不是也该有一两个卫星呢?

实际上,这个问题在伽利略发现木星的4颗卫星时,就已经引起了天文学家的注意。

1610年,开普勒在看过伽利略托人捎来的《恒星的使者》一书后,给伽利略写了一封长长的回信。在信中,开普勒对伽利略的发现表示赞赏,并特别建议伽利略去观察火星。他写道:"我完全相信木星周围的4个卫星的存在,因此,如果可能的话,我希望通过望远镜比你更早发现火星周围有两个卫星(按比例似乎应该如此)……"

想象变成现实

开普勒凭什么认定火星应该有两颗卫星呢?

原来,在研究中一直寻求"宇宙的和谐性"、对数字及数字之间所谓的"神秘"关系十分着迷的开普勒是这样推论的:地球、火星、木星这三颗行星由内向外绕日公转,已知地球和木星的卫星数目分别是1和4,那么,位于地球和木星之间的火星,其卫星数目必然是2。因为只有这样才能形成一个等比数列,从而体现出宇宙的"和谐"。

开普勒的这个猜测并没有什么科学依据(目前已知木星有16颗卫

星),但他歪打正着,还真的"蒙"对了;而且,他想象的这两颗火卫,在它们真正进入人类视野之前,竟然就已出现在斯威夫特(Jonathan Swift, 1667—1754)和伏尔泰(Voltaire, 1694—1778)的文学名著中,这确实令人惊叹不已。

1726年,英国著名作家斯威夫特发表了他的讽刺名著《格列佛游记》。该书第三部分在谈到想象中的拉普塔王国的天文学家时这样写道:

> 他们就这样在火星的周围发现了两颗卫星,最近的一颗与火星中心的距离是火星直径的3倍,另外一颗的距离则是火星直径的5倍。近的一颗围绕火星转一周需要10小时,远的需要21.5小时,因此它们周期的平方差不多同它们到火星中心的距离的立方成正比。这样便证明了这两颗卫星所受的吸引力和其他天体所受的吸引力遵循同样的定律。

《格列佛游记》影响很大,读过此书的许多天文学家都被它有关火卫的这一段描述所迷惑和震撼,并揣测斯威夫特的"信息"来源(尤其是在该书问世161年之际,真的发现了两个火卫之后)。一般认为,斯威夫特肯定听说或看过某些占星家的文章,对开普勒的研究成果也有所了解。现在知道,两颗火卫的公转周期分别是7.65小时和30.3小时,跟斯威夫特在书中提到的数据相差不太远。

1752年,法国著名文学家、思想家伏尔泰发表了讽刺小说《米克罗梅加斯》(又译《小大人》)。该书第三章在描述两个外星巨人从木星里出来,向着火星飞行时这样写道:

> 他们向这颗行星的两个月亮靠拢,这两个月亮是我们的天文学家从来没有看见过的。我很明白卡斯德尔神父一定反对有这两个月亮,但我这句话是对那些用推理方式思考的人说的。这些哲学家知道,火星离太阳那么远,如果没有两个月亮的话是难以

想象的。不管怎样,我们的旅行家觉得那里太小,小到没有下榻的地方。

《米克罗梅加斯》运用幻想小说这一形式,以大小之差异,评说了人类,尤其是教会和其他机构的弱点。它显然受到了《格列佛游记》的启发和影响,这个故事之所以闻名,还在于它向人们预示:火星上有两个天文学家尚未观察到的月亮。这在后来得到了验证。

事实上,人们期待了200多年的两颗火卫,迟至1887年才出现在望远镜的镜头里。

话说这一年的8月初,当火星即将"大冲"时,地球上几乎所有的望远镜都转向了火星。美国天文学家亚瑟夫·霍尔(Asaph Hall,1829—1907)也启用一架66厘米的折射望远镜,在火星周围搜索卫星的踪影。

他由外往里,夜复一夜地观察着,将望远镜镜头一天一天地向火星本体表面逼近。到了8月11日,火星距地球已经很近,视线中火星那耀眼的辉光已明显地对观测产生了干扰。霍尔很失望。他估计不会有什么发现了,便决定放弃。

回家后,霍尔跟妻子斯蒂克尼(Angelina Stickney Hall)说了说情况,妻子却鼓励他说:"再试一个晚上吧。"因为这样的机会实在太难得。结果,就在这个晚上,霍尔发现了火星附近一个移动的微小亮点;在接下来的5个阴雨天后,他再次进行观测,终于确认这是一颗火星卫星,并在第二天晚上又找到了另一颗更靠近火星的卫星。他以福波斯(Phobos)和德莫斯(Deimos)——战神玛尔斯与爱神所生的两个儿子的名字,分别给它们命了名(汉译称火卫一、火卫二)。

霍尔夫人这一劝,终使霍尔没与火星卫星的发现失之交臂,在天文学史上留下了一段佳话。后来,天文学家就把火卫一上最大的陨石坑以霍尔夫人的名字斯蒂克尼命名,以纪念她在发现火星卫星上的贡献。

水道与运河

同是在 1887 年 8 月,正当美国的霍尔忙乎着搜索火星卫星的时候,一位极有耐心的意大利天文学家乔万尼·斯基帕雷利(Giovanni Virginio Schiaparelli, 1835—1910),则在用一架性能优良的望远镜观察火星,全力以赴地捕捉着火星表面的细节。随后,他绘制了一幅非常精致的火星表面图。

斯基帕雷利通过观察发现,这颗红色星球的表面散布着深色和浅色的斑点。依惯例他把深色的斑点称为"海洋",把浅色的斑点称为"大陆"——当时所有的天文学家都认为火星上的暗区是水域,亮区是陆地,而极冠无疑是冰。他另外还注意到一个细节:火星表面有一系列非常规则、非常细的暗纹。如果用暗纹把一些较大的暗区连接起来,就好像是海峡连通着两片大海一样。

斯基帕雷利以敏锐的视觉和耐心的观察而闻名,他绘制的火星图精确程度甚高,上面标出的许多地表特征,都为后人的观测所证实。1893 年他撰文指出:火星是一个变化着的星球,它不断融化着的极冠好像形成了一个暂时的海洋环绕在北极周围,而那里的水通过"水道网络长距离地流散开去",这些水道构成了"一个真正的水文系统"。

斯基帕雷利攻读过古代史,他的另一创新是突破用天文学家的名字命名火星地表特征的传统,而改用古希腊、古罗马和古埃及地理和神话中的名字为火星上不同的地区命名。这一做法被广泛接受并沿用至今。

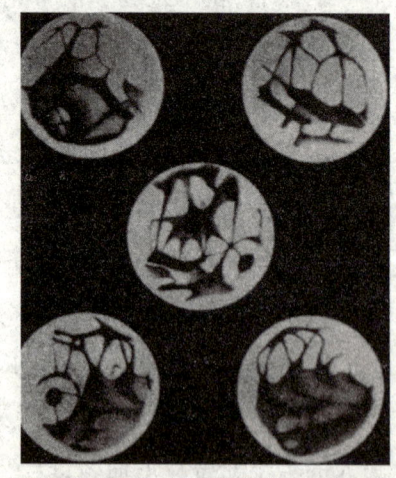

斯基帕雷利应用测微计对火星作了精细的测量,并把他所看到的一切仔细地标在图上。图为他绘制的火星"水道"。

其实，早在1869年，另一位意大利天文学家彼得罗·安杰洛·塞奇（Pietro Angelo Secchi，1818—1878）就已注意到这种情形，并将那些暗纹称为canali，意思是"水道"——沟通两片大水域的一条细长水域的普通说法。

斯基帕雷利也同样使用了这个名称。应该指明一点：canali在意大利语里有"自然河道（水道）"与"运河"的双重含义，当年斯基帕雷利取的显然是前一个意思。而且，他发现的水道比塞奇报告发现的更细、更长，数量也更多。

可问题在于，canali这个意大利语词汇被译成英语时却成了canal，而不是更确切的channels。这样，人们就按"运河"来理解了。运河是指人工挖成的可以通航的河，或者说是人工建造的非自然形成的水道，它隐含着人工设计的意思，跟自然形成的流水沟槽差别并不小。

从水道到运河，这一误译迅速打开幻想之门，引发了人们对火星文明世界的丰富联想。在许多人眼里，地球以外存在智慧生命的证据终于找到了，火星很可能也是生命的栖居地。

人们还特别注意到这样一个有趣的事实：当火星的一个半球正逢夏天的时候，它的极冠缩小了，就好像融化了一样；而同时暗区变得更宽阔了，好像被那些融化了的冰浇灌了似的。一个合乎逻辑的推测是：古老的、技术比我们先进的火星由于引力场太弱而使得气体很容易逸散，火星人正在逐渐失掉水分，面临着巨大的危险。因此，他们建造了一条条庞大的运河，以便从最后的行星蓄水池——极冠中取出所需的水。

于是，火星观测史上交织着种种幻想、臆测和争论，并且经久不息的一个"奇怪的时代"开始了。

既顺理成章又不可思议

斯基帕雷利宣布发现了火星水道的消息，令一个对火星情有独钟的名叫洛厄尔（Percival Lowell，1855—1916）的美国富翁激动不已。他积极加入到探测火星运河的行列中来，甚至比专业人士还要入迷，还要投入。

1894年，火星又将到达大冲的位置上。洛厄尔自掏腰包，在亚利桑那州弗拉格斯塔夫附近的小山上，建造了一座装备精良的私人天文台。远离城市灯光的"火星山"（洛厄尔给它起的名字）空气洁净，能见度极好。在那里，洛厄尔孜孜不倦地观察火星运动，拍摄火星照片，绘制火星详图。他用15年时间拍下了数以千计的火星照片，在他详细绘制的火星图上有超过500条的运河。他绘制的一些火星图甚至比斯基帕雷利绘制的还要精致。他以自己丰富的想象力，描绘了一幅火星智慧生命面对干旱争取生存的悲壮画面。这一年的8月，洛厄尔发表了他的第一篇关于火星的文章。在描述了他对火星运河而不是云层的观测之后，他写道："运河的存在有这样一个理由，那就是在缺少雨水的春季，这样的灌溉系统是其广阔大陆上的生物生存的需要。"

在次年出版的《火星》一书中，洛厄尔声称：斯基帕雷利看到的确实是火星上的人工运河。这颗行星的广大地区由至少184条清晰的运河构成了一个全球运河网，这些条纹网络与灌溉系统十分相似。"火星表面水源的缺乏是显然的，因此如果有智慧生物居住其上，他们就必须借助灌溉系统来维持生存。"他还认为，火星上发现的一系列斑点应该是人工开垦的土地，就像在沙漠中建造的绿洲一样。而火星表面暗区的季节性变化，是由于植物的生长和衰败造成的。

洛厄尔的"学说"使许多人信以为真，并很快被公众所接受。而洛厄尔的上

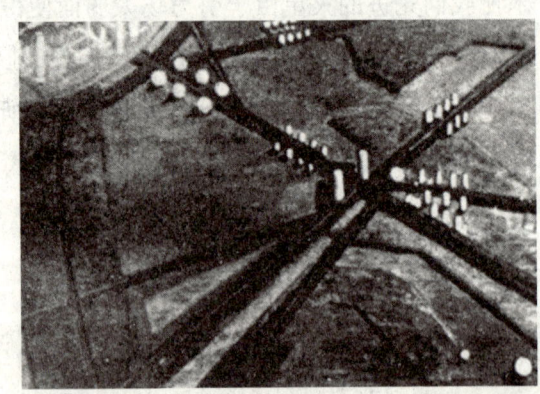

这幅图取自苏联一部讨论洛厄尔与其他科学家假说的电影，它依照洛厄尔的大胆设想，"重现"了火星上规模浩大的运河工程。

述观点在他后来出版的《火星及其运河》(1906年)、《作为生命栖居地的火星》(1908年)这两本书中发展得更为极端,也吸引了更多人的注意。在前一本书中他甚至写道:"火星的居民是某种奇怪的生物,他们的样子对我们而言,既顺理成章又不可思议。"

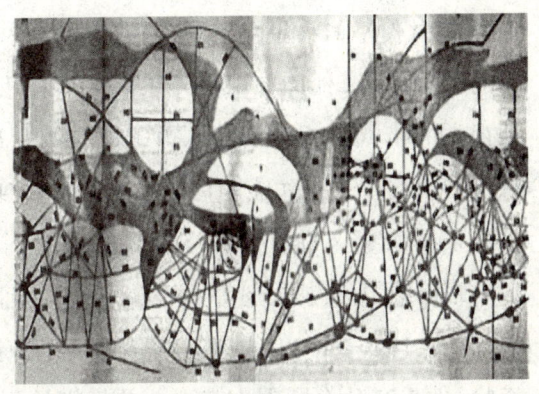

洛厄尔当年绘制的一幅火星运河图

但是,来自科学界的异议也不少。一些学者认为,洛厄尔的"学说"不过是视觉幻想或一厢情愿的想象,有几位天文学家甚至还对此提出了质疑。如火星卫星的发现者霍尔和另一位美国天文学家、木星第5颗卫星的发现者巴纳德(Edward Emerson Barnard, 1857—1923)就宣称:自己虽然也仔细地观测过火星,但却根本看不到一条运河。巴纳德进一步指出:洛厄尔看到的运河是在视力分辨极限条件下,对一系列小的地形特征和峡谷产生的错觉。

1907年,英国著名生物学家,自然选择进化论的提出者之一华莱士(Alfred Russel Wallace, 1823—1913)也撰文反驳洛厄尔的"学说",他写道:"在任何解决缺水问题的计划中,如果想借助运河,令其穿过赤道进入另一半球,穿过那可怕的荒漠地区,而且又暴晒在洛厄尔先生所描述的那种炎炎晴空之下,那么这种计划就将是一群疯子的行为,而绝非智慧生命所为。完全可以断言:甚至流不出100英里,所有的水就会蒸发殆尽,或者渗入地下。"

华莱士对火星运河那略带挖苦口吻但却大致正确的分析,是他在84岁那年应邀评述洛厄尔的一部火星著作时写下的。他的结论是:从土木工程师的水利观点来看,火星上不可能存在生命。

希腊天文学家尤金·安托尼迪(Eugene M. Antoniadi, 1870—1944)在

1903年时曾坚信火星上大量运河的存在是"无可争辩的事实",但经过几年的观察思考,他又在1909年断定:具有几何图形状的运河网络只是"一种视觉的错觉"(为此洛厄尔勇敢地与他展开了论战)。后来他还重申:只有借助大型望远镜才能明白为什么会有看到运河的错觉,尽管确实存在着一些条纹和零碎的斑点。

跟巴纳德、安托尼迪等人的看法一样,英国天文学家蒙德(Edward Walter Maunder,1851—1928)对发现火星运河也持错觉论,并在1913年做了一个实验:他先在几个圆圈内点上一些模糊的不规则的斑点,然后让一些小学生站在几乎很难看清圈内东西的地方,让学生们画下他们所看到的东西。结果,孩子们画出了与洛厄尔所绘火星运河极为相似的直线。

"科学信徒"的迷误

洛厄尔花费了后半生的大部分时间来观测火星、搜集运河存在的证据。他始终相信自己的仪器,相信自己的眼力,相信自己作出了重大发现。这个对火星着了迷的富翁,其实早就从财富的追求者变成了科学的信徒。

可洛厄尔毕竟还是弄错了。今天,人类发射的探测卫星已经进入环绕火星的轨道,"海盗号"也已在火星表面着陆,它们拍摄的火星照片比洛厄尔的观测结果要详尽得多,但人们并没有发现被大肆渲染的运河网的任何支流、任何水闸。特别是"水手9号"于1971年12月拍摄的照片,彻底证实了火星上真的没有什么运河。现代天文学家认为,洛厄尔等的观测结果之所以引出了错误的结论,部分原因也许是由于他们先入为主地带着"火星上存在生命"的框框去思考问题。

公道地说,尽管洛厄尔得出了错误的结论,但他研究火星的努力,以及由此而引发的世人对这颗行星的关注和进一步的探索,却使得他所做的工作所承载的历史价值永不褪色。

现在来看,"火星运河"就是那个时代的飞碟,用科学怎么也难以消退人们对它的热情乃至痴迷。从文化史和社会心理的角度来观察,这个现象似乎又是能够跟当时的社会现实对接得上的:19世纪末正是地球上开凿运河的激动人心的伟大时代,如今著名的苏伊士运河、巴拿马运河以及其他一些大型水利工程,都处在动工或设计阶段。另一方面,人们往往也习惯于把地球上的事物"移植"到其他天体上,似乎就有一种"天下大同"的心理在作怪。

自信的洛厄尔正在日光中观察金星。当然,他更倾情于火星,他始终相信自己作出了重大发现,科学界的质疑和一些人的嘲笑也曾经让他感到苦恼。1905年1月21日,他在笔记中写道:"两条运河突然显现出来,相信没有弄错。"

不消说,探索火星上的智慧生物,是科学史上最能激发科学家和公众的灵感及想象力,同时也极富争议的重大事件——这当中充满了假象、困惑和谬误,而其中心人物非洛厄尔莫属。

事实上,从1894年到1916年这23年间,在有关火星智慧生物问题的讨论中,洛厄尔一直是最受公众瞩目的人物和极有说服力的发言人。在争论最为激烈的1910年前后,不管是专家还是外行,都知道洛厄尔的大名。

而且,他的影响力甚至已不再局限于科学范围之内,当时(还有后来)的一些科幻作家深受洛厄尔"学说"的影响,以火星运河或火星人为题材,写出了许多富有感染力的幻想小说。这当中最著名且影响最大的两部科幻作品都发表于1897年,它们是德国哲学家和历史学家库尔德·拉斯维茨(Kurd Lasswiz,1848—1910)创作的《在两个行星上》,以及英国作家威尔斯创作的《星际战争》(又译《大战火星人》)。

第二篇 红色的疑惑

拉斯维茨是外星文学的先驱者、"德国科幻小说之父"。为了纪念他的贡献,后来德国将其年度科幻小说奖称为"拉斯维茨奖"。《在两个行星上》是从1895年11月开始创作的。小说讲述三个地球人乘气球去北极探险时,进入到一个倒转的引力场之中。后来他们发现,一支火星人探险队在地球北极上空和地面建立了据点。那些火星人"头部较大,头发的颜色很淡,近乎白色,眼睛闪光,目力敏锐"。他们已掌握先进的技术,能够制造反引力材料应用于宇航,而且他们自身已达到比地球人更高的道德水准,没有任何本能和欲望。在火星人的热心帮助下,那三个地球探险家乘坐新造的飞船,到火星上进行了一次前所未有的旅行。

《在两个行星上》书影。1897年出版的这本书是德国历史上最重要、影响也最大的长篇科幻小说。

拉斯维茨这部科幻小说故事精彩生动,科学性也较强,它提出了光电感应器、反作用发动机、轨道站、变轨控制等在当时来说尚属新奇的许多设想。德国曾将该小说列为名著,推荐给所有的中学生阅读。人们在谈到航天发展史时,常常会提到它。德国在20世纪20年代涌现出一大批热衷于航天幻想、尝试火箭研制的人,也许跟这部小说的影响有很大的关系。著名火箭专家布劳恩就说过:"我永远也忘不了在年轻的时候,自己是怎样怀着极大的兴趣和好奇心,贪婪地阅读这部小说的。"

拉斯维茨创作科幻小说的初衷我们不得而知,但看来可能是出于他对外星生命的兴趣以及对人类社会进步的愿望。在晚年所写的一篇关于外

星生命的文章中,他写道:

> 我们在凝视星空时不禁想到,即使在那些无法达到的星球上,也可能存在着有血有肉、有思想、有感性的生物。认为无尽的宇宙中只有地球上存在生命的想法是完全荒谬的,宇宙的合理秩序决定了在这样的世界上必然存在着甚至有无限等级的智慧生命。

如果说拉斯维茨的火星人故事给人们留下的是希望,那么威尔斯的火星人故事留下的则是恐惧。1897年,当《在两个行星上》在德国出版时,威尔斯的科幻小说《星际战争》开始在一份畅销杂志上连载。这些作品反过来又大大增强了洛厄尔"学说"的轰动效应,并促使更多的人将关注的目光投向了天空中的那颗红色行星。

第三章 奇异的世界

19世纪末20世纪初，由于洛厄尔的"学说"和科幻小说《星际战争》等的推波助澜，有关"火星人"的话题急剧升温，变得越来越热。1900年2月7日，巴黎曾发布公告设立古兹曼奖（Guzman price），奖励与地外生命取得联系的第一个人，其奖金数额惊人：高达10万法郎。但是，该奖项有关条款却特意将寻找火星人排除在外——就当时情况而言，人们认定火星上有生灵毋庸置疑，找到火星人似乎太容易了，那是迟早的事儿。

在这一时期里，火星及火星人也成了科幻小说的热门题材，作家笔下的火星人多姿多彩、千奇百怪。在诸多有关火星人的科幻作品中，以撰写《人猿泰山》系列小说著称的美国作家埃德加·赖斯·伯勒斯（Edgar Rice Burroughs，1875—1950）塑造的火星人给人印象尤深：他们头颅巨大，颈部颀长，躯干瘦小，有着四臂两肢，而且竟然是卵生。

就我们所知，参与设计和建造第一个行星际探测器的科学家们，大多都读过

嫉妒的火星人。在20世纪初，"火星上有人"的说法十分流行，甚至融入了人们的日常生活。这幅画描绘的是，美国汽车大王亨利·福特生产的T型车风靡全球，竟然也引起了火星人的注意。他们惊讶地侦察到地球上T型车遍布，连"太阳"上都有福特全球汽车标志。

威尔斯和伯勒斯所著的有关火星及火星人的科学幻想小说——《星际战争》、《火星公主》,非常熟悉作家们想象出来的那个奇异的世界。

邂逅火星公主

伯勒斯出生于美国芝加哥的一个商人家庭。他从小生活优越,受到了良好的教育,但却没有承袭父业,而是一心向往大自然的纯朴,甚至不惜抛妻弃子去西部冒险。他在军校和部队待过一段时间,后来因为不堪忍受部队里的严格约束而打了退堂鼓。此后他尝试做过多种职业——挖掘金矿、当铁路巡警、开文具店、做邮购生意等,但均一事无成。

在做铅笔刨推销商的业余时间里,他试着动手写小说,包括火星冒险故事,终于以长篇系列作品《人猿泰山》(1914年开始出版)大获成功。伯勒斯写《人猿泰山》出名后,舍弃了他写作火星冒险故事时所使用的那个颇有自嘲意味的笔名——"无名小卒"(Normal Bean)——因为它常常容易被误印成滑稽的"诺尔曼豆"(Norman Bean)。

伯勒斯有关火星的第一部科幻小说《在火星的月亮下》发表于1912年(1917年再版时改名为《火星公主》)。它讲述的是一个名叫约翰·卡特的美国人在火星上的一段冒险故事。这部小说将科学、冒险、斗争和爱情有机地融合在一起,极富新奇性和吸引力,让当时的读者产生了一种"奇妙的感觉"。

以想象力丰富的《火星公主》开路,从1912年至1950年,伯勒斯推出了他的现代神话般的火星系列小说。在30多年间,这个系列出版了11卷(最后一

美国小说家伯勒斯

卷实际上不是他写的）。这些混杂着西部故事和剑侠文学、颇具科学浪漫主义色彩的系列火星神话，首开太空小说之先河，形成了科幻小说的一个新类别。

伯勒斯笔下的火星公主善解人意、美丽动人。他所见识的火星部族，有满嘴獠牙和四条胳臂、眼睛长在一对触须之上的绿人族，有以打家劫舍为生的黑人族，有以狩猎为生的黄人族，有相对文明一点儿的红人族，还有无头族、吃人族等。他们在火星那片生存环境恶劣的土地上互不相让、战事不断。

这一系列小说编排手法多种多样，故事情节极其曲折，发表以后影响深远。美国著名天文学家兼科普作家卡尔·萨根（Carl Sagen，1934—1996）在少年时代就"如醉似痴地阅读伯勒斯描写火星的小说"。他曾回忆说，年仅10岁，他就对宇宙和地外文明产生了丰富的联想。"我极力设想那种生物会是什么样子……就在那个时候，一位朋友向我介绍了伯勒斯所著的有关火星的小说。我对火星以前想得不多，读罢这部书，特别是读了约翰·卡特的探险记后，一个地球以外有人居住、描绘得栩栩如生的世界展现在我面前：古老的海床、巨大的运河泵站以及种类繁多的生物。"

由此少年萨根展开了想象的翅膀："……我与高贵的探险家约翰·卡特一起从弗吉尼亚旅行到'巴苏'，因为那里的居民认识火星人。我跟随8条腿的驮兽群，我还赢得了海利恩王国可爱的迪娅·索丽丝公主的垂青，我还能与名叫塔斯·塔卡斯的4米高的绿色武士友好相处。我还在'巴苏'的尖屋顶城市和圆屋顶的抽水站，以及绿树成荫的尼罗西提斯河岸和望忧草运河畔漫步。"

火星怪物。这是美国科幻画家米切尔·威兰为伯勒斯火星系列小说所作的插画。

萨根以自己的切身体会感悟道:科学幻想小说的最大好处之一是它能够将读者尚未知道或难以接受的知识,点点滴滴地、或明言或暗示地传达给读者。他说,他发现是科学幻想小说引导他走向科学,而后他又发现科学比大多数科学幻想小说更微妙,更玄奥,更使人敬畏。"很多科学家矢志献身于太阳系的探索(其中包括我自己),就是首先受了科幻小说的影响。有些科幻小说的质量虽不是第一流的,这其实也无伤大雅。10岁的孩子是看不了科学文献的。"

萨根生前曾多次作为美国国家航空航天局的专家,参与了"水手号"、"海盗号"、"先驱者号"、"旅行者号"宇宙飞船的实验和资料分析。"先驱者号"携带的著名金属饰板和"旅行者号"携带的著名声像片,均由萨根主持设计。多年来,他还大力倡导并鼎力推进探索地外文明,是"人类并不孤独"这一著名论断的最强有力的支持者之一。他曾表示,很遗憾没有机会登上火星,所以希望在自己死后,能够用克隆技术将自己的生命替代物送上火星。在他去世后不到一年,他的DNA(在他生前已被提取出来)果真被"火星探路者"送上了火星。

作为幻想作家的伯勒斯的预见力,这里也值得一提:在《火星公主》讲述的故事中,主人公约翰·卡特抵达火星的方法,是凭一股神奇的精神意志,只要振起他的双臂就飞上了火星——这当然是毫无科学道理的无稽之谈。但在卡特抵达目的地之后作者所描绘的火星,却显示了伯勒斯非凡的预见力。1994年,美国国家航空航天局专家欧文·B·图恩(Owen B.Toon)在《地球和其他星球上的环境》一文中这样写道:

> 在卡尔·萨根办公室外面门厅的墙上,20多年来一直悬挂着代表伯勒斯对火星看法的一幅图。为什么这个有关火星的科学幻想对一个科学家有着如此长久的吸引力?当然,天文学家都有十分丰富的想象力。火星上可能没有生命,但是还有无数尚待发现的行星。想到会遇到妖娆、产蛋的火星公主托丽丝,或遇到绘

在火星图边缘上的那些奇特的妖怪,那该是多么有趣。

再说,那图是先辈的预见和创意的礼物。图上有一个制造大气的工厂,它正确地认识到火星大气的单薄,以及可能需要把火星土壤化,以便维持我们所知道的生命。在火星赤道附近画出了一座想象的大山,预示了据知在太阳系中最大的火山——奥林匹斯火山的发现。在'水手9号'为火星照相制图之后,卡尔·萨根发现那个图上画的一些著名的沟渠实际上是存在的。"

1971年5月30日,"水手9号"飞船向火星进发。它在发射后6天纠正过一次航线,然后在旅途中度过167天,于1971年11月13日抵达火星附近,进入环绕火星的轨道,成为第一个环绕另一颗行星运行的人造天体。

鉴于科幻小说对于火星的描写与对火星所作的实际探索之间的关系是如此接近,在"水手9号"飞往火星以后,参与火星探索计划的一些天文学家(包括卡尔·萨根在内)提出:有理由给火星上的少数陨石坑按一些已故的科幻作家的名字命名。这样,火星上陨石坑的名称就有威尔斯、伯勒斯、温鲍姆、坎贝尔……这些命名已由国际天文学联合会正式批准。毫无疑问,还会有另外一些科幻小说作家的名字将在他们去世后增加上去。

不可思议的生命

伯勒斯的火星小说问世10年之后,1922年,苏联作家阿列克赛·托尔斯泰(1883—1945)推出一部名为《阿爱里塔》的中篇小说,用文学的形式体现了科学的幻境。阿·托尔斯泰出身贵族家庭,其代表作有长篇小说三部曲《苦难的历程》、《粮食》、《彼得一世》和剧本《伊凡雷帝》。卫国战争时期他写有许多政论和短篇小说,鼓舞人民同法西斯德国进行斗争。此外,他还创作了一些科学幻想小说和民间故事。《阿爱里塔》这部以一个美丽、娇小的蓝皮肤火星姑娘的名字命名的科幻小说,生动地描述了工程师罗希和红军战士古谢夫怎样乘火箭飞往火星,以及他们在火星上的遭遇。

小说告诉读者,火星上的人原来是2万年前从地球上迁走的一个先进氏族和当地土著的后裔。在火星上,集工程师、发明家和梦想家于一身的罗希爱上了火星统治者图斯库柏的女儿阿爱里塔,而"十月革命"的退伍军人古谢夫则毅然担起了领导火星上的贫苦大众推翻专制统治的重任。阿爱里塔违抗父亲的命令,非但没有毒死两个地球来客,反而还帮助他们出逃。罗希和古谢夫克服了许多困难,最后终于回到了地球上。

在电影《阿爱里塔》上映整整10年后,一个默默无闻的美国作家发表了一篇名为《火星漫游》的短篇小说,很快就赢得了广泛一致的赞誉。

不幸的是,一年过后,即1935年,这位才华横溢、年仅33岁的作家因患肺癌而过早地离开了人世。他短暂的科幻小说写作生涯算起来只有一年半时间,但却写出了约20篇短篇小说。其中,《火星漫游》的续集《梦之谷》以及《土卫六星上的航行》、《寄生行星》和《吃荷花的人》,均是有关外星世界和外星生命的故事。

他的名字叫斯坦利·温鲍姆(Stanley Grauman Weinbaum, 1902—1935)。

如今,《火星漫游》已被公认为外星人科幻作品中的经典,因为它以娴熟巧妙的情节处理和幽默风趣的人物对白,塑造了一个崭新的属"友好可爱型"的火星人形象,给人以新奇感。须知,早期科幻小说中的外星人大多是些爬虫类:要么张牙舞爪,对地球人大开杀戒,要么能力非凡,聪明得让人难以置信。

而且,温鲍姆笔下的这些火星生物生活在一个合乎自身逻辑的生态环境之中,有自己独特的形体、思维方式和文化,读来令人信服。如一直跟来自地球的"我"并肩战斗、长得像鸵鸟一样的火星生物特威尔,对地球人十分友善,而且诚实、仗义、个性鲜明,也有几分谐趣。

除了特威尔这个崭新的火星生物形象外,《火星游记》给人以新奇感并为人所称道的另一个方面,是对非碳(元素)生命体的想象和描述。

幻　想

小说中提到,当贾维斯与特威尔走在沙漠中时,看到了一排排体积不大的小金字塔,一眼望不到尽头。那是一种奇怪的东西——金字塔怪兽的排泄物。这种怪兽由硅构成,以另外一套不同的化学反应为生,属硅元素生命(不同于我们这样的碳元素生命)。其排泄物是二氧化硅,即硅石。它们又聋又瞎,没有眼睛、鼻子和耳朵,也不必呼吸,并且是通过孢子来繁殖。由外壳包裹着的孢子是一种气体,当外壳破碎时,气体与硅相遇发生化学反应,就孕育出新的一代。

在《火星游记》发表 30 多年后,火星探测器给火星表面拍照,发回的照片显示出了一些金字塔状岩石。

也许是一个巧合,在《火星游记》发表 30 多年后,人们从火星探测器发回的大量照片中,还真发现了火星表面上的一些金字塔状岩石。当然,并没有证据表明它们真的是"硅元素生命"的排泄物。

在广袤的宇宙中,这种我们觉得很陌生且不可思议的"生命"真的有可能存在吗?化学和物理成分完全与地球生命不同的生命,能不能发展甚至产生智慧呢?

在地球上,构成生命的基本元素是碳和氧,而水则是一切蛋白质生命赖以维生的溶液和介质。顺着以硅代碳、以硫代氧、以氨代水等的思路,科幻作家们设想过形形色色的外星生命体。例如,威尔斯 1893 年在《可能的生物》一文中提出,可能存在这样的生物:它不是由碳而是由硅为主要物质所构成。这种以硅为主体构成的硅基生命可以直接吸收和摄取光能。

温鲍姆上大学学的专业是化学工程,自然很清楚硅与碳乃是排列于元素周期表中的同族元素,两者性质相似。既然地球上由核酸和蛋白质所组成的这种类型的生命基本上是以碳这种元素为基础,那么假想别的星球上存在着以硅为基础的生命,也就顺理成章了。这样的一个对比也是十分明显的:在进行呼吸时,我们这些以碳为基础的生物所呼出的废气是碳和氧的化合物——二氧化碳,而火星上这些以硅为基础的生物,呼出的无疑就是硅和氧的化合物——二氧化硅了。换句话说,它们呼出的竟然是沙粒(沙粒的主要成分就是二氧化硅)。

年轻的温鲍姆的想象力真是不同凡响。

千奇百怪的异形

根据已知的火星情况,极富想象力的美国科幻和科普巨匠阿西莫夫,曾对火星人(假如有的话)的模样作过如下大胆的推测:

在弱重力场中生活的火星人,行动比较迟缓,反应也比较迟钝,一副昏昏欲睡的样子。他们很可能生活在地下。为适应黑暗的地下环境,火星人长有两只大眼睛。它们对红外线很敏感,能在黑暗中"看见"对方身体发出的热辐射。

火星人的脚掌又宽又平,呈三角形,其上3个脚趾分开呈120度,中间有蹼连接,这样就使得火星人在疏松的沙地上行走时不致陷入沙丘中。

火星人的皮肤有很好的隔热能力,能适应昼夜温差很大的温度。它可能分为内外两层:外层粗糙不透水,内层柔软、透气,布满血管。两层之间有一个空气隔层,可以充气和放气,以便保存和散

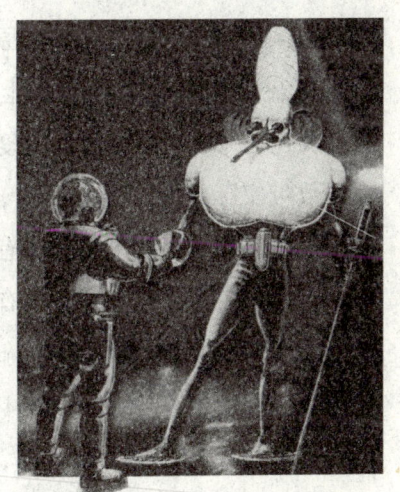

艺术家笔下的火星生物,颇像温鲍姆在《火星游记》中描绘的特威尔。它的吸盘式的脚能保障火星人在低引力下行动自如。

第二篇　红色的疑惑

发体内热量。

火星人不用呼吸,也没有鼻子,他所需要的氧气从饮食中获取,他生活的能量则直接从阳光中获得——在火星人的背脊上长有一种斗篷状组织,平时可折叠起来贴紧在身上,张开晒太阳的时候就像是一对薄薄的膜状翅膀。因此,在地球人看来,火星人与神话里的小天使——安琪儿的模样十分相像。

阿西莫夫还设想过6种生命形态,它们分别是:以氟化硅酮为介质的氟化硅酮生物、以硫为介质的氟化硫生物、以水为介质的核酸/蛋白质(以氧为基础的)生物、以氨为介质的核酸/蛋白质(以氮为基础的)生物、以甲烷为介质的类脂化合物生物、以氢为介质的类脂化合物生物。其中,"以水为介质的核酸/蛋白质(以氧为基础的)生物",就是我们通常所谓的"生命",也是我们目前所知道的唯一的生命形式。阿西莫夫分析,前两种生命形式应该存在于高温星球,而后三种生命形式应该存在于低温星球。

不过,在叙及有机化合物与生命的关联时,阿西莫夫又写道:以碳原子为基础的复杂化合物的数量实际上是无限的。相比之下,不含碳原子的复杂化合物的数量实际上等于零。所以,我们可以假设,如果一个星球上没有有机化合物,它就没有生命。……也没有任何证据能表明,某种像生命一样复杂的东西能由比较简单的化合物形成。因此,在没有什么相反的证据出现之前,我们仅能假设:不存在有机化合物就不存在生命。

全身瘫痪的英国理论物理学家斯蒂

火星人是天使?这是1907年芬顿·阿什(Fenton Ash,1840—1927)在其科幻小说《火星漫游》中描绘的跟地球人类很相像的火星人,他的翅翼是人工制作的。将其视为天使有一层寓意:火星人国王是一个圣者。

芬·霍金(Stephen Hawking)凭借其超强的想象力,对黑洞和其他天体的理论研究作出了重要的贡献,他在2012年别出心裁地构想出多种类型的外星生命。他表示,不少星球上都可能有外星生物存在,但是大多数外星生物生存的星球没有地球这么美好。生存环境极端恶劣的星球,会造就与地球生命形态完全不同的外星生物。在他的构想中,最奇特的是外星水母。它们是一种像南瓜的气囊状生物,漂浮在外星的大气层中,居然以闪电为食。

在一些荒芜的外星中,只有一些地衣类植物紧紧贴着地面生长。有的植物为了避免强烈的太空辐射,甚至只生长在岩石的缝隙中。要食用这些植物并不容易,这就导致一些大嘴巴素食动物应运而生。它们的大嘴有些像大象的鼻子,构造如同强力吸尘器。这些巨嘴动物使劲一吸,紧贴地表或者岩石缝隙中的植物就进入了它们的嘴巴中。

霍金认为,在一些外星上还生长着某种令人恶心的食肉怪兽,就像是科幻影视中的"异形"生命。它们浑身无毛,看上去肉嘟嘟的。它们长有一只宽阔的大嘴,更令人恐怖的是它们细长的尾巴。那些尾巴比它们的身体还长,除了可以用于在奔跑时掌握方向外,更是有力的捕猎工具。在将要追赶上猎物时,它们先把尾巴甩过去,并趁对方慌乱之机将尾巴上的毒针刺入其身体。

霍金还表示,在宇宙中也会有个别星球的生存条件类似地球或者优于地球,那里可能进化出高级的智慧生命,人类应该避免与这些智慧生命发生联系。

异乡异客

100多年来,火星在科幻领域里一直是人们所钟爱的一个星球:从科幻小说到科幻电影,作家和编剧常常涉足火星那块神秘的红色土地。这当中就有中国作家老舍(1899—1966)。

老舍原名舒庆春,字舍予,是中国现代著名的作家、剧作家,新文学的开拓者之一。主要作品有《骆驼祥子》、《四世同堂》、《茶馆》(话剧)等。在老舍众多的作品中,《猫城记》是唯一一部采用科幻小说形式创作的长篇,也有人称之为"寓言体长篇政治讽刺小说"、"中国文学史上第一部较全面的乌托邦讽刺作品"。它最早发表在 1932 年 8 月号的《现代》杂志上,后来由现代书局出版了单行本。

中国著名作家老舍

《猫城记》以游记的形式,讲述了"我"在火星上的"文明古国"——猫国里的所见所闻。开篇写的是"我"和"我"的朋友从地球出发,开了半个多月的飞机,在进入火星气圈时出现了险情。飞机摔坏了,朋友不幸遇难,"我"也受了伤。"我"最初看到的是一个"灰色的国"。那块平原上没有田地。地上有草,都擦着地皮长着,叶子很大,可是没有竖立的梗子……一幅惨淡阴郁的气象。

猫国里的猫人很是怪异。他们不穿衣服,腰很长,很细,手脚都很短。手指、脚趾也都很短;脖子不短,头能弯到背上去;脸很大,两个极圆极圆的眼睛,长得很低,留出很宽的一个脑门;鼻子和嘴连到一块,可没有猫那样俊秀,似乎像猪;耳朵在脑瓢上,很小;身上都是细毛,很光润,近看是灰色的,远看有点绿,像灰羽毛纱的闪光;身腔是圆的,大概很便于横滚。胸前有四对小乳,八个小黑点。

原先猫人是靠种地收粮为生的。忽然有个外国人把一种叫做"迷叶"的东西带到猫国来,大家全吃上了瘾。吃"迷叶"既舒服又省事,精神也很焕发,可吃了之后手脚却不爱动,于是大家都闲散起来了。猫人敬畏外国人是他们天性中的一个特点。所以,猫国的每个地主必须养着几个外国人作"迷叶"的保护者,跟外国人打仗是不可能的事。

在《猫城记》问世的那个年代,人们普遍认为火星上有人烟。当时最富有想象力的一个猜测是火星上有运河。结合当时的中国政局来看(1931年"九·一八事变"发生,日军大举进犯东三省,中国面临着亡国的危险),《猫城记》的讽喻和寓意是非常明显的。那个历史悠久、"非常怕外国人"的猫国,影射的是20世纪30年代的中国;而"多数都比猫人还矮些"、极其残忍的"矮子兵",则是影射日本侵略者;至于"迷叶",则暗指对中国社会和民生危害极大的鸦片。

《猫城记》中描写的火星上的猫人

作者本人也说,他写这部作品"有些外来的原因。头一个就是对国事的失望,军事与外交的种种失败,使一个有些感情而没有多大见解的人,像我,容易由愤恨而失望"。小说的主题,实际上是利用空间的错置,表达对社会的批判和嘲讽。它抨击了各级当权者的腐化奢侈,挖苦了麻木愚昧的民族痼疾和崇洋媚外的奴才心理,并将社会病态的根源,归之于思想与人性的堕落。

《猫城记》发表十多年后,20世纪40年代末期,美国作家雷·布拉德伯里(Ray Bradbury, 1920—)写了一组13个以火星为背景的短篇故事,于1950年辑成《火星纪事》出版,并一举成名。

布拉德伯里的科幻作品语言优美、主题鲜明、风格独特,且充满诗意、激情和奇异的文学幻想;他还善于采用象征主义笔法,作品中略带伤感主义色彩,它们往往通过幻想故事隐射社会现实,提醒人们提防那些能够避免也必须避免的危险。这使得他的作品富含哲理、意味深长。

布拉德伯里的多部以火星为题材的作品均具有讽喻或象征意义。因而《火星纪事》虽然说的是征服火星的故事,但读它的感觉却像是在读欧洲人征服美洲的故事。《火气球》是其中杰出的短篇之一,它描写的是地球上的神父到火星上传教的故事。通过神父们的心理活动和对话,通过火星人的举止和对宗教的看法,讽刺了宗教的虚伪,赞颂了火星人的"美德",暗示了宗教并不能拯救人们的罪恶。这种以宗教为题材的讽喻科幻小说,在 20 世纪 60 年代以前,曾经影响到许多作家。

"科幻诗人"布拉德伯里。从洛杉矶高中毕业后,他用卖报赚的钱买了一台打字机,再租间房子,便开始了自己的写作生涯。他被誉为"科幻诗人"、"科幻短篇小说作家的代表"。

《百万年郊游》无疑具有警世意义。它以一个名叫蒂莫西的孩子的眼光,讲述了一个家庭从战乱的地球逃往火星上生活的故事。在故事的开篇,三个好奇的小孩子以为父母是带他们来火星上旅游的,所以一个劲地要见一见火星人,但他们见到的只是一座座废墟。到了故事的末尾,曾经担任过州长的父亲才告诉孩子们,这次出行是早就谋划好了的。在他们出发之后不久,规模越来越大的战争就把地球给毁灭了。小说最后写道:

> 他(父亲)停了下来,又往火堆里投进去几张文件。"现在这里只有我们几个人——我们,还有几天以后要在这里降落的其他几个人。我们完全可以从头干起,完全能够一反过去地球上的一切做法,闯出一条新路来……现在,我要把火星人指给你们看了。你们都来,往这边走。"
>
> 他领着我们走到了运河岸边。那漫长、笔直、清凉的河水在夜空下映射出闪闪的星光。
>
> 迈克尔哇哇地哭着说:"我一直想要看一看火星人的。爸爸,

他们在哪儿呢？你不是答应过我的吗？"

"他们就在那儿。"爸爸说着，把迈克尔举了起来，让他坐在自己的肩膀上，同时用手往下面指着。

火星人就在那儿。蒂莫西打起哆嗦来了。

火星人就在那儿——在运河里——是河水映照出来的火星人。有蒂莫西、迈克尔、罗伯特，还有妈妈和爸爸。

这几个火星人在微波起伏的流水中，静静地与他们相互凝视了很久、很久……

其实，不管火星上有没有文明，来自地球的殖民者会不会碰到火星人，这一切对这部小说而言都不重要，重要的是那些废墟以及它们所带来的象征意义。它表达了对现代物质文明畸形繁荣的忧虑，对宁静而与世无争的生活的向往，对人类文明脆弱的感叹以及追怀逝去的青春年华的怅然若失。

继布拉德伯里之后，美国著名科幻作家海因莱因也写过两部有影响的火星题材的作品。1956年发表的《双星》讲的是，演员罗伦佐一向不太走运却又自命不凡，没想到一念之差竟使自己卷入了星际帝国的政治漩涡。

原来，高薪邀他扮演的竟然是大人物邦福特。此人是整个太阳系大名鼎鼎的政治家，他所领导的"扩张党"一直在追求太阳系各文明的平等与和睦。现在，他的政治对手绑架了他。如果他不能参加火星人的"接纳"仪式，地球人与火星人的关系便将遭到彻底破坏。罗伦佐不得不扮演这一危险的角色，并顺利地被火星人"接纳"。但这并不是大结局——两种政治势力的角逐才刚刚拉开帷幕，他还得面对一个个生死莫测的关口。《双星》情节曲折、结构精巧、语言风趣，充分展现了海因莱因的敏锐才思，是科幻小说有史以来最棒的作品之一。

海因莱因1961年发表的《异乡异客》，讲的是一位名叫史密斯的火星移民，回到已发生文明危机的地球上传播火星思想的种种遭遇。小说通过崭新思想与人类固有文化的冲突，反映了人类的本质。小说既抨击了地球文明和清规戒律，又阐述了作者对社会文化各个领域的独特见解，完全迎合了美国上世纪60年代的反文化潮流，因而深受大学生推崇，甚至被视为"嬉皮士的圣经"。

近几十年来，以火星为题材的科幻小说越来越多，也越来越精彩。这类小说大致可以分成探索火星奥秘、改造或建设火星的"硬科幻"，以及借火星这个"道场"另有发挥、表达作者对社会与人生看法的"软科幻"。前面介绍的几部作品即属火星小说的"软科幻"型。至于火星小说的"硬科幻"型，则在后面章节中略作介绍。

地球移民者的新大陆

异想天开往往会给生活增加一分不平凡的色彩。

实际上，不少科幻作家已在他们的作品中写到，不管火星是多么荒凉，在不久的将来它必定会成为地球的殖民地。而随着登月与太空漫游由可行逐渐变为现实，有关火星的电影和电视剧也越来越多。借助它们的传播，火星故事已经深入到地球人类的文化、艺术和科学各个领域。

在西方很有影响的电视剧《火星叔叔马丁》从1963年播放到1966年，并在20世纪80年代走进了中国观众的视野。故事讲的是：来自火星的马丁叔叔由于飞船出现故障，不得不在地球上暂作停留，以寻找重新启动飞船的能源。这个马丁叔叔有点儿邪门，他的头后有可以伸缩的天线，能将自己隐身，能看透别人

1999年，电影《火星叔叔马丁》在美国上映，其情节与电视版相似。马丁依然喜欢吃冰淇淋，连他那会说话的衣服，都喜欢地球人的洗衣机，觉得泡在里面很舒服。

的心思,能遥控移物。他长得和人类一样,并且说英语,还热衷于为地球人做红娘,喜欢吃冰淇淋。唯一与他过意不去的,似乎是人类最好的朋友——狗。马丁叔叔来到地球后闹出了许多笑话,但他这个善良的外星人也受到了人们的喜爱和尊重。

与可爱的马丁叔叔不同,美国1996年摄制的电影《火星人玩转地球》中的火星人则面目狰狞、凶狠残暴。那些乘飞碟来到地球的火星人长着骷髅头,身材矮小,脑袋硕大,模样丑陋,而且只会发出令人费解的"嘎嘎"声。电影开始讲到,根据有关资料,太空学教授分析得出火星人的来访是和平友好的;而针对生活环境的日益恶化,公众中也有人认为火星人是来拯救地球的。于是,总统命令人们列队欢迎火星人。

不料,这些"和平使者"一上来就以杀伤力极强的激光武器大开杀戒。他们还搞绑架、恶作剧,会摇身一变成为靓女,还会在被审问时流下虚伪的泪水,地球上最厉害的武器也无法摧毁他们。但是,一个坐在轮椅上的老妇人播放的高频音乐,竟出人意料地令侵略者脑袋迸裂、瘫倒在地……该片实际上是一部借火星人的力量来批判美国人"伪善"的科幻讽刺剧。

于2001年在美国上映的电影《火星幽灵》,其故事背景是公元2176年的火星。此时的火星已经成为地球人口饱和后人类的移居地,一个拥有数十万移民者的"新大陆"。他们生活工作在火星各地,开采矿藏搞建设。但是,人们的活动惊醒了千百年来一直处于蛰伏状态的马尔迪安文明,邪恶的火星幽灵被释放出来,天下开始大乱。这些火星幽灵可以随意侵入人体操纵人类,并要摧毁火星上的所有外星生命——来自地球的人类。这部以恐怖为主题的影片直接定位于人类开垦火星殖民地之后的故事,描绘出一场文明与文明之间的战争。

在关于火星的科幻电影中,近年来拍摄的《红色行星》和《火星任务》没有重复走"火星人入侵地球"的套路,而是更多地着眼于人类在探索火星过程中的问题,这使得影片更有内涵和深度,体现了一定的思想性。

如2000年摄制的电影《红色星球》讲述的是,在公元2050年,因为人类的贪婪和过失,地球资源耗尽,臭氧层被破坏,空气质量恶化,气候变暖,南极冰盖开始融化——科学家将希望寄托在向火星移民上。于是,人们将一批藻类发射到火星表面,在火星上制造可供呼吸的氧气。

然而,就在快要成功的时候,麻烦出现了,氧气成分开始降低。因此,一批来自不同地方但各有专长的太空人被派往火星查看。但在执行登陆火星的任务过程中,他们的设备出现了严重故障,突如其来的意外导致正在舱外工作的宇航员全部丧生,幸存者们与基地失去了联络,只有弃船搭乘救生舱迫降到火星上。

另一部影片《火星任务》则讲述人类在首次向火星进军的载人太空飞行中,遭遇了神秘的灾难性事故,一支太空救援队出发前去调查这一悲剧性事件并援救幸存者。该片有美国国家航空航天局全程咨询参与,完全是写实科幻片的拍法。该片制片人在影片开始拍摄前曾说:"我一直想拍一部关于太空探险的影片,要有一点戏剧性和现实性,还要与人类对太空的探索同步。"

《火星任务》的背景时间被设定在2020年,是因为专家预计,这将是人类登陆火星的实际时间。影片采用的是倒推法,即以最新的太空科学研究成果为基准,经模拟、推测,得出火星生活的细节,再包装虚构故事。片中登陆火星的太空船外观与内部场景,都是根

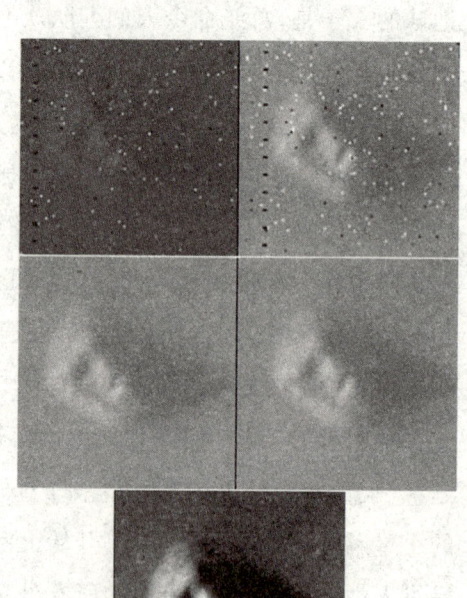

"火星人脸"。有人从"海盗号"轨道器上的照相机拍摄的照片中剪出一块图片,其中的图形酷似一张躺在地面上仰望苍天的脸。后来的探测器对"火星人脸"所在的同一地区进行了精度更高的拍摄,证明所谓的"火星人脸"纯属子虚乌有,它只是一座火星小山峰和它投出的阴影而已。

据美国国家航空航天局将来登陆火星而准备的理论设计的。

在这部影片中,还借用了一些传说和猜测,更增强了全片的神秘色彩。正如对科幻电影颇有研究的上海交通大学教授江晓原所评价的那样:有内涵的幻想影片,除了想象力之外,总要从传说中汲取思想资源。

如影片中的巨大人脸,明显是从以前那些神秘主义读物中关于"火星人脸"的传说得来的灵感。"火星人脸"的照片,据说最初还是美国国家航空航天局的喷气推进实验室发表的,但是后来被航空航天局斥为"光与影的骗术"。不过,仍然有许多人对这张照片大感兴趣,总想从中发掘出更多的信息。按照某种传说,火星上的"人脸"和地球上的狮身人面像有着神秘的联系。

而根据更为大胆的猜测,火星上和地球上都曾经有过高度发达的文明,是一场太阳系中的灾变毁灭了火星上的文明,也基本毁灭了地球上的文明——围绕着埃及大金字塔之类的神秘传说,则是"上一次文明"的遗迹。《火星任务》结尾处的情节,正是根据这些传说和猜测编造的。

第四章　揭开战神的面具

在19世纪末和20世纪上半叶,有关火星生命的探讨和争论从来就没有停息过。而在"航天时代"临近的时候,火星的许多自然条件已为人们所知,"运河"一说渐渐地就偃旗息鼓了。

不过,火星上某种类型的植物或微小生物的存在,似乎仍有很大的可能性,且同样为科学家和公众所关注。这一希望,使得火星成了"航天时代"行星探索的重要目标。

无情的仲裁

20世纪20年代以后,随着新的天体物理学方法的大量应用,人们对火星诸多自然条件的认定已越来越准确,火星研究由此也开始了从火星地理学到火星物理学、从探索智慧生物到寻找火星植物的转向。

当时人们已经认识到,任何技术文明为了进行通信,肯定会使用无线电,这要优先于使用任何别的东西。因此,当火星于1924年比往常更接近地球时,人们曾试图监听想象中建造了火星运河的文明发出的无线电信号,但结果一无所获。

1925年,美国天文学家威廉·科布伦茨(W. Coblentz,1873—1962)在采用新方法测量火星温度后发表文章推测说,"在火星观测到的黑暗区域内较高的地表温度,可以被解释为是由于在某些不导热的干旱植被上有活的植物存在。"

他还指出,只要火星上有可能存在植物和动物,任何一种不能定期迁徙的动物"必然是穴居的,能够潜入地下冬眠的或是能在一种蛰伏的状态中经受住严寒的,就像人们在冬天暖和的日子里发现的蛰伏的昆虫一样"。

科布伦茨的观测结果成了火星研究的一个转折点,尽管他并没有得出正确的结论。几年过后,其他一些科学家借助光谱分析法认定:"在海拔相同的区域,火星大气中的氧含量还不足地球大气中氧含量的千分之一。"

这一结果对"火星生命假说"的信奉者是个不小的打击,但并没有从根本上动摇人们对火星植物的信念。一位天文学家在1938年写道:"认为没有足够的水和氧气来维持某种形式的生命的说法是不明智的,这些生命也许已经逐渐适应了火星上恶劣的自然条件。"

1947年,荷兰裔美国天文学家杰拉德·柯伊伯(Gerard Peter Kuiper, 1905—1973)借助红外分光技术首次探测出火星大气中存在二氧化碳。由于植物能够借助光合作用吸收二氧化碳释放出氧气,因而这一发现极具生物学意义。

不过,在将火星光谱与地球上各种植物的光谱进行比较之后,柯伊伯发现,没有证据表明其具有地球上高等植物中所含有的叶绿素,也没有含水植物存在的证据。为此他提出了一种假说:存在着某种不含叶绿素的与地衣相似的火星植物。

伴随着1954年和1956年两次"冲"的到来,以及火星植物假说的推波助澜,人们又一次对火星产生了极大的兴趣。在1956年"冲"期间,美国天文学家威廉·辛顿(William Sinton)计划用光谱学方法直接寻找火星植物。不久他得出一个观测结果,即存在所谓的"辛顿带"。由"辛顿带"的存在可以推断,火星上存在着乙醛一类的有机物质。这成了当时表明火星上可能有生命存在的最有力的证据(虽然只是间接的)。

然而,这却是一场空欢喜。后来证实:"辛顿带"与火星毫无关系,那些红外线吸收带并非由火星上的叶绿素或有机物质或别的什么物质所产生。它们是存在于地球大气中的重水造成的,是辛顿对火星的光谱分析受到污染的结果。而火星上暗色标记物的季节变化，主要是由于尘埃和大气的影响，而不是植物的活动。

这不能不令人感慨：当时世界上最优秀的红外天文学家，使用了最先进的天文望远镜，但却得出了错误的答案。这样一来，对火星生命抱有巨大热情所依托的那些信息，一下子就变得毫无价值了。

尽管如此，在20世纪60年代，包括卡尔·萨根在内的一些著名的科学家，还曾设想过火星上存在某种生态系统的可能性。他们觉得，面对火星上的恶劣环境，生命有可能退守到很小规模的绿洲——"微环境"内。也许，火星上的水主要是以冰的形式存在于其表面之下吧？

想象纵然可以填补科学留下的空白，但无情的事实却无从包容貌似合理的推测。1965年7月14日，美国"水手4号"空间探测器飞到距火星1万英里（约16000千米）以内的地方，拍摄并向地球发回了21幅近距离照片。照片的画面令人们大感意外：火星表面上布满环形山、火山和沙漠，其大气密度不足地球的1%。为此《纽约时报》以"死行星"为题报道说，"水手4号"证明火星上没有生命。

几年过后，1971年5月30日发射的"水手9号"环绕火星成功，传回大量火星表面的数据。又过了几年，先后于1975年8月和9月发射的"海盗1号"与"海盗2号"火星轨道器及着陆器次年在火星成功着陆。它们拍摄的火星表面照片表明：火星是一个干旱荒芜的不毛之地。没有纵横交错的运河，没有衰落的火星文明的废墟，更看不到什么小绿人或火星怪物。火星生命如果存在的话，生存环境看来要比地球上的生命艰难许多。

科学作出了无情的仲裁，"洛厄尔神话"终告破灭！

希望犹存

然而，对火星生命抱着执著信念和希望的人们仍不死心。

"水手4号"发回的照片刚刚公布,卡尔·萨根就提出质疑:这个探测器摄下的图像是从离火星表面数千英里远处获得的。如果外星人从地球上空几千英里高的地方飞过,他们容易从那里发觉这里有智慧生命吗?在比较了从卫星上摄得的地球照片后,他又一次发问:如果从空间探测地球上的生命是如此不易,为什么要指望"水手4号"能发现火星生命的迹象呢?

在萨根看来,只有登上火星大地,才能确定这颗行星上有没有生命。当然,以目前的科学技术发展水平,人类还无法亲临火星,只能采用三种间接的方法寻找火星生命的证据:一是对被认为是来自火星的陨石进行检测;二是对火星轨道探测器发回的观测数据和照片进行分析;三是由火星登陆器取得火星土壤样本进行化学和生物试验。

令萨根等支持"火星生命说"的人稍感欣慰的是,"水手9号"在火星上发现了许多干涸的河床,这证明在火星上可能曾经存在过液态的水。而只要有液态水,火星上的生命就有萌芽的希望。曾有科学家推测说:30亿～40亿年前,火星表面十分温暖,河湖密布,水流潺潺,甚至还有过比地球大过百倍的洪水。

登陆火星寻找生命,是人类有史以来离地球最远的一次生命叩问。

1976年7月和9月,"海盗1号"和"海盗2号"的登陆器先后在火星着陆。在那里,它们所装配的可远程操纵的生物实验室仪器按预先设定,对火星上的空气和土壤进行了测试:观察是否存在着同地球上一样的生物。结果所有的测试都表明:火星上没有任何生命存在的迹象。一个合乎逻辑的推断是:由于没有像地球大气那样的保护层,强烈的紫外光照射使得火星土壤完全不能孕育生

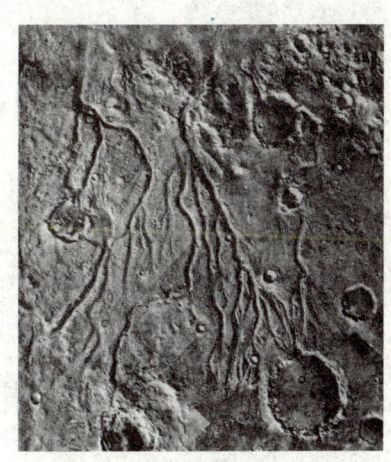

由"海盗号"发回的图像拼成的这幅图,显示出火星表面的沟沟坎坎,像是由水流冲蚀而成。它记录了火星古老而又十分丰盛的多水的历史。可是,这里的水哪儿去了呢?

命。负责"海盗号"火星探测计划的一位科学家甚至断言:"我们的梦想已经破灭。我们人类无疑是太阳系中寂寞的一群。"

不过,美国国家科学院并没有对以上实验给出明确的结论,而是用标准的科学语言总结说:它减小了火星上存在生命的可能性。

"海盗号"的整个实验计划和测试都是基于地球上生命的原理(气体交换、与光合作用和营养相似的机理),其结果似乎否定了火星表面存在生命,哪怕是初始生命的想法。但是,随着时间的推移,科学界也意识到了这些实验的局限性。再加上最近几十年来在地球上发现的生命的"极端形态"(如在南极的岩石中发现的石内活体微生物),拓宽了人们对地球上生命出现和发展的认识界限,同时也更新了人们探索火星生命的思路。

比如,有科学家提出:火星上的生物可能与地球上的生物不同,因而很难以同一方式测出其存在。实验的材料也许成分不合适,或浓度不高,导致了不理想的测试结果。更何况,火星生物消化、吸收养料后产生的物质,也许是地球上目前的仪器设备探测不到的。还有一种可能就是,"海盗号"探测器的着陆点也许处在火星的不毛地带,所以没有发现生命的痕迹。

石破天惊

在新世纪以前近40年以来的对火星的探测中,只有20世纪70年代中期的"海盗号"具有太空生物学的目的。实际上,其测量结果曾经一度给出了"正面答案"——似乎证明了火星生命的存在,但是,所有这些结果后来都被解释为,由于火星大气/地表界面存在氧化剂而引起的氧化过程。更令人惊异的是,相关实验并没有探测到任何有机分子(就我们所知生命必需的一类分子),这似乎与生命的存在相违背。一时间,科学家们对火星生命似乎有点儿心灰意冷了。

对于火星的生命模式,一般认为目前可从三个方面进行探讨:其一,在火星形成后的10亿年中,自然环境可能促成生命起源。后来环境每况愈下,生命再挣扎了十亿余年,终于全面绝种,只留下化石遗迹。其二,火星生命也可能在起源后继续演化,适应环境,深入地下水源,繁殖生长,或长期冬眠潜伏,伺机再出。其三,火星生命可能

石破天惊。因为它而专门召开新闻发布会——ALH84001陨石成了人类有史以来最出名的一块陨石。

从未成形就胎死腹中,只留下一些氨基酸化学分子演化的蛛丝马迹。

由于难以在火星上找到生命存在的直接证据,科学家们就转而设法寻找生命的间接证据。

1996年8月7日,美国国家航空航天局在华盛顿举行新闻发布会,展示了一块据称是第一块来自其他世界的生物化石样本——被命名为"艾伦山84001"(ALH84001)的火星陨石。美国科学家宣称,对该陨石通过电子显微镜和扫描电镜观察,发现了一种由碳酸盐组成的微细管状结构,其直径小于人发直径的1/100,这是36亿年前火星存在的原始微生物化石,也是宇宙有其他生命的有力证据。

据推测,45亿年前,这块陨石与火星的外壳一起冷却为固体岩石。大约1600万年前,一颗陨星撞击火星,它便与其他一些火星物质被抛入太空,并在大约13000年前与地球相遇,掉入冰封的南极洲。

在新闻发布会现场,美国国家航空航天局局长丹尼尔·戈尔丁激动地说:"我们正站在通往天界的大门口,这是一个多么令人振奋的时刻啊!在过去的一年里,我们在邻近的恒星旁发现了行星,我们探索宇宙的深处以查明星系的诞生和形成。而今,我们又将证实是否只有地球上才有生

命……我们也许将发现在我们这颗小小的行星——太阳附近的第三块巨石之外存在生命的第一项证据。"

当时的美国总统克林顿则称之为伟大的发现，并表示，"这块岩石经历数十亿年的时间，跨越数千万千米的距离来向我们传递信息。它说的是存在生命的机遇"。

这块重量为 1.9 千克的 ALH84001 陨石，于 1984 年在南极艾伦山地区被发现，1993 年被鉴定为来自火星的陨石。

消息第二天就上了各大报的头版，在世界范围内掀起了巨大的波澜。一个事实是，这次发现宣布后，一个出版商将在火星上发现智慧生命的赌注赔率，从 500∶1 缩小到了 25∶1。而美国畅销书作家丹·布朗几年前推出的悬疑小说《骗局》，也"借用"了这一"发现"，只不过换了一个场景，编排了一些故事。

这个"利好"消息，突然间又一次激起了人们寻找火星生命的兴趣。

再受质疑

但是，很快就有其他一些科学家发表看法说，上述结论的科学依据不足。他们认为，仅仅凭陨石中那一些微小的管状物并不能证明火星上曾有生命存在。它们很可能只是在火星的自然演变过程中所出现的一些硬化黏土块，或者可能是陨石落到地球之后才进入其缝隙的雪块。不能因为这些管状物深深地嵌在了岩石中，就断定它们不可能来自地球。

4 年过后，有英国科学家声称：他们在实验室里仅仅采用一些简单的沉淀步骤，就创造出了与火星陨石相同的物质结构。何况现在还没有证据可以证明,火星陨石内的物质可以演化成生命。

不管怎么说,这块岩石确确实实来自火星。因为在陨石结构中捕获的气体成分与20年前"海盗号"探测器测定的火星大气成分相符。此外,它所包含的数种磁性矿物质和多环芳香烃有机物质等,也都是与生命活动吻合的旁证。

自"海盗号"以后,相继又有"火星环球观测者号"、"火星探路者号"、"奥德赛"、"火星快车",以及"勇气号"和"机遇号"等探测器发射升空。特别值得一提的是,1996年12月,携带"旅居者号"火星车的美国"火星探路者号"探测器发射升空,1997年7月4日在火星阿瑞斯平原着陆。探路者号飞船首次携带着机器人车登上了火星,这就是闻名世界的"索杰纳"火星车。索杰纳是一辆自主式的机器人车,同时又可从地面对它进行遥控,它的任务是对登陆器周围进行搜索,重点是探测火星的气候及地质方面的数据。经过登陆器及索杰纳的探测和分析,证明了火星上具有粉红色的云彩,它主要是由灰尘构成的,因而火星上是不会下雨的。

2004年1月成功登陆火星表面的美国"勇气号"和"机遇号"孪生火星车都是为了一个主要的目的——寻找火星存在过水的证据而飞向火星的。"勇气号"火星车在火星上新发现一种矿物,它只在有水的环境下才能形成。这是迄今该火星车找到的火星历史上曾存在过水的最确凿证据之一。

"火星探路者号"登陆火星后,其登陆器上的照相机拍摄了60多张照片,最后拼出了一张阿瑞斯平原登陆地点的全景图。

此次探测活动后来被评为2004年世界科技领域的最大突破。

2011年11月26日,美国第三代火星车"好奇号"发射升空,人类又开启了火星探索的新征程。2012年8月6日,"好奇号"在火星表面着陆,其主要任务是探索这颗红色星球过去及现在是否存在适宜生命存在的环境。

"好奇号"携带多种先进的探测仪器,是人类迄今在其他星球登陆的最精密的"移动科学实验室",也是迄今最昂贵的火星探测项目。它不仅将凭借其突破性的能力更好地充当耳目,帮助人类寻找解开疑问的线索,而且还肩负着为人类立足火星充当垫脚石的任务。人们期待着它陆陆续续发回来令人倍感好奇的火星信息。

其实,近年来的相关研究一直没有排除火星上存在生命的可能性。相关探测至少已经揭示出火星在历史上具有产生生命的条件,或至少能够存在前生物化学过程。就目前的情况来看,我们今天所关注的有关火星生命及其可能的演化等问题,只能在宇航员登上火星之后才能找到答案了。

第五章　通向新世界之路

在展望未来之前，不妨暂时将我们的视线拉回到半个多世纪以前。

先请欣赏 1954 年春在一本杂志上刊登的一篇文章的配画吧——它描绘的是火星探险者在进行了 15 个月的火星探测后准备返回地球时的情形。那篇题为《我们能到达火星吗？》的文章作者，就是太空探索的先驱、著名的火箭设计师冯·布劳恩。

文中，布劳恩发出了这样的警告："第一个准备去火星的人最好确信他们能在家做好一切准备工作。他们至少有两年半时间回不来……有一年以上的时间，探险者将待在那颗火红的行星上，等待它旋转到适合于返回地球的位置。"

返回地球老家。这幅画的作者是切斯利·博恩斯蒂尔（Chesley Bonestell），它于 20 世纪 50 年代早期刊登在《科利尔》杂志上。

为伟大梦想而着迷

此前几年，作为第一个对火星载人航行进行技术研究的人，布劳恩完成了他写了多年的一本书——《火星计划》。在书中，他为自己探索星球及太空旅行的远景勾勒出了蓝图。然而，他先后接洽过的18家美国出版社都拒绝为他出书，因为出版商认为，书的内容过于奇妙，不切实际。最后，这本书于1952年在德国出版，次年才由一家大学出版社在美国发行。

在德国长大的布劳恩自小就为太空旅行的伟大梦想而着迷，在成为美国太空计划的领军人物之后，他总喜欢跟人讲，很多太空旅行的障碍都只是想象的。他曾对一位记者说：

> 一位火箭推进专家会说，要解决推进问题不是什么困难的事，但医学方面的问题可是个障碍；医生却会说，从医学上讲太空旅行不是不可能的，但推进方面的技术困难，可没那么容易解决。其实，很多这类困难都会慢慢地被克服，就像是（被克服了的）音障和热极限一样。

差不多就在布劳恩著文探讨"我们能到达火星吗？"之时，新中国出现了第一篇完整意义上的科幻小说，而它恰恰跟火星相关。这就是郑文光（1929—2003）在1954年发表的《从地球到火星》。这部至少以当时的眼光看其"科学构思"和"文学色彩"都算不错的作品，发表后曾引发了北京地区的火星观测热潮。它讲述的是：在火星距离地球最近的一年，科学家赶造了两艘火箭船，准备上火星探险。一个叫做珍珍的女孩要求跟随其担任火箭船驾驶员的父亲远行，没被批准。于是，她就带着弟弟和同学，偷偷驾驶其中一艘火箭船离开了地球，向火星飞去……

飞向火星的试验飞船。1951年，布劳恩与太空画家邦艾斯泰（C.Bonestell, 1888—1986）合作，设计了一艘飞向火星的试验飞船，上面有可以重复使用的太空探测器、一个空间站和一架轨道望远镜。

谈起创作《从地球到火星》的缘由，郑文光回忆说，早年从事科普工作时他便发现，"占很大比重的青少年读者，对知识读物的欢迎其实是有限度的。他们时常会对作品中过分枯燥的科学展示感到厌倦和不满。"于是郑文光有了改变创作思路的念头，"要把谜一样的天文学和诗一般的文学结合在一起"。1954年，《中国少年报》编辑赵世洲向他约稿，促成了《从地球到火星》的诞生。据郑文光生前跟笔者讲，赵世洲曾说:《从地球到火星》发表在报上标明的是"科学幻想小说"——这在中国是第一次在报上明确提出"科学幻想小说"。

郑文光在1956年还写过一篇名为《火星建设者》的科幻小说，以一个人类大同的共产主义未来为背景，将世界各国青年团结一致开发火星、把其改造为"人类的第二故乡"的历程写得恢弘壮阔。该作品在《中国青年》杂志发表之后，被送到1957年莫斯科世界青年联欢节上，获得了科幻大奖。这是至今为止，中国科幻作品获得过的唯一世界级奖项。

几十年一晃而过。2000年底，在郑文光撒手人寰之前3年，本书上一篇中提到的爱读科幻小说的美国国家航空航天局火星探索计划项目专家兰蒂斯博士，出版了他的第一部科幻长篇小说——《火星穿越》。这部将他在火星探测计划中了解到的最新火星研究成果和科学幻想结合起来的小说，以人类登陆火星并返航的艰辛历程为主题，对火星和太空技术的描写相当真实，几乎可以看做是20年后火星探测的报告文学。

兰蒂斯从1992年开始参加火星探索者计划。1997年，"探路者号"飞船登陆火星，"漫游者号"探测器在火星表面行走并收集火星资料。兰蒂斯在该项目中负责的工作就是分析火星上的尘埃。

2002年9月，兰蒂斯造访中国时受聘为《科幻世界》杂志的形象大使，孩子们亲切地管他叫"火星叔叔"。笔者当时也在现场，听他在向众多的中国天文爱好者和科幻小说读者作报告时说："人类总有一天会登上火星。我一直梦想着自己能到火星上走一趟，但这已经不可能了。所以我写点科幻小说，用大脑想象自己登上了火星。"他认为，把人类送上火星的最困难之处,不是如何送他们去,而是如何让他们回来。

人人都能上太空

2013年2月27日,全球首位太空游客、72岁的美国亿万富翁丹尼斯·安东尼·蒂托(Dennis Anthony Tito)宣布,最快将在5年内启动人类探索火星之旅,甚至可能将一男一女两名志愿者送往火星。

媒体报道称,这项大胆的计划一经公布就备受瞩目,因为即便是走在太空探索最前沿的美国国家航空航天局,其载人火星探索规划最早也要等到2030年之后,人类登陆火星的日程更是排在本世纪末。如果蒂托的火星之旅得以现实,将意味着民间太空探索的脚步超出了官方一大步,这其中,离不开蒂托和那些"太空发烧友"们对梦想的执著。

作为世界上首位自掏腰包的太空游客,蒂托于2001年花费2000万美元,乘坐俄罗斯"联盟"号飞船前往国际空间站并停留8天。在当时,这一"吃螃蟹"的举动不仅被视为烧钱炫富,还惹怒了美国国家航空航天局。时任该局局长丹尼尔·戈尔丁对此颇为不屑地说:"我们可没时间来手把手地教未经训练的游客上太空。"

时隔10年后,如今蒂托已从"业余游客"变身成为私人航天领域的领军人物。身份转换的背后,是他对太空探索近乎狂热的追求。太空梦圆后的蒂托并未就此安度晚年,他成立了一家非营利机构"灵感火星基金会",网罗航空航天界的专业人士,开始以民间的力量筹划火星之旅。在2013年2月27日召开的新闻发布会上,"灵感火星基金会"公布了探索火星的大胆计划在2018年发射飞船拜访火星,在其附近飞过后

丹尼斯·蒂托

返航。

"如果普通人都能感受太空的美，如果艺术家、有创造力的人能上太空，这或许能给我们的社会带来更大的价值。"用蒂托自己的话说，他的执著不仅为实现儿时的梦，更是为了传达"人人都能上太空"的理念。

私人火星之行可行吗？从媒体披露的情况看，尽管计划已初具雏形，但在包括航天领域专业人士看来，仅用短短5年筹备两人的火星之旅充满太多不确定。伦敦大学学院的太空医药中心负责人凯文·冯指出："即便美国国家航空航天局表示要实施载人火星探索，我们也会感到惊讶，更不用说是私人机构在做这件事。"

虽然挑战艰巨，但民间的努力至少打开了更多希望的天窗。美国乔治·华盛顿大学的太空政策中心前主任约翰·罗格顿说，正如十多年前蒂托将成为首位自费太空游客时，几乎所有的声音都是反对；此次对于极富挑战的火星计划，各种质疑依然不断，但是，没有任何证据能证明这完全不可行。

"为了科学，为了挑战，为了未来，这是我们去火星的理由。"2011年3月，著名的航空航天工程师、美国火星学会的创始人罗伯特·祖布林（Robert Zubrin），在他《赶往火星》一书修订版的前言中写道。在他看来，我们去往火星的征途，就有确实重要的理由。这是打开宇宙中生命奥秘的钥匙。这也是能激励数百万年轻人投身科学和工程领域的挑战，他们对此的接受将反过来再次证明我们身处的社会依然是先锋社会。它还是通往开放未来的大门，通往新世界的航线，是一个可以定居的星球。它又是人类航天事业无限资源和愿望的开端，因为它不断向前，进入眼前无尽的宇宙。

最浩大的工程

可以肯定，人类远征火星的宏伟目标终将实现。

2004年，美国航天专家马丁·特纳（Martin Turner）在《远征火星》一书中豪迈地写道:"我们可以将男人和女人送上火星,我们可以用长靴在那个星球上激起尘土,我们能够迈开第一步,然后奔向其他星球。这就是本书的主题:搭载男女航天员乘组的航天器,往返火星的技术,人类将真正在火星上激起尘土,同时也会拂去我们在那些老朽的航天计划上的尘土,并从本质上掸去我们逐渐衰落的文明上的尘土。"

然而,科幻作家通常总是想得更远,对未来更有豪情壮志。美国科幻作家金·史丹利·罗宾逊(Kim Stanley Robinson),在他于20世纪80年代中期创作的一个中篇《绿火星》的基础上,扩写了一部火星三部曲:《红火星》、《绿火星》和《蓝火星》。这是一部具体描绘人类将如何改造火星的史诗性巨著。三部曲的三个书名,实际上是分别以三种不同颜色的火星来代表改造火星的进程。

《红火星》:红色是火星荒无人烟的地表本色。刚刚登陆火星的人类在建立殖民地的同时,开始广泛撒播植被。殖民者和殖民者之间,殖民者和地球人之间,地球人和地球人之间,已经出现了错综复杂的裂缝和矛盾。

《绿火星》:绿色是人们引入大量植被后火星的颜色。前一时期的矛盾在这一阶段变得更加尖锐,并且还引发了新的矛盾。而伴随着"火星独立运动"势头的上升,改造火星的过程仍在继续进行,火星的颜色渐渐变绿。

《蓝火星》:蓝色是人们开发水资源在火星上造出大片海洋之后火星的颜色。此时火星被改造得完全适合人类居住了。火星上的人们在解决老问题的同时,一一解决了一些随时间推移显露出来的新问题,成为彻底的火星人。随着科技发展,改造太阳系其他的行星开始被提上议事日程,星系间的航行也已成为可能,"火星经验"是否适用于其他地方开始引人思索……

"绿化火星"的工程也许将是人类历史上最浩大的工程。小说中有这么一场争论:环境保护主义者反对改造火星的计划,他们宁可保留过去那个荒凉的红色世界。这可以说正是我们现实生活的折射。从科学家到天文爱好者、科幻迷,都有一个大胆的设想:人类不仅是去火星旅游、建设太空基地,还要将火星表面和大气变得像地球一样。

比如,许多科学家都谈到过,如果两个问题能够得以解决,未来的人类就极有可能在火星上建造新的家园:一是将火星的大气层变得更加稠密,升高火星的温度。用美国国家航空航天局一位专家的话来说,一旦火星有了稠密且温暖的大气层,火星土壤中的冰就会融化,地球的植物就能移植到火星,制造出适合人类的氧气,火星的大气层就会变得跟地球一样。

但是,也有不少学者对改造火星这个看来还比较久远的计划持反对意见。他们认为,改造火星是个不切实际的可怕的计划:人类正以惊人的速度破坏我们赖以生存的地球,现在不去反思和补救,居然还要讨论要如何毁掉另一个星球,搞什么"地球化"。更何况,眼下地球上还有那么多的人住在贫民窟里,有那么多的人挨饿、营养不良……

政治家中持这个态度的为数也不少。在2004年初,美国总统布什刚刚推出雄心勃勃的太空计划,就遭到前副总统戈尔的批评。他指责布什花大钱开发月球、火星,却忽视了持续恶化的地球生态环境。

未来的使命

那么,这是不是意味着,我们要等到把地球上的事情都办好了,才该进一步向太空深处进军呢?

这显然是不现实、不可取的。这恰恰应了人们的一个担心:人类正因失去梦想而变得现实。太空探索固然是一项难以立竿见影且风险很大的事业,但它可以大大改变人类的工作和生活方式、提高综合国力、产生"辐射"效应,进而给社会和国民带来丰厚的经济回报,是一种极好的长期投资行为,更不用说它的政治和军事意义了。

毫无疑问,在不太遥远的未来,登上火星是人类自踏足月球之后太空探索的最大梦想之一,尽管仍有许许多多的技术难题有待突破。美国国家航空航天局、欧洲航天局和日本太空中心业已联合提出一项雄心勃勃的火星开发计划,考虑在今后200年的时间内分5个阶段实现:

1. 开拓期(2015—2030年)

宇宙飞船把在地球上预测的水滴状的太空舱平安地送到火星表面。这种太空舱每年可供12~14名宇航员居住。第一批火星拓荒者们的任务是种植实验庄稼,分析火星大气、尘暴和太阳辐射,勘探火星地质情况,探索火星的表现,寻找火星过去的生命迹象。

2. 温暖期(2030—2080年)

这一时期最大的挑战是让火星逐步地变暖。第一个目标就是把火星的温度从-60℃升到-40℃。这项工作的难度就好比把整个北冰洋融化一样。科学家们认为最可行的办法是建起一个小型的核反应堆提供能源动力,然后产生出能导致"温室效应"的气体,生产出火星臭氧层的替代物,从而使火星表面多一层"保护伞"。

也可在围绕火星的轨道上设置大型反射镜,将太阳光反射到火星上;同时在火星上建造工厂,生产能产生"温室效应"的各种气体和臭氧,形成厚密的大气层,首先使酵母和细菌之类的简单生命能够生存和繁殖。这样,它们又可放出氧气,使复杂的生命能够生存和繁殖。火星变暖以后,两极的冰帽

在火星上建造工厂,生产能产生"温室效应"的各种气体和臭氧,形成厚密的大气层。

和地表下的冰层就会融化。于是,火星上又有了水。

3. 巩固期(2080—2115年)

当火星的温度升到-15℃的时候,二氧化碳、氮气和从火星地壳中抽出的水的数量都开始大规模地增加。火星上的大气层继续变厚,空中开始飘起朵朵白云,液态的水开始汇集在深深的运河里。

这时候,一些苔藓类植物开始在火星地表稍微温暖的地带生长。火星上的人们可以脱掉厚重的太空服,换上由呼吸面具和氧气瓶组成的呼吸器。呼吸器上附带的扬声器取代了双边无线电通信器,因为火星上的大气密度已经足以传送声波了。

4. 复苏期(2115—2150年)

当火星上的大气层终于稳定下来,平均气温上升到0℃的时候,上面的生活条件就有了很大的改善。许多小型、自给自足的生物圈型的城市如同雨后春笋般地在火星上发展起来后,大量的地球移民开始前往火星。此时,飞船直来直往的方式已不适应火星—地球之间的繁忙交通需求,必须有巡天飞船在地球航天港和火星航天港之间循环飞行。

5. 家园期(2150年之后)

在太空中安装巨大的太阳能反射镜,把太阳能聚集到火星特定的表面上,从而火星上的氧化物就成了巨大的矿石,加热到一定程度后会自然分离成铁和氧。数百万棵树被栽到火星地表上,海洋、河流也开始出现,这个红色干燥的星球终于成为又一个绿色的星球,成为人类的"天外家园"。

科学家相信,未来人类长期大规模地在火星上生活是有可能的。在21世纪末或22世纪初,一对年轻的夫妇宣布:"我们将到火星上生活。"那时的人们听了,一定会和现在的您听见您的朋友说要去美国居住一样不觉得惊奇。

远征火星路漫漫。这个"战神"在向我们发出挑战,这是人类不能视而不见的挑战。英国著名科学家霍金说过:"把我们的眼光束缚在地球这样的小行星上,无异于束缚了我们的灵魂。"除了它的经济潜力以外,火星已经拨动了无数科学家和科幻小说读者们的心弦,激发了他们探索未知的天性和无尽的想象,并打开了一条通向新世界的道路。

在20世纪60年代,许多空间迷都深信人类最终会登上火星,而且最早可能会在20世纪70年代实现,最迟也不会晚于80年代。可是……

现在,未来第一个登陆火星的地球人应该已经出生了吧?

第三篇
DISANPIAN

时空的迷惑
SHIKONGDEMIHUO

我们一直生活在现实与梦想交错的世界里,科学与幻想的界限往往十分模糊难辨。发生重大变革之时,如果没有实现可能梦想到的东西,情有可原;如果没有梦想到可能实现的东西,则是失算。而有意义的成功,几乎没有不是从梦想起步的。

在人类飞向天空、迈向太空、探索宇宙和我们自身奥秘的征程中,由于缺乏勇气和想象力,人们(包括某些"权威人士")常常作出一些目光短浅的错误判断,留下了不少值得深思的话题。

我们探索自然、征服时空的过程,实际上也是人类不断突破自身关于各种可能性定义的进程,更是一个思想的旅程。因为它业已超越了地域和科学尝试的意义,触发了我们对自己的生存空间,对这个纷繁的世界,对浩瀚的宇宙,对文明的发展等的深层思考。

第一章　樱桃树上的梦想

在人类形形色色的向往和追求中，有一种很可能是普遍皆然的，那就是：能够像鸟儿一样飞翔，在三维空间里领略某种行进自如的快感。自有文字记载的历史以来，人类就一直在梦中、传说中和幻想中凌空翱翔了，这是人类最古老、也是最美好的愿望之一。

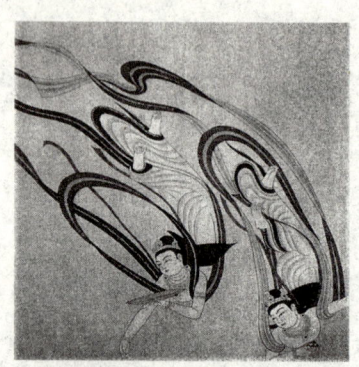

中国敦煌石窟中的飞天壁画。飞仙借助彩云而不依靠彩云，主要凭借飘曳的衣裙、飞舞的彩带凌空翱翔。

将人载到空中去

古希腊有一个著名的神话，讲的是巧匠代达洛斯用羽毛做了两对翅膀，并用蜡将其分别粘在了自己和儿子伊卡洛斯的身上，开始尝试飞翔。年轻大胆的伊卡洛斯听不进父亲"不要飞得太高"的告诫，渐渐地飞出了指定的轨道。

然而，可怕的惩罚随即降临：炽热的太阳光熔化了粘住羽毛的蜡，伊卡洛斯一头从空中栽了下来，坠入深蓝色的大海……

今天，人类自身虽然并没有真正地"飞"起来，但借助于各式各样的飞行器，已有亿万人次飞上了天空，另外还有数以百计的前驱者先后实现了

"飞"离地球大气层之旅。

当然,在古人的意识里,"飞天"是一个比较笼统的概念,它实际上包含了现代意义的"航空"与"航天"这两个方面的内涵。不过,航天与航空却有着几乎完全不同的发展路数。由于缺乏理论指导,早期的航空实践活动(包括航空飞行器的研制)几近是一种经验式或半经验式的"工匠"事业。而航天的发展一开始就有相对完善的理论指导,诚如《世界航天发展史》所概括的那样:首先是宇宙、天地、时间、空间概念的形成和近代天文学知识的积累,然后是相应的基本理论如牛顿定律的建立,接着是火箭理论和实践以及航天学的创立。正因为如此,航天的发展比航空要快得多。

《哀悼伊卡洛斯》。加波这幅油画(1864—1868)描绘的是伊卡洛斯掉下大海后被几个海仙发现,她们将已经咽了气的他搀扶起来,为他唱挽歌。

不管是升空飞行还是飞天,从幻想到现实所走过的路并不平坦,这当中经历了许许多多的坎坷和挫折。

曾经有这么一个人,生活在13世纪。他认定地球是圆的,并首先设想人能作环球航行,这个"设想家"多少有点儿浪漫情怀吧?请再读一读他在700多年前写下的一段文字:

> 人们可以制造出一种只需一人操纵的大型船只的装置。装有这种装置的船只速度极快,远远超过满载水手、依靠人力的大型船只。人们也可以制造这样的马车,它无需畜力的牵引却能跑得飞快。人们还可以制造出类似的飞行装置,一个人可以舒适地坐在里面思考自己喜爱的问题,任凭它用人造翅膀搏击天空,像鸟一样地翱翔……同理,也可以制造出一种能让人们在海底走来走去的装置……

7个世纪过去,上文所提及的一切,如今已全部实现,虽然作者写这段话时只是受到信念的支配,而不是逻辑推理使然。

此人便是英国著名学者弗拉尔·罗吉尔·培根。他曾在牛津大学学习,后到巴黎留学,获得过神学博士学位。显

利用火药进行喷气推进的火箭,是中国人的发明,最早起源于公元1163—1189年南宋年间。这枚可用在军事上的简易火箭,大约是在1900年的清代制造的。

而易见,培根提到的"用人造翅膀搏击天空,像鸟一样地翱翔"的"飞行装置",实际上就是飞机的雏形。这位培根在1242年还发现了一种配制黑色火药的配方。

比培根略早些时候,即公元12世纪,大约在南宋年间,中国出现了最早的火药火箭,并在文艺复兴前后传入欧洲。而欧洲借助于中国的火箭技术,经过几百年的使用和发展,终于在19世纪初发展出近代火药火箭,并逐步形成了航天学的技术基础。

这里不能不提到一个传说中的人物——万户。美国火箭学家赫伯特·S·齐姆(Herbert S Zin)在他1945年出版的《火箭与喷射》一书中记述说,一位快要活到15世纪的名叫万户(Wan Hoo)的中国人,自制两个大风筝,安装在一把椅子的两边,另外把47支火箭绑在椅子背后。他本人坐在椅子上,然后命人点燃火箭,试图借其冲力飞向天空。

不幸的是,万户不仅没能成功,而且还献出了自己的生命。齐姆称万户是"试图利用火箭作为交通工具的第一人",苏联两位火箭学家费奥多西耶夫和西亚列夫则在他们的《火箭技术导论》中说,中国人不仅是火箭的发明者,而且也是"首先企图利用固体燃料火箭将人载到空中去的幻想者"。

在 19 世纪末 20 世纪初，航天先驱者们几乎都认识到，喷气推进的火箭是实现太空飞行的唯一现实的动力装置，且跟气球、飞艇、滑翔机以及后来出现的飞机等航空器有着根本不同的飞行原理。它依据的是动力学中的动量守恒原理，不但能在空气中飞行，而且还可以在大气层外的真空中飞行。这就是说，像飞机这样的飞行器只能在我们所熟知的土地上空疾飞，而只有火箭才能打开通往星球的门户。这个时候，人类有关宇宙航行的真正严肃的思想已然形成，切实的探索行动也随之开始了。

开启太空大门的钥匙

"地球是人类的摇篮，但人类不可能永远被束缚在摇篮里。它首先小心翼翼地探索大气层的边缘，然后将把控制和干预能力扩展到整个太阳系。"上面这段经常被引用的名言，出自现代航天理论的奠基人齐奥尔科夫斯基之口（1911 年 8 月 12 日致《航空评论》杂志一位编辑的信）。

齐奥尔科夫斯基有着"宇航之父"的美誉，然而他却认为，"科幻之父"凡尔纳才算得上是宇宙航行真正的先驱，因为他本人的科学名著《利用喷气装置探测宇宙空间》，最初就是从凡尔纳的科幻小说《从地球到月球》中受到启发，再作进一步的研究之后写成的。

的的确确，齐奥尔科夫斯基对飞行和星际航行产生兴趣，在很大程度上是受到了凡尔纳的科幻小说的影响。据说，齐奥尔科夫斯基 8 岁生日那一天，母亲送给他一本《从地球到月球》和一个氢气球作为生日礼物，由此在他心里播下了空间旅行的种子。1911 年他本人回忆道："我已不能准确地回忆起，我究竟是怎样开始计算火箭运动问题的。我对太空旅行的兴趣，最初是由著名幻想小说家儒勒·凡尔纳激发的。后来，好奇心引导我进行严肃的思考。当然，如果这些思考不是建立在科学的基础之上，那将一事无成。"

幻　想

　　齐奥尔科夫斯基1857年9月17日出生于俄罗斯瓦特干的一个林业职员家庭。10岁时,他因患猩红热而导致听力受损,被迫辍学,此后终生耳朵半聋。13岁那年,他不幸又失去了母亲。1873年,这个刚满16岁的孤独少年只身来到莫斯科,借助图书馆丰富的藏书,自学了多门中学和大学课程。他的有关宇宙航行的思想,就是在这一段艰苦的自学生涯中萌生的。他回忆道:当他回到家乡瓦特干时,"家中人很高兴,但又因我的黑瘦而感到不安。事情很简单,因为我吃掉了自己全部的脂肪"。

　　后来,齐奥尔科夫斯基做了一名中学教师,同时继续按自己制定的计划自学,并开始了独立的研究工作。1881年,他琢磨出了气体的分子运动理论。两年后,他在一篇名为《自由空间》的手稿中首次提出了利用反作用装置作为外太空旅行工具之推进动力的可能性,即在引力弱小、无空气阻力的宇宙空间中飞行的设想。

　　他画出了飞船的草图,把飞船设想成一个贮有压缩气体的大桶,当把桶的一端打开后,强烈的压缩空气便不断喷射出来,由此产生的巨大推力使飞船不断向前运动。1895年,他论证了宇宙航行的可能性;1897年,他推导出了著名的火箭运动方程式;1898年,他谈到了用液体燃料推动火箭的必要性。这意味着,他已经找到了一把开启太空大门的钥匙。

　　此前曾有相当长的一个时期,齐奥尔科夫斯基也和其他所有人一样,认为火箭只不过是一种供娱乐用的玩具,极少或根本没有实际价值,"火箭作为玩具甚至丝毫不能引起我的兴趣"。1896年,齐奥尔科夫斯基读到当年出版的《航空学原理》一书。这本书虽然没有教给他什么新东西(因为书中没有任何计算),但却促使他进行了一系列计算。"正是这些计算,为我奠定了关于利用反作用机器进行太空旅行可能性的理论研究之基础。"他还说,这本书"促使我就这一问题进行严肃的讨论,正如苹果落地导致牛顿发现了万有引力定律一样"。

　　从1903年开始,齐奥尔科夫斯基在为一家航空杂志撰写的一系列文章中,相当完整地描述了关于火箭技术的理论,从而建立了他作为宇航先驱者的声望。

值得注意的是,1894年齐奥尔科夫斯基还根据万有引力定律,对未来的宇航发展过程或步骤作了大胆的想象,甚至还研究了太空飞行对人类社会的重大影响以及人类的前景等问题:①制造带翅膀和一般操纵机构的火箭式飞机;②以后这种飞机的翅膀缩小,但牵引力加大和飞行速度增加;③穿入稀薄的大气层;④穿过大气层外的滑翔降落;⑤建立大气层外的空间活动站(人造地球卫星);⑥宇宙飞行员利用太阳能解决呼吸饮食等生活问题;⑦登月;⑧制造宇宙飞行服,使人能安全地从火箭进入太空;⑨在地球周转建立宽广的居民点(宇宙站)……⑫在宇宙站发展工业和宇宙站数目增加……⑮太阳开始熄火,太阳系的残留居民搬至别的"太阳"。

实际上,有关多级火箭的可行性和火箭采取流线形的必要性论证、用煤油和液态氧等液体燃料代替固体燃料作为火箭推进剂的设计思想、火箭结构图,以及作为宇航基本公式的火箭运动方程式等,都是齐奥尔科夫斯基纯粹用笔和纸独立做出来的;而且,用他自己的话说,"我常常发明或发现一些早已被人所知的东西",这实在令人惊叹。

点燃"天火"的人

可惜,齐奥尔科夫斯基上述科学设想在当时并没有得到应有的重视。像他这样的超越于时代的"追梦人",往往不易为常情和常人所理解,处境往往也很难堪。让后人感到奇怪和困惑的是,这位现代航天理论的奠基人居然还动手写过《在地球之外》和《在月球上》这两部科学幻想小说。我猜测,这很可能是这位老爷子一个不得已的"手段"——借此传播他的前卫思想。记得吗?几百年前,伽利略和开普勒也"玩"过类似的一手。

然而,即便就这样改头换面,齐奥尔科夫斯基也逃不脱别人的眼睛。莫斯科一家杂志发表了一幅漫画,上边画着一个衣衫褴褛的人,头顶地,脚朝天,腋下夹着几个星球,图注上写的是:"一个无名之辈、无聊文人,企图把青少年引向邪路。"学校里的神甫和同事,对他也极尽挖苦之能事,他的妻子和孩子同样也受到了嘲笑。

但是,这个执著的追梦人没有理会这一切,继续执著地进行他的研究。他在一篇文章中感叹:"人类的愚蠢是多么的可悲!仅仅在不久以前,升空飞行仍被看做是对神的亵渎,只能遭到惩罚;宣称地球绕太阳旋转的人,最后被处以火刑。今天,人类难道不会再犯类似的错误吗?"

他预言:一旦"反作用机器"投入使用,我们就会迎来天文学的伟大新时代。这就是一个对天空进行更广泛研究的时代,我们将再也不会被巨大的引力问题所困扰。而他的德国同行、著名火箭专家赫尔曼·奥伯特在致他的一封信中充满激情地写道:"你已经点燃了天火,我们决不能让它熄灭,一定要实现人类最大的梦想。"

回头再说说《在地球之外》吧。这是齐奥尔科夫斯基大约从1896年开始撰写的一部科学幻想小说(1916年曾在一家杂志上连载)。它讲述的是20名不同国籍的科学家和工匠乘坐火箭飞船到太空旅行的故事。小说颇有预见性地叙述了飞船里种种有趣的生活情景,描绘了太空城移民社会的画面,还讲述了月亮上、小行星上和太阳系空间的种种奇妙现象。其中不少场景简直就是后来所发生的实际情节的翻版。

作者在书中借主人公之口,还探讨了一些很有价值的科学问题,例如:可以考虑利用大气摩擦在飞船返回时制动;应研究超重和失重对人体的影响(他甚至还考虑到了一些不可忽视的细节,如在失重的飞船上进行离心力淋浴);在太空旅行中有必要采用密闭的生

齐奥尔科夫斯基之所以提出空间站概念,是设想宇航员可以在太空开展大量有用的活动。这是一位画家在1948年绘制的太空站设想图。

态系统;设想制造出轮胎形空间住宅,以自旋产生人造动力……他实际上已经预见到1973—1974年美国"天空实验室"的身影——人们利用太阳能,在太空的真空中完成了熔化和铸造金属的多项试验,收集到许多有价值的资料。

坦率地说,《在地球之外》作为科学预言虽然早于时代几十年,但就其故事性和文学性而言则还有所欠缺。有意思的是,书中主要人物的姓氏故意采用了科学史上几位科学家"大腕"的姓氏,又让一位名叫伊万诺夫的俄国人"领衔"其中(像个学术召集人),倒真的显出了俄国人风趣、自信的一面。

齐奥尔科夫斯基的那些"超前"见解,后来逐渐被宇航实践所验证。这是出现在美国1973年发射升空的"天空实验室"里的一个有趣场景:一名宇航员为了演示失重状态,把另一名宇航员放在一根手指上旋转。

齐奥尔科夫斯基活着看到了他的杰出思想已被大量用于以后的航天实践中。俄国"十月革命"后,他被授予科学院院士称号,生活条件有了很大的改善,并且赢得了人们的广泛尊敬。

在齐奥尔科夫斯基逝世后的第22年(1957年),苏联政府曾计划于他百年诞辰那一天发射世界上第一颗人造地球卫星。虽然实际发射日期比预定日期晚了29天,但仍不失为对他最隆重的纪念。更可以告慰他的是,他所构想的太空飞行(包括载人太空飞行目标),都是在他的故乡得以率先实现的,而他在宇航方面的大部分预言也已变成了现实。

执著的追梦人

限于当时的技术条件,齐奥尔科夫斯基未能亲手制造出一枚火箭。按照他的设想制造出第一枚液体燃料火箭,并于1926年3月16日在美国马萨诸塞州的欧本发射升空的,是另一个也深受科幻作品影响的执著的追梦人。

让我先从这个追梦人少年时代的一个美妙幻影讲起吧。

这是一个美丽的新英格兰秋日的下午,确切地说,是1899年10月19日下午。在马萨诸塞州的伍斯特,因病休学在家的罗伯特·哈金斯·戈达德(Robert Hutchings Goddard,1882—1945),爬上了他家储藏室后面的一棵樱桃树。干完修剪枯枝的活儿后,他坐在树干上,悠闲地欣赏着大自然展现在他面前的美景。就在向东眺望田野、瞥见洁净的蓝天之时,他又一次回想起前不久看过的威尔斯的科幻小说《星际战争》,脑海里突然闪现出一个新奇的念头:如果能够发明某种可以远征火星的机械装置,该有多好!

这个刚满17岁的大孩子顿时陶醉在自己的美好幻想之中,经历了影响他一生的奇妙体验。据他本人后来描述:"我想象有一个小型的载具,从我脚下的那片草地上起飞……不管怎样,我从树上下来时,已经跟我上树时大不一样了。我是一个与众不同的男孩,因为我活在世上至少有了确定的目标。"

不用说,他魂牵梦萦一生的事业也就从这里开始了。

这之后两年,健康状况略有好转的戈达德回到学校,并且找到了一个可以与之谈论他的梦想,以及威尔斯的科幻小说而不会被取笑的知音——他的物理老师卡尔文·安德鲁斯。安德鲁斯对天文学很感兴趣。夏天的晚上,他常常邀请戈达德到他家去,坐在门廊下,一边观察滑过夜空的星辰,一边神聊地球以外的世界。

戈达德从小就爱看有关太空旅行的图书和文章,而真正启发他全心思考太空旅行可能性的,正是凡尔纳的《从地球到月球》、威尔斯的《登月先锋》等幻想文学作品。据戈达德的传记记载:"他深受凡尔纳《从地球到月球》的吸引。这部作品他一读再读,并且眉批标示出书中与事实不符的说法,以及他所知道的事实。……他(戈达德)读着威尔斯的《登月先锋》一书。难道他的工作和这本书会使他产生前往月球的梦想是异想天开吗?也许只有一位科学家才会有这种实际的梦想。戈达德想象着月球是寒冷的,没有足够的氧气供他呼吸(实际上月球上没有氧气),他头上戴着头盔。"

从1898年1月起在《波士顿邮报》上分章连载的威尔斯科幻小说《星际战争》,同样给戈达德带来了巨大的震撼。这本书他16岁时读了第一遍,此后几乎每年都要重读一遍。他后来回忆说,"正是威尔斯美妙的心理学手法把故事讲得生动异常。完成这样的壮举的可能方式和意义,成了我始终都在思考的主题。"

加勒特·塞维斯(Garrsett Serviss)于1898年在报上连载的科幻小说《爱迪生征服火星记》,也使戈达德受到了强烈的感染。多年后他在作学术报告时说,《爱迪生征服火星记》"极大地激发了我的想象力"。这篇小说讲的是一位发明"电气球"的英雄(实际上是以"发明大王"爱迪生为原型设计的人物)远征火星,用致人粉身碎骨的射线消灭了火星上邪恶的领袖们,从而挫败了火星人入侵地球的阴谋。

《从地球到月球》、《星际战争》和《爱迪生征服火星记》这些科幻作品,在激发戈达德的想象力的同时,也使这个病恹恹的大孩子明确了为实现太空旅行而奋斗的远大目标。在高中学习期间,他一直在思考太空飞行的实现方法问题,并记下了不时涌现在自己脑海里的一些新思想。从戈达德在1901年圣诞假期期间写的一篇专门探讨太空之旅的文章看,他受凡尔纳小说启发所提出的火箭连续运作推进单元的架构,实际上就是后来多节式火箭的先导。

1902年1月2日,戈达德在笔记本上写下了一篇题为《论其他星球的居民》的论文。文中他推论说:在这不计其数的众多行星中,总会有一些行星的光和热的条件与我们地球的情况相近。如果事实果真如此的话,这些行星的年龄及其自身规律一定与地球相似,因而在这些行星上极有可能存在如同我们人类一样的智慧生命。或许,这些智慧生命有着古怪的风俗习惯和奇特的行为举止吧。

第三篇 时空的迷惑

1904年，大龄高中生戈达德作为他们班上的毕业生代表在毕业典礼上致辞，这时他已经22岁，比同班同学大4岁。他的好奇心和求知的热忱与执著，让同学们感到惊异和钦佩。戈达德所选择的题目为《理当如此》。在谈及许多原本被视为不可能的科学项目的进展后，他提醒同学们"太匆忙地相信某事为可能或不可能是危险的"。最后他总结道："在真正尽力之前，没有人能预测他在财富、名声及贡献上所能达到的成就……另外，常常得到证实的是，昨天的梦想，就是今天的希望和明天的现实。"

"月球火箭狂"的壮举

由于家庭经济条件不好，戈达德没能进入名牌大学学习他认定要圆自己太空梦所必须掌握的物理学和其他科学。在借钱付学费进了伍斯特工艺学院后，他仍花费不少时间去研究空间旅行方面的许多问题。当教授们问他为什么想知道这些与他所学课程联系甚少或毫不相干的东西时，他总是支支吾吾、闪烁其词，甚而选择沉默。

他似乎意识到，他的有关空间飞行的梦想，不是"正经"的科学家们所能接受的，在他们看来，这只适合给科幻作家们用作创作题材。为此他一度十分迷茫和泄气。1906年3月4日，他在日记中写道："今天判定太空旅行在物理学上是不可能的。"

然而，他"内心深处的某种感觉"却一直让他无法释怀。或许对他而言，梦想是不会幻灭的。如果没有任何定律否定它，那么总有一天它是会变成现实的。没过多久，他的心里又冒出了乐观的念头。

1907年夏天，戈达德的一篇论文《陀螺仪在飞机平衡与导向上的应用》得以在《科学美国人》杂志上发表，这激励他很快又写出了《论星际旅行的可能性》一文投去，但没被采用。他转而寄给《大众天文学》杂志，也同样遭到拒绝。编辑回复他说："您对这些问题的推想挺有意思，不过，既然太空旅行似乎永远也不会实现,那么这些推想也就显得不实际了。总的来说,您的作品写得不错,但我认为这对科学毫无助益。"

自信而又坚强的戈达德没有放弃他的努力,他抱着病躯继续求学、研究。他意识到,被一个伟大的理想缠附并驱使,是要付出代价的。1908年底他写道:"旧梦——逝去,新岁月永远会带来新的梦想,上帝怜惜坚守梦想的人"。这大概可以说是戈达德矛盾心理的一种自我洞见:坚守梦想的他,一方面努力奋斗、矢志不渝,一方面也寻求理解、渴望成功。

1909年2月2日,他在日记中提到:"只有用液体燃料才能提供星际航行所需要的能量"——这是他最早的液体火箭思想。同年12月28日,他在笔记本上写下了26种飞行方法的摘要,以及进入太空的诸多问题。他的设想和分析涉及火箭及航天的各个方面,其中有许多是航天新思想的首次阐述。

自1911年获得克拉克大学的物理学博士学位后,戈达德被留在母校任教。教学之余,他把几乎所有能够支配的时间和金钱都用在了对火箭的研究和制造上。在那些岁月里,常常让他感到苦恼的是科研资金的匮乏和得不到人们的理解与信任。所以,他一方面得到处"化缘"筹款,一方面还要找地方偷偷摸摸地进行他那吓人的试验。

戈达德早在1920年就成了"名人",但不是由于他的成就为人们所承认、仰慕,而是因为他这个绰号为"月球火箭狂"的疯狂科学家的一些"古怪念头"和作为。在很多时候,戈达德的日子实际上很不好过。当他希望讨论飞往火星的宇宙飞船时,却被人们视为异端奇说而遭劝阻;他提出的一些有关月球探索的设想和建议,也被看做是无稽之谈,遭到讥讽。在他的一篇重

戈达德在克拉克大学的课堂上讲解火箭飞往月球的种种问题。他的计算表明:火箭必须达到每秒11千米的速度才能够摆脱地球的引力。

要论文、如今已被视为太空科学经典文献的《一种到达极限高度的方法》发表后,《波士顿报》刊出的报道语含讥讽地给出了这样的标题:"现代儒勒·凡尔纳发明月球火箭"。《纽约时报》则于 1920 年 1 月 13 日刊出一篇评论,挖苦他连中学课程的知识都没有:

> 这位戈达德在克拉克大学获得了教授职位并得到了史密森研究院的资助,可他竟然不知道作用与反作用原理,也不知道产生作用力必须有反作用对象而不是虚无的真空。说这些似乎有点儿可笑,然而,他也许正是缺少这种在中学就已讲授的知识……
>
> 儒勒·凡尔纳曾有过一两个符合科学的断言,但除此之外,他在深思熟虑的情况下似乎也犯了戈达德所犯的同样错误。这位法国人作为一名幻想小说家可以得到原谅,但要是有一个不是写冒险小说的科学家犯这种错误时,就令人难以理解了。

在这样的氛围之下,一些报纸开始质疑戈达德的学术水平,还有媒体指责他出于个人目的,故意扭曲科学真理。甚至,一位女影星也拿他寻开心,请他在第一次乘火箭飞赴月球途中给她发个信息。一度变得"臭名昭著"的戈达德深感痛心地说:"从那一天起,整个事件都得出了结论,在公众的心目中如此,在'月球火箭'这些字眼上也如此,从而出现了这样一种情况,即在努力平息舆论方面,我所花费的笔墨喉舌,比起我所要讨论的运载到火星去的宇宙飞船的论述还要多得多,而这种论述大概也会被有代表性的报刊认为是无稽之谈。毫无疑问,这是不值得一提的。"

先知先觉的人往往会受到同时代人的嘲笑和漠视,这一点都不奇怪。以我们今天的见识和眼光,自然很难想象或理解那时人们的思维和判断。戈达德似有先见之明,早就说出了这层意思:"每一个远见在第一个人实现它以前,都是一个笑话;而一经实现,它就变成理所当然的事情了。"

更早些时候,德国哲学家叔本华(Schopenhauer,1788—1860)讲过大意是这样的话:每一个真理都经过三个阶段。首先,它受到嘲笑;接着,它受到极端反对;最后,人们接受了它,认为它是不言自明的。

"月球火箭狂"备受嘲弄一事过了将近半个世纪之后,1969年6月17日,在美国宇航员实现登月壮举前夕,《纽约时报》正式撤销了它当年发表的嘲笑戈达德的文章。

可悲的是,类似的遭遇,戈达德经历得太多了。1926年,当他正在做着液体燃料火箭的工作时,著名的《科学》杂志发表一位叫做A.W.比克顿的教授的文章挖苦说:

> 这种要飞上月球的愚蠢念头,再好不过地说明了,邪恶的专门化将闭门苦思的科学家弄到了怎样荒唐的地步。让我们严肃地考虑一下这种设想吧:如果让一抛物体完全摆脱地球的引力,需要每秒7英里的速度,在这一速度下需要有每克能产生15180卡热能的燃料……而我们现有的爆炸力最强的能源——硝酸甘油——每克只能产生不到1500卡的热能。因此,即使这种物质不携带任何东西,它也仅有要脱离地球引力所需能量的1/10……因此,要飞至月球的想法是根本行不通的……

梦想照进现实

就在这一年,当戈达德制造的第一枚液体燃料火箭于3月16日发射之后,新闻界还幸灾乐祸地嘲弄说:"月球火箭与目标相差238799.5英里"(这支火箭只飞行了约184英尺,即坠落后离发射架约56米)。在此后的许多年里,还有人轻蔑地把戈达德称作"月球火箭狂"。甚至,还有些地方报纸登出漫画丑化他。1929年7月18日,即戈达德试射一枚新火箭的第二天,他的"事迹"就上了《波士顿环球报》的头条:

月球火箭狂的试验惊动了整个乡里。金属坠落物落地时的声响在欧本乡间方圆数里内回荡。搜救行动的结果是发现了戈达德的试验场。

1926年3月16日下午两点半左右,戈达德站在这个装有液态氧和汽油燃料火箭的发射架旁,由他夫人拍下这幅照片后,用吹焰灯点燃火箭,随即躲进一间小木屋。世界上第一枚液体燃料火箭就这样升空了。

可怜的戈达德一再向接到报警后赶来查看的警察保证说:"这不是要到月球的火箭,也不是任何特别的工作。火箭本来就会发出很大的声音……"。尽管如此,消防当局还是在当地居民的强烈要求下作出裁定:戈达德以后不得在马萨诸塞州境内再进行这种具有威胁性的试验。

再往后,戈达德在被问到"月球火箭"时,就总是苦涩而又含蓄地说:"我只不过是想让火箭飞离地面而已。"多年以后,戈达德的一位亲戚的邻居回忆说:"每当家里有人看见他,就总会说'又是那个月亮戈达德'。他们从来也没把他真的当成一回事。"

所幸,戈达德一直受到妻子埃丝特的坚定支持和直接帮助,校方、军方和一些朋友不时地也向他施以援手。在著名飞行家、人类航空史上的先驱查尔斯·林白(Charles Lindbergh,1902—1974)的协调下,戈达德获得了古根海姆航空学振兴基金会的巨款支持。

20世纪20—40年代,戈达德在理论上的深刻见解和在实践上的创新,已经基本解决了火箭的几乎所有技术障碍。许多年过后,林白回忆说:

1929年，坐在戈达德位于伍斯特的家里，我倾听他描画他未来发展火箭的想法——有些是实际上可行的，有些是未来终会实现的。30年后，在目睹巨大的火箭由空军基地卡纳维尔角起飞的瞬间，我不清楚是他当时在做梦呢，还是我现在在做梦？

林白生于美国密西根州底特律，是瑞典移民的后代。1927年，他首次独自驾机成功飞越大西洋，成为全世界崇拜的英雄，《时代》杂志曾将其列入20世纪最具影响力的人物之一。

在这位戈达德的忘年交看来，我们一直生活在现实与梦想交错的世界里。听戈达德侃侃而谈，科学与科幻小说的界限似乎都变得模糊了。林白毫不怀疑，戈达德一定能把他自己的梦想一一变成现实。而在戈达德心目中，他"内心深处的某种感觉"始终跟他少年时代的阅读体验贯通着、承接着。1932年4月19日，他发射的第一枚装设陀螺仪稳定器的火箭，在经过短暂的飞行后转向地面坠毁。他颇有些失望，但并不气馁。

第二天，百感交集的戈达德似乎总有些什么东西要表达，于是他便给威尔斯写了封信。信中，他叙说了《星际战争》这部科幻小说对他的事业产生的巨大影响，并表达了自己对这位著名作家的感激之情："我发觉最重要的是您的乐观主义。当人们因默想人与自然众多挫折而引发抑郁时，它是最好的舒解剂。"最后他写道：

> 我不知道我还能有多少时间要花在这个问题的解决上，不过我希望有生之年都能在这个问题上努力。这个过程永远也没有

结束的时候,因为"瞄准宇宙"这个目标无论是在字面上或是在实质上,永远也没有完结的时候……这是一个需要几代人才能解决的问题。因此,无论任何人完成了什么事,他永远都可以保有刚刚起步的激动状态。

戈达德终其一生,似乎都是沉浸在某种"激动状态"之中。这里边绝少名和利的牵扯,尽管他非常注意"保密"和处理自己成果的专利权。他的灵感和动力之源,确乎更多地出自于他本人对其研究领域的强烈兴趣,以及他那非凡的领悟力和自信心。正如他说过的那样,"我好像仍然孤立于液态燃料火箭的狂热之中。不过,我相信,众人抢搭这班列车的一日终将来临。"

据知,戈达德年轻时曾听过洛厄尔有关火星智慧生物的演讲并深表赞赏。洛厄尔的观点(后来我们了解到其实并不正确)大大激发了戈达德奔放不羁的天才想象。美国著名天文学家卡尔·萨根在20世纪70年代研究了戈达德的一些手稿后写道:

火箭技术从它的最初阶段起,就是由于人们对其他星球可能存在生命的兴趣而发展起来的。现在,我们已经在火星上着陆,取得了可喜的同时又令人迷惑不解的生物学成果,接下来的任务——流动飞行器和取回样品的飞行器——都要求宇航技术获得进一步的发展,真是原因导致了结果,结果又转化为原因,我想,也许戈达德早就觉察到这种因果关系的相互作用了吧。

迟到的荣誉

戈达德的预见力着实非同凡响、令人惊叹。他曾设想出一种飞临火星表面1000英里上空的宇宙飞船——这真可谓是一种奇特的历史性巧合,他所设想的这个高度正好是"水手9号"和"海盗号"宇宙飞船绕火星轨道飞行的最低高度。戈达德曾计算过,在这个高度的任一处有利地点,只要使用一架大小适度的望远镜,就能够将这颗红色行星表面纵横几十米的地形拍摄下来,而"海盗号"绕轨道飞行摄影就做到了这一点。他还构想出一种缓慢的星际飞行,其速度和时间尺度,正好相当于我们的首批星际使者"先驱者10号"与"先驱者11号"宇宙飞船的速度和时间尺度。

另外,他早在1920年就谈到,人类登月最好的驻扎地是月球的南极或北极。在该地的环形山内,可以找到结晶水,把水分解为氢和氧之后,还可以用作燃料。这位梦想家唯一的疏漏之处,就是没有预见到暴露于高能粒子之下的危险性。

令人遗憾的是,尽管戈达德在火箭和太空科学研究领域贡献是如此之大,但他生前却不为政府和军方所重视,也没有齐奥尔科夫斯基活着的时候那么幸运(得到承认并领受殊荣)。他没能活着看到火箭天文学和高空气象学初显的曙光,更不用说看到飞往月球或其他行星的壮举了。他这个所得荣誉很少的开路先锋,好像都是一个人在战斗。1938年下半年,戈达德接房客来信获悉,一场飓风吹倒了他老家那棵苍老弯曲的樱桃树。当天他在日记中伤心地写道:"樱桃树倒了,现在只有我自己一个人了。"

在戈达德几乎是孤军奋战研制飞向太空的火箭的同时,纳粹德国组织了一大班人马紧锣密鼓地研制"复仇使者"——V-1和V-2火箭,它们成了有史以来人类所发射过的体积最大、飞得最高的武器。戈达德一直怀疑他的研究成果被

德国火箭研制团队的核心人物布劳恩与他的伙伴高兴地举起一个火箭模型。1950年,到了美国的布劳恩宣称:"我对戈达德工作的完整性感到震惊,并发现V-2火箭的许多设计方法都被戈达德的专利所覆盖。"

第三篇 时空的迷惑

德国人剽窃了。二战结束后,德国的一些军事专家被带往美国。当一名德国空军的将军被美国人提审、问到火箭技术方面的问题时,他很惊讶地说道:"为什么不去问问你们自己的戈达德博士呢?"

永远没有这样的机会了。此前不久,1945年夏,戈达德在被切除喉部肿瘤之后又被发现患了癌症,已经无法开口说话了。8月6日,他从报上得知美国在日本广岛投下了一颗"新型炸弹",便用手示意了一个"V"字。8月9日,他读到第二颗原子弹在长崎爆炸的新闻。又过一天,早上9点,戈达德平静地闭上了眼睛。

戈达德在去世以后才真正为人们所认识和看重,并获得了极高的荣誉。在短短的几十年内,人类在航天领域里已经实现了这位"液体火箭之父"在20世纪初提出的一些设想。

1961年3月16日,在第一枚液体推进剂火箭于马萨诸塞州的欧本试飞成功35年后,罗伯特·哈金斯·戈达德空间飞行中心落成了。这意味着戈达德的研究作为全部火箭技术的基础地位最终得到了承认。而此前一年,埃丝特·戈达德和古根海姆基金会收到了美国政府为使用戈达德的专利而支付的100万美元。

在戈达德空间飞行中心的落成典礼上,埃丝特·戈达德代她16年前逝去的丈夫,接受了被追授的国会荣誉勋章。勋章的背面,铭刻着戈达德高中毕业时的一句演说辞:

　　昨天的梦想,就是今天的希望和明天的现实。

第二章 向太空的长征

不一样的时代，不一样的世界；不一样的人群，不一样的视野。假如让生活在1900年的人们想象或"设计"一下我们现在的生活，您估计他们大概能够猜对多少呢？我敢肯定，恐怕一半都不到。

也许，我们不应苛求先人观念"保守"或想法"落后"。也正因为如此，那些观念"激进"、想法"超前"的"追梦人"，才更显得可贵，更值得钦佩。

遗憾的是，这些追梦人常常生活在一个"错误的时代"。

前赴后继的先驱们

前述戈达德的遭遇颇有代表性。其实，在人类飞向天空、迈向太空的征程中，类似的例子屡见不鲜。由于缺乏勇气和想象力，人们（包括某些"权威人士"）常常做出一些目光短浅的错误判断，留下了不少值得深思的话题。英国著名科幻作家阿瑟·克拉克曾撰有《预言的风险》一文，专门探讨这个问题。他认为，最为典型且最有启迪意义的例子，大多出自航空和航天领域。

就我所知，早在1840年，就有"权威人士"断言："任何以每小时50千米的速度旅行的人，一定会因缺乏空气窒息而死。"20世纪初叶，科学家们几乎都异口同声地宣称，重于空气的飞行（飞行器有轻于空气的飞行器如气球、飞艇等;重于空气的飞行器如飞机、滑翔机、伞翼机等)是不可能的,那些试图制造飞机的人都是些白痴。

现在我们都知道,是莱特兄弟——威尔伯·莱特(Wilbur Wright, 1867—1912)和奥维尔·莱特(Orville Wright, 1871—1948)发明了飞机。不过别忘了,像任何一项发明都是在前人积累的经验基础上诞生的一样,飞机的发明也不是凭空出现的。

意大利文艺复兴时期最负盛名的艺术大师列奥纳多·达·芬奇(Leonardo Da Vinci, 1452—1519),被公认为人类飞行科学重要的先行者、第一个运用科学知识对飞行问题进行研究的人。他一直梦想着能够飞起来,并相信鸟类有飞行的秘密,而这秘密人类是能够复制的,总有一天人类可与鸟类在空中争雄。

他曾写道:"一只鸟,就是一具依据数学定理而运转的器械……由人来制造这样一种器械,除了鸟的生命之外,什么都不缺少。所以,仅需由人的生命去替代鸟的生命变成。"为此,他研究过鸟的飞行,分析鸟在张开翅膀时每一根羽毛的秩序。在1482—1514年间,他设计出了许多飞行器械,包括滑翔机、直升机和降落伞的雏形。他在笔记本里留下的许多草图和文字记录,成为人类以后研究飞行的重要基础。

达·芬奇的大多数著作和手稿(包括他对飞行的研究笔记和草图),直到他逝世多年后才被世人所发现。就此科学史家威廉·塞西尔·丹皮尔(Sir William Dampier, 1867—1952)在其名著《科学史及其与哲学和宗教的关系》中评价说:"如果他当初发表他的著作的话,科学本来一定会一下子就跳到一百年以后的局面的。猜测这种情况对于人类的学术与社会进步的影响自然毫无用处,但是,我们可以万无一失地说,如果真有这种情况发生的话,人类的学术和社会演变一定都会大不相同了。"

200多年过后,一位名叫乔治·凯利(George Cayley, 1773—1857)的英国爵士登上了历史舞台。今天,他被公认为飞机的创始人和"航空之父",这主要是基于以下事实:他大约在1801年研究了鸟的推动力,并于1804年在旋转臂上试验了一架滑翔机模型。1810年,他发表《论空中航行》,最早阐明了重于空气飞行器的基本飞行原理和飞机的结构布局,为后来的空气动力学奠定了基础。凯利提出,现代飞机不应模仿鸟类振翼而飞,而应采取固定翼飞机加推进器的模式。

凯利心灵中飞天的种子很早就播下了。10岁那年,他亲眼目睹了法国第一次载人气球飞行,那紧张万分、雀跃欢腾的热烈场面令他激动不已。在开展他的研究工作之前,"基于机器"的航空是"一门在公众眼中接近于荒谬可笑的科学"。许多人认为,升空飞行纯属异想天开、白日做梦,这世界到处都是声称自己能够像天使一样飞翔的疯子。还有人引述前人的话挖苦凯利这样的"梦想家"说:"假如上帝要人飞,那么他创造人的时候就会给人一对翅膀了!"

但凯利依然执著地进行他的飞行尝试。在他那个时代,人类实际上已经从飞翔的梦境进入到实质性探索阶段。凯利研究过鸟的推动力,认识到鸟类翅膀不仅具有推进功能,也具备了产生升力的功能。人类飞行器如果用不同装置分别实现上述功能,将会比单纯模仿鸟类的飞行动作进行飞行容易得多。这一重要发现奠定了固定机翼形式的飞机的基本构思和理论基础。

凯利还阐述了速度与升力的关系,机翼负荷、张力、重力的减轻,甚至内燃发动机的原理以及流线形对飞行器设计的重要性,等等。当年令他倍感困扰的是没有合适的动力。那时候的蒸汽机又大又笨重,根本不可能将机器送上天空。在不得已的情况下,凯利转向了载人无动力滑翔的研究,多次造出了改进型的滑翔机原型机。他曾感

凯利把自己设计的现代飞机方案于1799年刻在一个小银盘上。小银盘的一面刻着机翼上各种作用力的说明,另一面刻着飞机草图。

叹"我的发明无法试验而达到目的的唯一原因,是如何产生一种推进的动力"。他坚信,只要能找到合适的发动机,他的飞行器一定可以高飞。

在临终前不久,凯利写下了这样两句话:"给你,查看笔记的朋友!我已去了,愿你在这些涂鸦中寻找出智慧的火种。"

在凯利逝去半个世纪之后,奥维尔·莱特说了这样一句话:"我们的成功完全要感谢那位英国绅士乔治·凯利,他写的有关航空的原理,他出版的著作,可以说毫无错误,实在是科学上最伟大的文献。"威尔伯·莱特也说,"我们设计飞机的时候,完全是采用凯利爵士提出的非常精确的计算方法进行设计计算的"。

伴随着乔治·凯利的脚步,又有不少飞行先驱进行着升空的努力。然而,由于种种原因,他们终究没能敲开成功之门。德国航空界先驱、"滑翔机之父"奥托·李林塔尔(Otto Lilienthal,1848—1896)甚至还因试飞而献出了生命。今天,虽然那些失败了的人渐渐地淡出了我们的视线,但真正的历史依然留存着他们悲壮而又不乏意义的一页。

就在莱特兄弟发明飞机前夕,1903年的10月7日和12月8日,撒穆尔·兰利(Samuel Pierpomt Langley,1834—1906)驾驶受美国政府财政支持的"空中旅行者号"飞机,两次从河里一条游船的顶棚上做过不载人弹射试飞,可惜均因与发射架磕碰而坠落。

兰利早年在史密森博物院做助理秘书,这使他有机会接触到世界各地寄来的航空资料和实物,并促成他下决心创造一种能飞的机器。他买来许多大鸟的标本,将其鸟翼取下后放在旋臂塔上,试验鸟翼的升力,由此他掌握了鸟类无须鼓翼就能在空中翱翔和滑翔的原理。1896年,他实现了世界上首次重于空气的不载人动力飞行。

据后人分析,兰利离成功仅一步之遥,遗憾的是当时他没能得到一台大功率的、足以使螺旋桨有足够转速的发动机。据知,莱特兄弟在得知兰利试飞失败后曾特意前去调查,从中吸取了教训,获得了许多经验。然而,兰利的失败却没能得到社会和公众的宽容。在兰利一次试飞失败后,《纽约时报》曾载文批评政府不该在一个愚蠢的梦想上浪费钱财。1903年10月9日（即兰利同年10月份那次试飞失败两天后），该报发表的一篇社论把飞机同鸟类比较了一番：

一种翅膀发育不全的鸟，从开始飞腾直到能自由翱翔，如果说需要1000年；另一种动物，如果根本没有翅膀而不得不长出来，直到它能在天空飞翔，假如说需要10000年……那么，由数学家和机械师们联合制造的飞机，如果真要上天，大概需要100万年到1000万年。

两个月后，《纽约时报》又发表一篇社论"奉劝"兰利说：

我们希望兰利教授不要继续浪费他的时间，拿他作为一个科学家的声望去作进一步的冒险，不要再在今后的飞机试验中浪费金钱了。生命是短暂的，他是有能力为人类服务的，这要比探索飞机所能得到的结果要大得多。

富有戏剧性的是，这篇社论发表7天后，莱特兄弟试飞的第一架重于空气、带有动力、由人操纵、可连续飞行的飞机就获得成功，它在空中总共飞了97秒钟、441米远。这是人类第一次真正地乘动力飞机飞行。当最后一次飞行结束时，威尔伯·莱特激动地说道："飞行时代终于来临了。"

相形之下，功亏一篑的探索者兰利只能自认

1903年10月7日，在旁观者的注视下，兰利的助手曼利操纵飞机进行试验，但由于发射装置出了问题，飞机还没有升空就一头栽到了河里。

倒霉。政府取消了对他研制飞机的支持，人们也斥之为"浪费国家资产的蠢货"，是个"虚幻的梦想家"。1906年，心灰意懒的兰利在人们的嘲笑和批评声中离开了人世。可如今，兰利已被看做是伟大的航空先驱。1990

"飞行者1号"。1903年12月17日，莱特兄弟驾驶它成功地实现了人类第一次真正的动力飞机飞行。

年，美国发行了一枚纪念兰利的航空邮票，邮票的图案是兰利的半身像和他的蒸汽模型飞机。

粉碎权威人士的断言

要说在兰利和莱特兄弟那个时代，飞机依靠自身动力的飞行在人们眼里几乎是完全不可能的。莱特兄弟的巨大贡献在于，他们实现了飞机依靠发动机功率和螺旋桨推力的载人飞行。而此前，一批科学界名流对此却不以为然，甚至还为飞机制造设置重重阻碍。

最先站出来反对飞机制造的是最早用三角法测量月地距离的法国著名天文学家勒让德，他认为制造比空气重的飞行装置是异想天开；不久，德国杰出的发明家西门子也发表了类似的见解；发现能量守恒原理的德国著名物理学家赫姆霍兹，则从物理学角度论证凭机器系统飞行是不可行的，这使得原先对飞行器寄予厚望的德国金融界及工业集团终于改变了支持飞行器制造的主张；再接着，当时美国最有名气的天文学家西蒙·纽科姆（Simon Newcomb，1835—1909）通过大量的科学数据计算，证明比空气重的机械甚至根本不可能离开地面。他写道：

世界上任何已知物质和任何已知机器都不可能与已知的各种力量结合起来,组成一架操纵自如的机器,使人们能在空中作长距离的飞行。据我所见,这一论点与物质是客观存在的事实这一论点一样,都是无懈可击的。

不过,纽科姆却又认定,某种他称之为"引力的中性化"的全新发现,有可能使飞行成为现实。(因此,克拉克认为不能说他缺乏想象力,他错就错在不懂空气动力学这门科学,却试图总结这门科学。他没有意识到人们即将找到飞上天空的途径。)

纽科姆那篇文章刊出后反响不小,而此时莱特兄弟正在紧锣密鼓地调试他们的飞行机器。不久,他们成功的消息传到了纽科姆的耳朵里,这位天文学家大吃一惊,但随即又给自己圆场说:飞行机器的问世是有可能的,不过肯定不会有什么实际价值,因为它只能运载飞行员,绝不能再承受另一名乘客的重量。很遗憾,纽科姆没能活到看见飞机在第一次世界大战期间盛行起来。

类似纽科姆这样对现在看来是极为明显的事实作公然否认的事情,在航空史上并不罕见。由于莱特兄弟那一次划时代飞行的目击者只有5人,报界对此漠然置之。甚至,直到1905年,著名的《科学美国人》杂志还称那次飞行只不过是一个骗局而已。(事实上,也就是在那一年,莱特兄弟完成了半小时24英里的飞行。)1907年,法国军事学院战略学教授费迪南德·福熙(Ferdinand Foch)居然说:"飞机是有趣的玩具,但不具有军事价值。"

而当第一代飞机已经开始飞行几年之后,美国著名天文学家威廉·亨利·皮克林(William Henry Pickering, 1858—1938)还发表文章预言,飞机的速度恐怕还比不上火车和汽车。他写道:

> 目前,人们中流行这样一种想法:巨大的飞行机器疾速掠过大西洋,而且能像现代的轮船那样运载无数的乘客……我可以断

幻　想

言，这种想法是完全不切合实际的。退一步讲，即使能制造出载运一个或两个乘客飞过大西洋的机器，造价也会高得令人生畏，只有拥有私人快艇的资本家才敢斗胆问津。

另外一种流行的谬误是，人们总是幻想飞机可以获得极快的速度。必须记住：空气的阻力是以速度的平方和功的立方而增加的……这就是说，如果我们目前可以用 30 马力得到每小时 40 英里的速度时，我们必须有一台 470 马力的发动机……很明显，就目前的条件和设备看，我们的飞机的速度既没有可能超过火车，也没有希望赶上汽车。

有趣的是，皮克林的同代天文学家大多认为他是一个极富想象力的人，因为他发现了土卫九，还对月球可能存在的生命形态作过猜测——他希望能在月球上看到生长的植物，甚至昆虫这种生命。更有意思的是，在这位著名天文学家以 80 高龄去世时的 1938 年，他已目睹了以每小时 400 英里飞行的飞机，而且飞机载运的乘客比原先说的"一个或两个"要多得多。真不知道他老人家晚年在回首往事的时候作何感想？！

飞机不仅提升了人类的身体，更提升了人类的想象力，改变了人类对自身及其能力的看法。正如美国资深航空学家汤姆·克劳奇（Tom Crouch）所评述的那样，莱特兄弟的第一次飞行"真正的影响力是在人类的想象上。1903 年以前，你会听到'如果上帝安排我们飞翔，他一定会给我们安上翅膀'；1903 年之后，人们说'如果人类能够造一架机器将我们带上天，那还有什么事情做不到？'"

能够最终领悟到自己可以实现什么的人类是无羁的，而且还将有更多更大的奇迹会出现。在发生重大变革的时期，如果没有实现可能梦想到的东西，情有可原；如果没有梦想到可能实现的东西，则是失算。1936 年 3 月 14 日，一向以稳健著称的《自然》杂志发表文章，就英国第一部宇宙航空学著作《飞越太空的火箭》（1935 年出版）所介绍的德、美两国火箭先驱所从事的试验评论说：

  必须立即指出的是，在目前现有情况下进行这种试验困难是极多的，从根本上说，那是无法逾越的困难。因此，我们不能不说，这种试验是完全没有实际意义的，尽管作者坚持要求在实验完成之前先将偏见放在一边，并回忆一下从前也曾有人提出重于空气的飞行物是不可能的历史，我们有些类似推论可能会是错的。但在这个问题上，我们敢肯定是绝对正确的……

这篇文章的作者理查德·伍利在20年后担任英国格林尼治天文台台长，当时正值美国刚刚宣布其卫星计划，就此新闻界询问他对太空飞行的看法，这位拥有博士学位的专家轻蔑地哼了一声，说："太空旅行嘛，不过是一派胡言。"

然而，伍利先生这番话说过之后没过两年，人类就迎来了一个全新的时代！

当第二次世界大战接近尾声、德国人发射V-2火箭轰炸伦敦时，他们或许并没有想到，这种致命、骇人的武器，几年后就将带领人类走向一个新的时代，派上更"远大"的用场。

如今再回首，虽然人们对历史上的大多数时代进行准确地划分并非易事，然而，确定"航天时代"（或者说

自20世纪50年代末起，苏美两个大国就为争太空霸权较上了劲。从20年代60年代初出版的一本杂志封面（左图）透露出的信息看，似乎是苏联人将率先登上月球。而在一位幻想画家的想象中（右图），地球上两个对立的"超级大国"竟然在月球上干起仗来了。

"太空时代")的到来却并不困难——它几乎是在没有什么先兆的情况下,突然就逼近了我们。

当时,似乎还没有人能够准确地预见到,这对未来将会产生什么样的重要影响,但很快地,太空就成了"超级大国"争夺的具有象征意义的战场。而对于浩瀚宇宙和神秘星球的各种想象和幻想,又一次激起了人们探索未知世界的极大欲望。

进入"航天时代"

陆、海、空、天是人类活动的四大疆域。两千多年前,人类开始向海洋进军;100多年前,人类开始进入天空;将近50年前,人类开始跨进第四疆域——太空,迎来了真正的"航天时代"。

这一天值得铭记:1957年10月4日夜晚,在苏联的拜科努尔发射场,探照灯光把夜空照得如同白昼,发射架上竖立着一枚银光闪闪的巨型火箭。莫斯科时间22时28分34秒,伴随着"点火"令的发出,火箭在震耳欲聋的吼声中拔地升起,直冲天穹。世界上第一颗人造地球卫星——"卫星1号"被送到了外层空间。这是人类第一次冲破重力的束缚,自由自在地探测宇宙空间。

莫斯科的新闻媒体发布公告称:"人造地球卫星将为太空旅行开辟道路,现在这一代人将目睹在新的社会主义社会里,自由而有主见的劳动人民怎样将人类最大胆的梦想变为现实。"言语间分明

苏联1957年11月5日发行的世界上第一颗人造卫星邮票。这颗卫星的直径只有580毫米,重83.6千克。

洋溢着一种别样的自豪感，它等同于宣告：苏美两国在发射人造卫星上所展开的争夺战已见分晓，同时苏美太空竞赛的第一个回合也决出了胜者。

一个月后，即1957年11月3日，苏联又发射了一颗更大的人造卫星——"卫星2号"，里面搭载了一条名叫"莱伊卡"的小狗。这条狗在轨道上飞行4天后由于氧气耗尽而死去。

苏联的这一划时代成就在美国引发了一场"卫星地震"，在美国人当中唤起了一种强烈而复杂的感受，许多人都认为，国家蒙受了"羞辱"；甚至，"在整个自由世界掀起了一股恐怖的浪潮"（时任美国总统艾森豪威尔后来在其回忆录中的描述）。它给美国人带来的是失望、痛心和对美国科技发展水平的怀疑，乃至对美国国家安全的担心。自从美国科学家和工程师们造出了原子弹和其他技术奇迹来打赢第二次世界大战后，这个国家的人们就已经广泛地认为美国在科学和技术上的主宰地位是毫无疑问的。

再说苏联卫星上天的那个夜晚，美国参议院多数派领袖林登·贝恩斯·约翰逊（Lyndon Baines Johnson，1908—1973）正在得克萨斯州自家农场宴客，他和他的客人们都听到了广播里的新闻。后来他写道："这时不知什么缘故，天空看上去跟以往简直是大不相同了。至今我仍还能回味起，当认识到别国也有可能在技术上超过我们伟大的国家而形成优势时，给我所带来的那种强烈的震撼。"

在民主党的一次会议上，约翰逊在发言中作了一个意味深长的比照："罗马帝国得以征服世界，是因为它能够修建道路；后来，英国人得以成为海上霸主，是因为英帝国拥有舰船；在航空时代，我们实力雄厚，是因为我们拥有飞机。现在，共产主义在外太空留下了脚步……"约翰逊进而指出：控制太空意味着控制世界。浩瀚太空的主人将有能力控制地球的天气，引起干旱和洪涝，改变潮汐并使海平面上升，使洋流转向并将湿热气候变寒冷。甚至在极端情况下，能够在外层空间对地球进行完全的控制。

这位后来成为美国总统的政治家当时并不知道，他这个"伟大的国家"的对手，在"安排"卫星上天、"制造"轰动效应方面真可谓煞费苦心。首先，把卫星造得小一些、简单一点，这样便赢得了时间、抢了先机。其次，外形力求简洁、富于表现力并近似于自然天体，以让它在人们的意识里成为"人类航天时代开始的永恒象征"。

此外，为了在全世界范围内引起充分的震动，卫星上的无线电发射机特别选择了适宜的波长，以使世界各地的无线电爱好者都能够接收到它的信号；同时，计算好卫星的轨道及其光学性质，以使地球上所有的人都能亲眼看到它绕行地球的身影。

竞逐人造地球卫星

说起来，苏美两国对于人造地球卫星的研制，差不多是同步进行的，而卫星的原理也并不复杂。早在1687年，牛顿就在其经典名著《自然哲学的数学原理》中论证过，有可能以极大的初速度抛出一颗不再落回地球的物体。这种探讨实际上就已表达了人造地球卫星的原理及其实现的可能性（虽然牛顿没有这样用词）。

1870—1871年间，美国作家爱德华·埃弗雷特·黑尔（Edward Everett Hale，1822—1909）在《大西洋月刊》上发表的科幻小说《砖月亮》，描述了一个人造的空间导航台，即人造卫星砖月亮。小说主人公称：一个容易看得见的物体在一个闭合的轨道上绕地球而旋转，对于航海者将具有很大的价值。为此他设想用砖砌成一个直径为61米的砖月亮，利用一个巨大的飞轮旋转时产生的惯性力将其送入近地轨道。这被看做是人造地球卫星的首次构想。今天的导航人造卫星便是这篇小说中概念的实践，虽然导航人造卫星运用的是无线电技术。

19世纪末20世纪初，"宇航之父"齐奥尔科夫斯基也已萌生了人造地球卫星的思想。他在论文中写道："火箭可以像月球一样，成为绕地球旋转的永久卫星。人造卫星即月球的小兄弟离地球表面的距离可能很小，也可能很大。"他主张建造和发射人造卫星,并以此作为航天时代的起点;同时还指出,使卫星通往宇宙的工具是火箭。

在他去世的前一年,1934年2月17日,77岁高龄的齐奥尔科夫斯基会见了一个"具有非常浪漫的激情并迷恋于飞行"的年轻人。他便是后来成为第一颗人造地球卫星之热心倡导者和总设计师的吉洪拉沃夫(Mikhail Tikhonravov,1900—1974)。老人家在询问了吉洪拉沃夫的有关情况后,为他的研究计划拟定了一批重要的研究项目。吉洪拉沃夫由此确定了自己的目标:研制人造地球卫星。同年,他在一次会议上提出:用火箭把人造地球卫星发射到同温层和宇宙空间去。

由于战争的影响,吉洪拉沃夫没能实施他的研究计划。二战结束后,他着手探究发展人造卫星的可能性。但是,他的研究和设想遭到了许多人(包括一些著名的科学家)的嘲笑,他本人也被视为"怪人"。1948年6月的一天,一位将军几经他请求看了他的论文之后对他说:"我们不能用你的报告,因为没有人能读懂其中的内容,人们会埋怨我关心我们没必要关心的事情的。"当天晚上,另一位军官在听吉洪拉沃夫宣读完他的这篇论文后,转身向将军问道:"学院是不是没什么事可干而决定转向幻想领域了?"

所幸,科罗廖夫(Sergei Korolev,1906—1966)也在场,这位著名的火箭专家力挺吉洪拉沃夫,终于说服了将军。过后不久,科罗廖夫和吉洪拉沃夫共同草拟了一份文件,名为"人造地球卫星研究",吉洪拉沃夫终于得以按照他的设想开展工作,并且很快就取得了一些进展。

谁能想到,直到20世纪50年代初,苏联科学界仍有人对人造卫星的研究持反对态度。在一次由苏联科学院主席团组织的科学界民意测验中,出现了这样一种意见:"……本人对幻想毫无兴趣……以我之见,这是几十年之后的事情,我们的儿孙们会作出更准确的判断……还是让我们从学会在大气层中飞行开始吧!"

当然,这些"杂音"还不至对吉洪拉沃夫和他的卫星研究小组造成什么干扰。苏联政府出于政治因素的考虑,对人造卫星项目也非常支持,所以吉洪拉沃夫他们一直在紧锣密鼓地推进研制工作。1953年,他们证明多级火箭能把人造地球卫星送上太空,这是苏联第一个在技术上可行的卫星发射方案。1956年1月30日,苏联政府正式作出了要在1957—1958年内研制出人造地球卫星的决定。

与此同时,美国一些科学家也在研究发射人造卫星的可能性。而早此之前的几年,兰德公司的一些研究人员就对航天器和人造卫星作出了(事后看)十分准确的预言。如他们在1946年5月提交的一份研究报告中提到:虽然未来变幻莫测,但有两件事似乎是清楚的:其一,一颗携带适当仪器的卫星可望成为20世纪最为有效的工具之一;其二,美国在人造卫星方面所取得的成就将极大地唤起人们的想象力,能够在世界范围内产生不亚于第一颗原子弹爆炸的影响。

该报告还有一段当时未能引起人们注意并思考,但后来却令人颇感震撼的文字:

> 第一个在太空旅行方面取得重要成就的国家,将被公认为世界军事和科学技术的领先者。形象地描述这种影响,人们可以想象,如果美国突然发现某个国家已经成功地发射了一颗卫星,他们将感到多么的惊慌失措和羡慕啊。

10年过后,上面这段话还真的应验了!

美国由于重视不够,加上将人造卫星计划和洲际导弹计划严格分开,大大影响了人造卫星的研制进度。当时,美国军队顶尖的火箭工程师们正在布劳恩的领导下加紧研制远程弹道导弹。艾森豪威尔总统不愿将核导弹发展方面的资源,用于支持那时认为显然不太"实用"的火箭研究,所以他拒绝将布劳恩小组纳入太空计划。这样,迟至1958年1月31日,"朱诺1号"运载火箭才将美国的第一颗人造地球卫星"探险者号"送上轨道,方使美国成为第二个进入太空的国家。

"我们选择到月球去"

太空竞赛的第一个回合失利,对美国来说是一个极大的刺激,并促使其确立了更高更大的目标。1958年初,美国拟定了一个月球火箭计划,空军也被要求参与登月竞赛。这年3月,艾森豪威尔总统在发布一个公告时称:"这不是科学幻想小说。这是由一流科学家提出的慎重的、现实的报告。"

随后的几年时间里,在太空探索方面,苏联频频重拳出击——

1959年1月2日,苏联的"月球1号"探测器发射升空。它飞到月球附近进行绕月飞行,开始了人类对月球的近距离考察。这是第一个环绕月球运行的人造物体;同年9月15日,"月球2号"在月面坠毁,成为第一个到达另一个天体的探测器;同年10月7日,"月球3号"发回第一次拍到的月球背面照片。

1961年4月12日,世界上第一艘载人宇宙飞船"东方"号在苏联发射升空并绕地球飞行成功,尤里·加加林(Yury Alekseyevich Gagarin,1934—1968)成为第一个进入太空的人。他驾驶的飞船在离地球169~314千米之间的高度上绕地球运行,飞船的轨道与赤道的夹角是64.95度,绕地球一周用时108分钟。

美国朝野为之震惊,"山姆大叔"终于坐不住了。就在加加林首次进入太空之后不到两个月,1961年5月25日,美国总统肯尼迪在国会上提出了要在20世纪60年代末把人送到月球上的"阿波罗月球探测计划"。该计

进入太空第一人尤里·加加林。他1955年毕业于萨拉托夫工业技术学校,1957年参加苏联军队,并成为北海舰队航空军团的一名歼击机飞行员。

划的任务包括为载人月球飞行作准备,并进行载人月球飞行。当时有许多人认为,对这个所作的承诺太冒险了,几乎无法实现,因为此前美国人总共只有16分钟的太空飞行经历。

然而,急红眼了的美国政府无论付出多大代价都要干,决心抢在对手前面完成人类这一前所未有的壮举。1962年9月12日,肯尼迪在得克萨斯州的一所大学发表演讲时称:"我们选择到月球去!我们选择了这10年到月球去并做其他一些事情,并不是因为它容易,而是因为它艰难。因为这个目标可以组织起和度量出我们最好的力量与技术。因为这是我们愿意接受的挑战,是我们不愿意推迟的挑战,是我们一定要赢的挑战。"

不出10年,美国人终于如愿以偿,算是报了一箭之仇。

当然,在太空中不仅有竞争,也有友谊和合作。1975年7月15日,一艘美国"阿波罗号"飞船发射升空,不久即与苏联"联盟号"飞船会合并对接。两飞船保持对接状态近两天。在此期间,双方宇航员作了互访,交换了国旗和礼物,并一起进行了科学实验。在"冷战"中启动的"阿波罗月球探测计划",以一次友好的国际合作飞行而告终结。

后来人们评说"阿波罗"计划,常常会提到:它的主旨不是科学,甚至也不是太空;它可能是失常的而不是常态的举动,至少在当时,只是想证实某个国家的技术优势超过另一个国家;它仅仅具有象征性意义,代表的是意识形态对抗,彰显的是世界的"领导地位"和国家的"威望"。更耐人寻味的是:冷战消除了太空探索的两个主要推动力之

"我们选择到月球去!"1961年5月25日,美国总统肯尼迪代表政府在国会宣布:要在10年内赶在苏联人之前,把一名美国人送上月球并重返地面。

———苏联(它的经济整个地被拖垮了);反过来,冷战同时也消除了太空探索的另一个推动力即美国的主要动力(它没了与之较劲的对手)。

多年来美国国内一直也不乏批评之声:这个世界上还存在诸如贫困、饥荒、疾病、战争,以及人口激增、环境污染、经济下滑等等许多问题,为什么还要处心积虑地把这么多金钱、努力与智慧投入到前景难料的外层空间的探索之中?那样做有什么意义呢?将有限的资源用来解决地球上的问题、改善自个家园的生活不是更好吗?类似这样的问题在未来的若干年中会不断提出:如果对另一个世界尚未做到最可取的研究和理解,就以我们已然对自身所处的星球造成的疯狂毁坏的手段,去干涉其他的世界,岂不是很可笑,未免也太"乌托邦"了吧?

不过,最近20年来,这种状况已经发生了深刻的变化。事实上,各国的近地太空计划除了科学研究和军事应用之外,已更多地着眼于经济目标。

我非常赞赏卡尔·萨根的说法:如果没有"阿波罗"计划所追求的政治目标,美国为开发和发现整个太阳系所进行的具有历史意义的探测就不会出现。"阿波罗"使我们感受到的,是认识未来世界的信心、干劲以及宏伟的远见。它激发人们对科学技术的乐观态度和对未来的热情。很多人都说,既然我们能够飞往月球,那还有什么事情办不到呢?

我更愿意把"阿波罗"计划所造就的登月创举看做是人类伟力的象征。虽然这个科学上的伟大的探险活动并不是为了一个纯粹的科学目的而发起,但它在极大地推动技术发展和社会进步的同时,也最大化地挖掘了人类的潜能,激发了人类潜在的创造力,并且给我们提供了一个看待地球家园和人类自身的新视角。

当然,也要看到,尽管业已证明我们可以超越自身局限,有效掌控太空探测中的诸多难题,可是我们并不能证明,我们也可以掌控这个世界哪怕是十分普通、基本的方面。如一位美国学者所调侃的那样:"我们知道,与人类已经着手进行的某些其他工作相比,登上月球可以说是相当容易的。与哪些工作相比呢?建立充满人道的社会,实现世界和平,等等。"

第三章　太空大舞台

浩瀚的星空向来是人类幻想的源泉。

回望科幻小说的发展历史，它对太空飞行的倾情与关注，几乎可以说是与"生"俱来的。20世纪20年代，当航空业起步、航天业还没露出曙光之时，科幻小说中就出现了所谓的"太空剧"流派，直把"科幻世界"给"搅"了个天翻地覆、有色有色。

地球变得越来越小了

美国科幻作家爱德华·史密斯（Edward E. Smith, 1890—1965）堪称科幻小说"太空剧"流派的创始人，其代表作为"云雀"系列丛书。这些作品都是以宏大壮阔的宇宙作背景展开故事和刻画人物，开创了人类飞出太阳系的太空题材科幻作品。

史密斯的科幻名作《宇宙云雀号》写于1915年，它讲的是：青年科学家理查德·西顿在电解一种未知金属"X"的溶液时，意外地获得了一种神秘的浓液。他把少许浓液滴在铜棒上，竟产生了相当于原子能能量等级的力。西顿将这一发现告诉了富有的好朋友马丁·克莱恩。克莱恩立刻意识到这将是一笔难以估量的财富，于是他决定投资生产这种物质，并利用它产生的动力制造一艘宇宙飞船，去探索浩渺的太空。

消息传到另一个青年科学家马克·杜昆那里，却激起了他的嫉恨与野心。杜昆勾结黑社会人物，设计偷走了部分浓液，并用它做燃料造出了一艘宇宙飞船。随后，杜昆乘飞船降落在西顿女友多萝西·范纳门的家院中，劫持了多萝西，企图以此逼迫西顿交出全部浓液。不料，多萝西在搏斗中不慎撞开飞船的启动装置，飞船忽地腾空而起，直穿大气层，向太空飞去。西顿和克莱恩紧急启动"宇宙云雀号"飞船奋起直追。在茫茫宇宙中，一番神奇的历险和争斗开始了……

"喷气式旅行包"（火箭背包）最先出现在科幻小说《宇宙云雀号》中。图为登载史密斯"太空剧"作品的早期科幻杂志封面。

再说，《宇宙云雀号》问世42年后，世界上第一颗人造地球卫星上天，全球震惊。当时，伊万·安诺维奇·叶菲列莫夫（1907—1972）的科幻代表作《仙女座星云》正在一家苏联杂志上连载，引发了许多读者对于太空探索的浓厚兴趣。

叶菲列莫夫是苏联著名的科幻作家、古生物学家。他曾在远洋轮船上当过水手，大学里念的是地质勘探系，工作后任职于古生物研究所。《仙女座星云》是一部以宇宙航行为中心、以征服时空为主线、科学幻想与社会哲理交融的长篇小说。故事发生在遥远的将来，那时地球已被彻底改造：没有了两极的严寒，没有了酷热的沙漠，没有了国家权力机构；人们也无须进行体力劳动，无须为衣食住行发愁；人与人之间不再有隔阂，亲如兄弟，并使用共同的语言；生活的内容就是运动、艺术和科研。

《仙女座星云》被公认为20世纪的科幻"经典"之一。苏联简明文学百科全书和苏联大百科全书都认为，这部小说是苏联文学中描绘未来共产主义社会全面生活的首次尝试，作者在艺术上成功地刻画了遥远未来时代人类的心理状态。

《仙女座星云》实际上是以两条线索交叉展开叙述的：一条是由艾尔格·诺尔率领的第37恒星考察队在茫茫太空的探索与历险，一条是地球上的人们对人类生活的各个方面，以及人类文明历史发展阶段所进行的创造与思考。

两条线索展现了人类未来生活的浩瀚画卷：大陆被划分为工业区、农业区和住宅区几个不同的区域；地面交通通过超高速的螺旋轨道实现；人工改造全球气候；设在沙漠上的能将太阳能转变为电能的巨大动力站；类似于互联网的联系着宇宙中所有智慧生物的通讯网；可以用来控制和测量人与人之间感情的"友谊向量"；可以包容各色人物(包括犯了错误的人)的"忘却岛"，等等。

仙女座星云是银河系在宇宙中的近邻。它的规模比银河系大一倍，距我们约225万光年。天文学家最初就是看到它美丽的旋臂，才推测出银河系可能也是漩涡结构的。

当诺尔他们驾驶的飞船返回地球时，上述两条线索合而为一，但很快又在小说结尾处分开，伸向外太空和地球本土，篇末点明："这是伟大的骄傲和忧伤。"骄傲的是，"我们能从自己的行星到越来越远的行星旅行，并与宇宙融合在一起"；忧伤的是，"亲爱的地球变得越来越小了。"

茫茫太空，归期无期，远征的宇航员们与欢送的人群怀着今生不能再相逢的伤感心情挥手告别——《仙女座星云》的尾声着实让人感到震撼、悲壮乃至凄凉，给读者留下了许多思考的余地。

未来银河帝国战事

相对史密斯的"太空剧"而言，美国著名科幻作家阿西莫夫成型于20世纪40年代的《基地》系列小说，背景更为广阔。《基地》的故事发生在遥远的未来。那时人类已遍布整个银河系，并建立了高度文明的银河帝国。然而，这个拥有12000多年历史的星际帝国，已然显出了衰落的征兆。一位名叫哈里·谢顿的社会心理学家，应用"心理历史学"（psychohistory）——这是作者在小说中杜撰的一门学科。它以庞大的人类集群作为研究对象，推演出很多复杂的公式，借以预测未来历史的重大事件——计算得出这样一个结论：帝国将很快崩溃，人类社会将进入一个长达30000年的黑暗时期。此时此刻，要挽救文明的衰亡，为时已晚；但要缩短行将来临的蛮荒时期，尚有可为。

于是，谢顿开始了力挽狂澜的努力，企望将30000年的黑暗时期缩减为1000年，并重建和平与文明。通过精心安排，他在银河系的"两个极端"建立了两个"基地"——第一基地（简称"基地"）是公开的，它集合了星球中最优秀的自然科学家；而与第一基地互为呼应的第二基地是隐秘的，它主要由社会科学家组成。

深谋远虑的谢顿这样形容两个基地的不同作用：第一基地建立起一统政体的有形架构，第二基地则提供统治阶层的精神架构。他把两个基地视为"未来第二银河帝国的种子"。他建立两个基地的原因是"为了预防万一其中一个失败，另一个还能继续下去"。

基地的历史实际上已由谢顿"安排"好了，因此，后人们将定期地面对所谓的"谢顿危机"。也就是说，许多预设的历史事件将一环扣一环地发生，而每一个危机的开始都有待于上一个危机的圆满解决。整个《基地》系列小说的主线，便是围绕基地历史发展中的主要人物展开，讲述第一基地如何克服一个接一个的周期性危机,激发出无穷无尽的潜力;第二基地又如何暗中相助,以逐步实现为期1000年的"谢顿计划"。

可是,在基地建成300年后,一个具有通灵能力、藐视"谢顿计划"的突变异种"骡子"出现了(因为这个故事是在战争期间写就的,所以有人猜测阿西莫夫在塑造骡子这个"异形"形象时,脑子里想的肯定是希特勒),他不断地制造麻烦,而两个基地相互间也发生了龃龉,由此又生发出一系列惊心动魄的故事……最后,两个具有不同"功能"的基地携起手来,以其各自高度发达的自然科学和社会科学相结合,从而为完成复兴帝国的历史使命奠定了基础。

阿西莫夫在《基地》故事中"设定"并且又在"帝国"系列小说中沿用的"银河帝国",不仅为他自己的科幻创作提供了背景,而且还开创了科幻小说的一个重要主题,即在外太空展开"未来帝国"的故事。这为后来无数科幻作品提供了辉煌壮丽的舞台,并且引发了20世纪70年代延续至今的科幻影片的浪潮,其中最具代表性的作品便是乔治·卢卡斯(George Lucas)的电影《星球大战》系列。

《星球大战》三部曲(1977—1982年)是非常具有开拓性意义的科幻影片,更是电影史上的里程碑。这一系列电影中使用了当时最先进的高技术电脑及数字制作手段,创造了一个前所未有的太空世界。它对宇宙中各种星系、文明、生物的描述和创造的各种奇形怪状的外星人与航天器,以及它所表现出的波澜壮阔的太空场景和星球大战场面,都超出常人想象。这部史诗性的作品的出现,不仅深刻地影响了后来的一系列科幻电影,而且也对整个美国乃至世界的流行文化都产生了巨大的影响。

轰动一时的太空探险

与阿西莫夫齐名的阿瑟·克拉克的科幻作品大多以宇航和太空为题

材,但与前期的"太空剧"科幻相比,科学原理和技术细节更为真实可信,是硬派科幻小说的典范,其《2001年太空探险》被认为是20世纪最杰出的科幻作品之一,1968年其同名电影上映时曾轰动一时,并获得过奥斯卡奖多项提名。

克拉克的这部作品颇有东方式的神秘情调。分成四个相对独立的部分。

第一部分:故事从300万年前的远古岁月开始,地球上的干旱已经持续了1000万年。在非洲大陆的一隅,有一天,突然有一个超自然的长方体降落下来。它在探察人猿的同时也启蒙了人猿,由此人猿们的生活骤然发生了变化:智力、体力和征服自然的能力都有了显著的提高,人类从此诞生。

第二部分:300万年过去了,在21世纪的第一个年头,宇航员们在探测目标时,又发现了这样一个神秘的长方体,它发出了一连串奇异的电子信号,人们把它看做是地球以外存在着智慧生物的第一个证据。

第三部分:一艘宇宙飞船从地球出发,向着遥远的土星飞去。突然,控制飞船的大型计算机发生"反叛",设计谋杀了处于"冬眠"状态的几位宇航员。唯一幸存的宇航员鲍曼不得不与其展开较量,最后终于夺回了主动权。当飞船接近土星时,神秘的长方体又一次出现了。

第四部分:鲍曼在神秘长方体的协助下,穿越了亿万光年的空间,遨游在星座绚丽的海洋,最终进入了一个通往星际空间的"甬道",并在其中羽化成了一个具有无限智慧和力量的宇宙婴儿。

电影《2001年太空探险》的剧本是美国电影导演斯坦利·库布里克(Stanley Kubrick,1928—1999)与克拉克合作编写的。该片被认为是人类对未来的一种倒数,是人类命运的图腾,是人们对茫茫未知的探索。它成功地表现了人类与机器之间永恒地依赖和争斗,吸引、激励、启发着整整一代人的思考。

中国著名科幻作家郑文光在1979年出版的《飞向人马座》,因科学性和文学性俱佳而广受好评,在中国适逢"科学的春天"的时候,也影响了许多青少年读者。它所描述的,是在我国宇航时代的"全盛时期"发生的故事：一艘准备飞往火星的新型宇宙飞船——"东方号"，因遭到某国派遣的间谍机器人破坏，在意外的情况下突然点火发射了。船上仅有3个正在参观的青年学生。飞船在燃料用尽后失去控制，没按预定计划飞往火星，而是靠着惯性，以每秒4万千米的高速，飞向了太阳系以外遥远的人马座。

虽然远离故土、前途未卜，但这3个青年学生并没有因此而丧气、消沉。他们利用飞船上携带的缩微晶体片，学会了各种科学知识和技能，并经历了宇宙

《飞向人马座》书影。这部长篇小说曾获得过第二届全国少年儿童文艺创作一等奖。

线袭击、超新星爆发、星际云阻挠、黑洞困扰等等难关考验。后来，他们巧妙地利用宇宙线能量校正航向，使飞船重返太阳系轨道，并与祖国派来救援的"前进号"飞船成功地实现对接，双双回到了地球的怀抱。

《飞向人马座》这部作品情节发展变化多端、扣人心弦，但作者运笔的重点则是人物形象的塑造和细节刻画的真实性，追求的是一种诗意的美。无论是惊心动魄的宇航场面、复杂细腻的内心世界，还是深奥抽象的科学道理、新奇怪异的自然现象，作者都以极富表现力的语言，作了淋漓尽致的描绘，因而赢得了广泛的读者，产生了巨大的影响。

延续多个世代的旅程

说起来，宇航和殖民其他星球，一直是科幻小说重要的主题，这类故事太多了。

可是，通向恒星之路是如此漫长，我们的旅行工具速度是如此之慢，而

人的寿命又是如此之短，这三项限制因素使得我们探索宇宙的步伐难有大的跨越。至今，还没有任何一个星际航行的项目，有能力在一个人的有生之年把他送到最近的恒星；以我们目前的科技发展水平，也还不能成功地实施对人（宇航员）的"冬眠"处理，或像《仙女座星云》中所描述的那样，宇航员在服了药后可以连续睡眠几个月，根据航行的需要进行调整（科幻小说《2001年太空探险》和《异星人》中，都有把宇航员冷冻起来的描写，他们在需要的时候由计算机将其唤醒）。从实际出发，恐怕还是要考虑飞船能不能达到星际旅行所要求的极高速度，以及宇航员在超长期旅行中所不得不面对的生存问题和心理问题。

推进飞船飞行的办法有两个：一是推动飞船前进；二是飞船自己推动自己前进。目前的飞船推进器，都是采用后一种方法。在科幻小说中，有从核裂变到核聚变的原子能反应堆，乃至利用磁场和反物质等作为动力的设想。

为解决反应堆问题，科幻作家也想到了在宇航途中吸取动力的飞船。这种飞船的设计首先是由美国物理学家罗伯特·巴萨德提出来的，即把飞船的尾部设计成一个硕大的漏斗状，以吸取宇宙中的氢原子，作为核聚变的原料。

为克服长时期宇航和生命短暂的矛盾，还有人设想了"太空方舟"式的多世代旅程，即建造一艘十分庞大的太空船，船上的设备构成一个可以自给自足的封闭生态系统，能够养活数十至数百人作长途的飞行。这样的话，宇航员可以在飞船上传宗接代、世代繁衍。

第一个想到利用"太空方舟"作遨游太空之旅的人，也许是齐奥尔科夫斯基。他在1928年发表的论文《地球和人类的未来》清楚地表述了这一思想。在他的想象中，这种宇宙航行可以持续数千年。而第一个在科幻小说中运用"太空方舟"概念的，也许是唐·威尔科克斯。他在1940年发表的科幻小说《600年的航行》中，塑造了一位在宇航飞船里长期处于休眠状态的船长。船长每100年苏醒一次，他的每次出现，在船员后代中都会引起

幻　想

一种近乎迷信的敬畏。而他每次醒来也都会发现，他那些船员的后代发生了巨大的变化——他们变得越来越残忍、无情。《600年的航行》开创了这类小说中表达社会变革和人类堕落的主题。

读者可能会感到意外，现在流行的"循环经济"（Recycling Economy）这个概念的提出，居然跟宇宙飞船大有关联。20世纪60年代中期，美国经济学家肯尼斯·波尔丁（Kenneth Boulding）在《宇宙飞船经济学》一文中提出"生态经济"时，以宇宙飞船作比喻分析地球经济的发展，最先谈到了循环经济。他认为飞船是一个孤立无援、与世隔绝的独立系统，靠不断消耗自身资源存在，可最终将因资源耗尽而毁灭。唯一能使飞船延长寿命的方法，就是实现飞船内的资源循环，尽可能少地排出废物。同理，地球经济系统如同一艘宇宙飞船，尽管地球资源系统大得多，地球的寿命也长得多，但是也只有实现对资源循环利用的循环经济，地球才能得以长存。

波尔丁的这种新经济思想产生了很大的影响。最近几年，环境保护、清洁生产、绿色消费和废弃物的再生利用等已整合为一套系统的以资源循环利用、避免废物产生为特征的循环经济战略。

现在要问：如果把前面所说的"太空方舟"看做是一个世界，那为什么一定要跑到遥远的星球去呢？也许，我们不用想那么远的事情吧？美国普林斯顿大学的物理学家杰勒德·奥尼尔（Gerard O'Neill，1927—1992）就持这样的观点，他在1977年发表的一部科普著作《开拓空间》提出了在空间殖民的主张。他建议就近建造太空站。这空间站可以作为宇航中转站，也可以作为建造和发射宇宙飞船的基地，或作为太空中的科学实验站，当然也可以作为人在太空中的居所。

太空城。奥尼尔设想的供人类长期居住的空间站，实际上是一座在太空中兴建的城市。

空间殖民地绝非人类的简单扩张,关键是它们在多大程度上接近于完全独立的人造环境的理想。答案是:十分接近。殖民地的缓慢旋转将为其中的居民提供与引力相等的离心力;镜子将把阳光反射到土壤上;土壤上生长的将是精选的植物;水、氧气和大部分矿物原料可以取自月球岩石,而由地球输入的材料可以再循环利用。

不过,制造这样的太空城市耗资巨大,至少在可以预见的将来还难以实现。

到外星球殖民去

尽管征服太空的路途如此漫长、遥远,但科幻作家们一直也不肯放弃殖民其他行星的想法。科幻研究专家、翻译家郭建中认为,这其实也一直是科幻小说中的一个重要的思想,而且早于殖民太空而先出现在科幻小说中。在科幻小说中,在太阳系的其他行星上殖民,其历史走过了曲折的道路,因为科幻作家们乐观的想象一次又一次地被天文学上的发现所推翻或与天文学上的发现相矛盾。然而,大胆的乐观主义往往胜过小心的悲观主义,因为,到其他星球上去殖民的思想实在太诱人、太具有挑战性了。

在文学主题方面,这类外星球殖民的小说,往往谴责殖民扩张的残酷,探讨殖民地星球与母星球的政治关系,以及开拓外星球殖民地的英雄主义精神。另外,像殖民太空的科幻小说一样,科幻作家往往在外星球上建立一些特殊文化的世界,有时是对某些社会现象的讽刺,有时是为了进行社会学的思想实验。

在异星上建立人类的殖民地,一般只有两种方法:要么把星球的环境改造得适合于人类居住,要么改造人类自己以适应星球的环境。前者称之为"仿地成形"(terraforming),指在外星球创建仿地球环境。后者称之为"泛向性"(pantropy)。即采用生物工程的手段,或是基因工程的手段改造人类自身的生理结构,以适应外星球的环境。

"仿地成形"一词,是由美国老资格的科幻作家杰克·威廉森(Jack Williamson,1908—2006)"发明"的,最早出现在他于20世纪40年代初发表的科幻小说《反物质飞船》中,后来被权威的《牛津大词典》收录,且大受赞扬。在此之前,英文词中还没有表示"在外星球创建仿地球环境"这样的单词呢。(2003年7月,95岁的威廉森还在其科幻小说《硅剑》的中文版前言中说,他近年来创作的那些作品堪谓"想象的历险","它们支撑着我的生命"。)

以仿地成形为主题的科幻小说,已有相当长的历史,英国作家、哲学家奥拉夫·斯特普尔顿(Olaf Stapledon,1886—1950)1930年发表的《最后一批人和最早一批人》即是一例。在他的想象中,改造金星要面对三大问题:①金星太热——他对了;②空气中没有氧气——他又对了;③金星几乎全被海洋所覆盖——他错了!斯特普尔顿的办法是借助规模庞大的电解过程,将一部分海洋分解成氧气和氢气,使氧气融入空气,使氢气以极高的速度逸出大气层。这个办法未必行得通,但改造大气的设想显然是有创见的。

据郭建中所作的研究,"泛向性"一词也是科幻作家的创造,其希腊词根的意义是"改变一切"或"到处可生长"。詹姆斯·布利希(James Blish,1921—1975)在其系列科幻小说《播种星球》(1957年)中提出:要么改造星球的环境以使其适合于人类居住,要么改造人类本身以适应环境。他想象人类在银河系到处殖民,利用改造人类本身生理的技术来适应各种环境。他认为这是人类征服其他星球的唯一可能的办法,因为要找到一个生态环境与地球相仿的星球的可能性微乎其微。

布利希在小说中有些想象是完全不

艺术家笔下未来的太空栖息地

可能实现的。例如,在小说《表面张力》中,布利希要把人改造得像原生动物一样小,以在异星的海洋里殖民。但是,这部系列小说的主题是有道理的。小说的最后一节颇具讽刺意味:到将来,"原来"的人只能生活在人造飞船上,因为,地球本身的生态环境也已不适合于人生活了;生活在地球上的人也已经过改造,才适应恶化了的生态环境。

泛向性的主题在科幻小说中并没有得到充分的发展。也许,改造自然环境以适应人类要来得容易一些吧? 毕竟,人是探索未知世界的主体,不到万不得已,为什么要拿我们自己"开刀"呢? 其实,实现太空旅行的通天之路有多条可供选择,这也是下面将要涉及的有趣话题。

一个功勋卓著的设想

1945年,英国一位正在部队从事雷达技术工作的年仅28岁的军人,在一本期刊上发表了一篇具有历史意义的科学设想论文:《地球外的中继——卫星能给出全球范围的无线电覆盖吗?》。

文中,作者首先从当时的通信情况出发,分析了实现全球范围的全天候通信和电视广播的必要性,继而首先提出了卫星通信的可行性:如果人工发射卫星到地球轨道上,就可以将它作为接收和反射地面信号的中间站,实现远距离通信和跨海通信。为此他建议采用三颗相互等距离间隔的同步卫星,组成除两极以外的全球通信网,并提出了可以利用卫星同时向几个地区转播广播节目的设想。

几十年后,这位全球卫星通信理论的奠定人,成了当今最著名的太空题材科幻作家。他便是本书多次提及的科幻大师阿瑟·克拉克。

据说,至今世界各大卫星通信公司每年都要向克拉克支付数美元或数美分的象征性红利,因为他的设想功勋卓著,但当时并未为这一技术理论申请专利。克拉克曾在一篇题为《通信卫星简史——我是如何在太空中失去10亿美元的》的文章中对此进行了具体的回顾。许多人都为他感到惋惜,感慨地说克拉克本来是有可能因此而成为一个富翁的——事实上克拉克确实成了富翁,不过他是凭创作科幻作品达到了这一目的。在克拉克享有盛名之后,他的长篇作品往往是只需交出一份提纲,就能获得上百万元的预支稿酬。

1961年5月,克拉克在为《太空序曲》(1962年版)一书所撰序言提及:

> 在众多发展航天飞行的实际理由中,我小说中的人物给出的是为了提供"国际通讯服务……在离地面几千英里高的地方建中继站——人造月亮,也许它们要24小时沿轨道运行,才能使它们看起来是在天上静止不动的"。这个现在大家都习以为常的关于通信卫星的观点,我在我的一篇论文《太空中继站》中论述过,它发表在1945年8月的英国期刊《无线电世界》上。除了专业读者,这个观点在这本书里被提到,可能是它第一次出现在公众面前。因为我通过原作得到了50美元(顺便提一句,当时这是一笔不小的数目),所以你可以想象,我在最近的一期《星期六晚报》上偶然看到下面的叙述后的感觉:
>
> "阿瑟·克拉克早在1945年就提出了24小时沿轨道运行的通信卫星。今天,在名为'出现'的项目中,美国国防部拨出数亿美元用于开发这样的卫星。"
>
> 现在,哪怕给我百分之一的专利权使用费!……

关于卫星,克拉克还有一个耐人寻味的故事。

1954年,克拉克应美国纽约海登天文馆之邀,组织第三次太空旅行研讨会。他认为会上应有一篇有关卫星对气象学作用的文章,于是便写信给美国气象局的首席专家哈里·维克斯勒(Harry Wexler)博士,请他写一篇相关论文。不料,维克斯勒答复说,他认为卫星对气象学毫无价值(当时不少科学家也对卫星的应用价值持怀疑态度)。克拉克又给他写了一封信,回击说:"这样的话,你就有责任向公众解释为什么太空研究被你说得一钱不值,因为数年来,我们一直说卫星将改变你的学科。"

维克斯勒是一个极守信用的人,他爽快地接受了克拉克的挑战。但是,用克拉克的话来说,"就在他准备他的反驳文章时,他变成了一个狂热的太空爱好者,并在短短几年后领导了美国的气象卫星计划,由此开创了气象学的一个新的分支。"

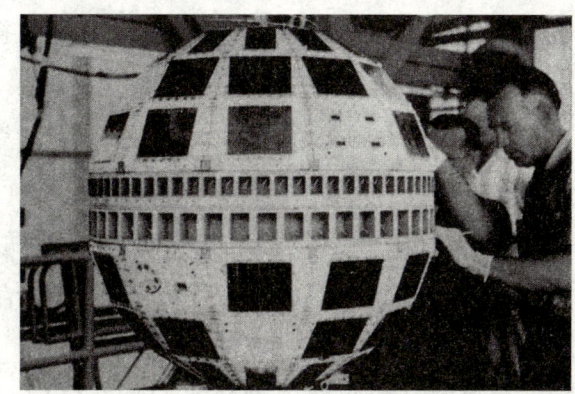

1961年7月10日,美国发射了第一颗商业通信卫星"电星1号"。它成功地进行了横跨大西洋的美国与英法两国的首次电视中继转播、照片传真和电话通信试验。

太阳帆船

克拉克既有作家善于幻想的浪漫情怀,又有科学家严密的思维方式,他另外几部优秀的太空科幻小说,也极富科学预见意义。比如,以太阳光能利用为题材的科幻作品《太阳帆船》,创作于20世纪60年代。该小说发表后曾引起美国国家航空航天局的注意,并因此而关注这一领域的研究。

不过,利用太阳光能遨游宇宙的想法,最早可以追溯到17世纪。德国著名天文学家、行星运动定律的提出者约翰内斯·开普勒曾设想:无须携带任何能源,只要依靠太阳光能就可使宇宙帆船驰骋太空。20世纪初,有几位科学幻想小说家曾描写过用镜面反射阳光推动宇宙飞船的故事。到了1924年,宇航先驱齐奥尔科夫斯基及苏联第一个宇航工程师弗里德里希·灿德尔(Fridrikh Tsander,1887—1933)明确提出:可以"用照到很薄的巨大反射镜上的阳光所产生的推力来获得宇宙速度"。而灿德尔更具体地提出了"太阳帆"这一概念——这是一种包在硬质塑料上的超薄金属帆。

20世纪50年代末,美国物理学家理查德·伽尔文(Richard Garwin)首先发表了技术性论文讨论太阳帆飞船的思想。据知,克拉克就是运用这一思想,写出了科幻作品《太阳帆船》。

照人们过去的想象,要去太空旅行只能依靠火箭推进器作动力,借阳光遨游太空可真是新鲜。那么,这到底有没有可能呢?

我们知道,光是由没有静态质量但有动量的光子构成的。它可以向其撞击到的光滑物体施加作用力。单个光子所产生的推力当然极其微小,可许多光子产生的作用力积聚起来就很可观。

如果太阳帆的直径为300米,则其面积为70686平方米,由光压获得的推力即为0.034吨。根据理论计算,这一推力可使重约0.5吨的航天器在200多天内飞抵火星。若太阳帆的直径增至2000米,则它获得的1.5吨的推力,能把重约5吨的航天器送到太阳系以外。由于来自太阳的光线提供了无尽的能源,携有大量太阳帆的航天器可以每小时24万千米的速度前进。这个速度要比以火箭推进的航天器快4~6倍。

另外别忘了,在太空中运行的航天器处于失重状态,无空气阻力,只要加少许力的作用,就会改变运动方向和速度大小。

莫斯科时间2001年7月20日4时31分,俄罗斯北方舰队成功地发射了"宇宙1号"航天器,并按预设程序对其飞行性能进行了测试。该航天器又称"太阳帆"飞船。因为它是世界上首次使用太阳帆作为太空飞行的动力装置的航天器。

当航天器在运载火箭的推动下,进入远地点约1200千米的太空预定轨道后,它便按预设程序抛弃保护罩,并缓缓地绽开两个花瓣状、总直径约26米的、表面覆盖着铝薄膜的太阳帆。这艘太阳帆航天器在近地轨道飞行约25分钟后,按预定计划返回了地球,并准确降落在俄东北部的堪察加半岛,飞行距离8000多千米。这次成功的试验飞行证明,利用太阳光压提供的推力,是可以使飞船在太空中航行的。

回溯到50多年前,1962年,在曾经开发过激光的哈福斯实验室工作的资深工程师罗伯特·佛沃德(Robert Forward)曾提出过一套方案:利用由太阳能供给能源的超强激光,推进恒星际的飞船到达最近的恒星。也就是说,借助阳光的推力,太阳帆航天器可以飞向太阳系的边缘并进入星际空间,如果辅以从地球轨道射出的强力激光束,它可以飞得更远,直至到达离太阳系最近的恒星。

这张示意图显示的是太阳帆航天器进入地球轨道后,向8个方向陆续打开它巨大的太阳帆。

更具体地说,如果太阳帆飞船能够依靠绕地球轨道运行的、比太阳光强6倍的强力激光器,以及一个置于土星和海王星间巨型聚集透镜提供的能量,那么就可以在太空以1/10光速的速度飞行,在40年时间内即可到达距我们最近的阿尔法半人马座恒星。

1982年,即提出恒星际光帆思想之后20年,佛沃德又萌生了一个新的想法:利用同样的激光束可以将光帆减速,并使它返回出发点。他还根据这种思路,于1984年构思、创作了一部科幻长篇小说《蜻蜓号的航程》,对有关细节作了更具体的描述。

迄今为止,制造太阳帆飞船的困难主要有两个:一是制造太阳帆的材料既要轻盈、耐高温,又要有韧性;二是得找到一种在帆打开以后绷紧的办法。另外,太阳帆还应该能够抗击太空环境中的高能粒子、流星体、空间碎片等的撞击。尽管如此,人们依然对太阳帆航天器寄予厚望,期待它能够为太空旅行提供新的动力。

直达天穹的扶梯

当然,通天之路多多。建一道扶梯,直达天穹,可以说是人类最古老的梦想之一。《圣经》之《创世纪》记述说:

> 那时,天下人的口音、言语都是一样的。
>
> 随着时间的流逝,他们往东边迁移的时候,在示拿发现一片平原,就住在那里。他们彼此商量说:来吧,我们要做砖,把砖烧透了。他们就拿砖当石头,又拿石漆当灰泥。他们说:来吧,我们要建造一座城和一座塔,塔顶通天,为的是传扬我们的名,免得我们分散在天下的各个地方。
>
> 耶稣降临,要看看世人所建造的城和塔。耶稣说:看哪,他们成为一样的人民,都是一样的言语,如今既作起这事来,以后他们所要做的事就没有做不成的了。我们下去,在那里变乱他们的口音,使他们的言语彼此不通。
>
> 于是耶稣使他们从那里分散到各个地方;他们就停工,不造那城了。所以那城名叫巴别。

除了《圣经》,登天的神话也很多。而在有关"登天"的科幻作品当中,阿瑟·克拉克创作的《天堂的喷泉》是影响最大的一部。克拉克的这部获奖名作从1968年开始动手写作,历时10年之久,在1978年才告完成,他认为是自己的"一部比较优秀的作品"。

小说的主题思想是这样的:从位于赤道上空36000千米高处的同步空间站上,可以将一条缆索放到地面上来。通过这条缆索,人们将可以乘坐特殊的缆车或升降机进入宇宙空间。这种思想实际上是由苏联列宁格勒的一位工程师尤里·阿尔楚丹诺夫在20世纪60年代初最先提出来的(小说中有介绍)。后来,不少人在事先并不知道这一信息的情况下也陆续产生了这种设想,并在事后惊讶地获悉阿尔楚丹诺夫已经在这方面走在了他们的前面。

小说中称之为塔波罗巴尼的地方实际上并

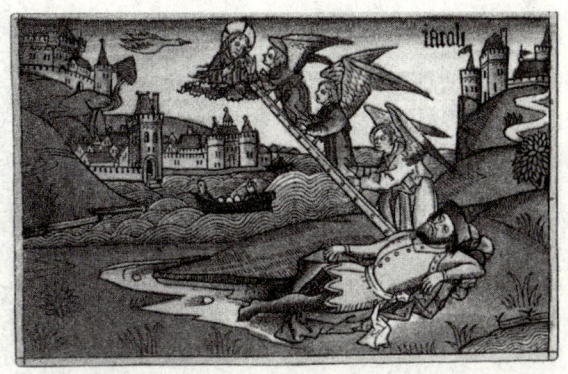

中世纪的一幅《圣经》故事插画:先驱亚伯拉罕之子雅各夜梦天梯。

不存在,但它在90%的程度上是以克拉克晚年定居的斯里兰卡为蓝本的。为了增强情节效果,克拉克在地理上作了一些改动,如将整个岛屿向南推进了800千米。这样一来,它的位置就挪到了赤道上。

1979年春,在接受前苏联电视记者的采访时,克拉克自豪地说:"在我的小说中,大概是首次对这一极其出色的思想作了艺术加工。为此,在各项技术性的细节问题上,我不得不认真地下了一番工夫。我相信,关于太空升降机这一题材,作家们还将写出很多的幻想读物。但是,对于首先写出了《天堂的喷泉》这件事,我是引以为荣的。"

对于这部名作,克拉克感到遗憾的是他动手创作还是迟了一点。他回忆道,1968年,在维也纳举行的"和平开发宇宙"大会上,苏联宇航员阿列克谢·列昂诺夫把自己跟人合作编纂并于1967年出版的画集《等着我们,星星!》送给了他。画集中有幅图的附文写道:"卫星仿佛一动不动地悬在空中,而且永远是在一个定点上。如果从卫星上放下一条缆索直到地面,那么,在地球与天空之间就有了一条索道。那时,人们将可以建造客货两用的'地球—卫星—地球'升降机,它完全不需要用火箭发动机来推进。"

虽然图上清楚地画着的升降机的位置,正好是在克拉克居住的斯里兰卡的上空,但他当时根本没有注意到"太空升降机"这种构思,甚至认为列昂诺夫绘制的这幅画纯粹是"游戏之作"。他也曾经草草地按现有各种材料的强度作过粗略的计算,结果使他对这种设想的实现可能性大为怀疑,以至再也没有下功夫去作详细的分析。1979年克拉克叹道:"假如我不是那么保守,或者对问题考虑得更为认真的话,那

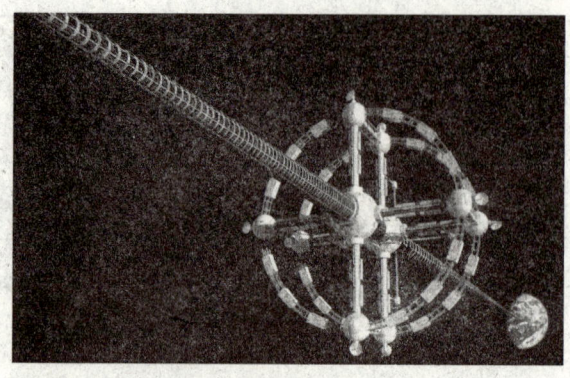

从地球表面向太空延伸的轨道升降机构想图

么,除了阿尔楚丹诺夫本人之外,我很可能会比所有的人走得更远。"

围绕这部小说的诞生前后,还发生了非常令人称奇的事情。

克拉克在1979年写道:"对于我本人而言,出现了一个十分奇怪、甚至令我目瞪口呆的巧合现象:10年前我在自己极其喜爱的斯里兰卡海滨购置的一套房屋,其位置恰恰是地球上最接近最大地理同步稳定性的地点。"

他还谈到另一个"难以置信的巧合":正当他在审阅这部小说的校样时,收到了别人给他寄来的一套材料,其中有苏联《青年技术》杂志(《天堂的喷泉》于1980年在这份杂志上连载了12期)1977年第4期刊登的波辽柯夫博士所写文章的译文。在这篇题为《地球的宇宙"项链"》的文章中,波辽柯夫"以精确的技术细节描述了我这部小说中的主人公摩根对环绕地球的'封闭环'的幻想。他把这种封闭环看做是'太空升降机'的必然延伸,而他对升降机的结构及其工作情况的描写,则和我所写的内容完全一致。"

在向波辽柯夫表示敬意的同时,克拉克说他"又一次产生了'我过于保守'的念头。不排除这样的可能性:预计在22世纪才能实现的空间轨道塔,将作为21世纪的成就而诞生。很可能,到了我们的孙子这一辈上,人们就已经能够证明,在今天看来似乎是空想的东西,实际上却是美好的设想。"

在小说结尾处,升降机建成1000多年后,一个外星人混在人类中考察地球。他看到,大部分人类已经通过升降机移居太空,大地上则保留着一座座升降机——直径500米的巨筒。峰值时,每个巨筒每天可以运送100

万乘客上下。升降机之上，每隔100多千米就建有一个庞大的太空城。

曾有人问询克拉克，需要多长时间才能实现"太空梯"这个梦想，克拉克回答："在人们停止嘲笑之后的50年。"

如今，小说中的"太空升降机"或者说"太空梯"的设想，正一步步向现实迈进。就目前的研制情况看，太空梯耗资巨大，没有经济利益可言。不过，科学家认为，一旦所有的问题得以解决，收获将是非常大的。

1999年，美国国家航空航天局马歇尔中心的先进概念办公室发表《天梯：太空的先进基础设施》一文，标志着天梯将从幻想走向现实。2004年6月30日，在华盛顿召开的第三届国际天梯会议上，专家们对天梯这一宏伟构想进行了探讨。这年夏天，美国西弗吉尼亚费尔蒙特科学研究所太空梯计划小组组长爱德华兹的研究项目，得到了美国国家航空航天局的支持。

爱德华兹称，他将选择在南美洲太平洋沿岸外海的赤道上架设一座升降平台，并让缆线附在升降平台上。其构想是，用火箭把比钢铁坚硬许多倍的纳米碳缆分节送入太空，再把一种"爬梯机"装在缆线上，从上而下一节节地将缆线接起来，直到地表。太空那一端用一套平衡器固定，升降梯的动力来自"光电池"。爱德华兹表示，他构想中的初版太空梯可能在15年内就可以问世，估计成本约为100亿美元。

2005年3月23日，美国国家航空航天局正式宣布太空梯已成为世纪挑战的首选项目。同年9月20日，美国一家公司成功地进行了机械爬升器试验。试验那天，气球、合成绳和机器人这个"三合一"系统爬升了1000英尺，也就是305米。这被认为是为将来利用太空梯在地球与太空之间运送货物所进行的先驱性试验，同时也为向修建太空梯这一梦想迈出了一大步。

美国在航天领域的老对手俄罗斯在太空梯研发方面也走在了前列。2004年4月，俄罗斯媒体援引俄罗斯萨马拉航空航天大学副校长列兹尼琴科的话说，该大学研究人员正在研制能从国际空间站向地球空投货物的太空梯，这是应欧洲航天局的要求而进行的。

这种太空梯实际上是一种长30千米的绳索,由质轻但承重性能很好的聚合材料制造而成,每条绳索自身重量只有6千克。使用时,绳索一端捆着货物舱从空间站向地球投放。当货物舱抵达地球稠密大气层时,绳索受大气剧烈摩擦而燃烧并与货物舱分离,然后货物舱借助直径为2米的气球的帮助,在地球表面实现软着陆。专家认为,如果能够利用这种太空梯,那么就可以经常性地从国际空间站向地球空投一些有效货物,不但节省时间,而且也节省费用。

一旦太空梯真正问世,太空研究和太空旅行就会变得简单很多。但太空梯也存在不少技术问题需要解决,最难的就是制造"梯子"的材料,它既要异常坚硬又要异常轻巧,还要能抵抗任何腐蚀。目前被寄予厚望的是碳纳米管:它比钢坚硬100倍,重量却只有钢的五分之一。但眼下还没有掌握大规模地生产太空梯所需要的合成物质的技术。

此外,太空梯要抵御的灾难也不少:闪电和风云雨雪的冲击,穿越电离层的考验,小行星、彗星、流星的突袭,原子氧和高层大气中的硫酸对缆绳的侵蚀,以及卫星、太空碎片的碰撞,还有敌对势力的人为破坏,等等,这些问题都是需要研究者认真加以考虑的。不管怎样,科学家们正在努力把人们的梦想变成现实。

美国科学家构想中的太空梯要通过纳米管制成的缆线攀缘而上,纳米管的材质比钢铁坚硬许多倍,管子直径约1米,管壁厚度比纸还薄,可以传输重达13吨的承载量。

第四章　穿越时空

在最近几十年里,浩瀚星空那神秘的面纱正被一点点地揭开——我们已经探访了太阳系几乎所有的行星,新发现了几十颗围绕诸行星运行的卫星,打破了流传了千百年的有关地外行星的许多"神话"和幻想。那么,下一步的"突破"又会是怎样的呢?

"如果说,40年的空间探测教会了我们一些东西的话,那就是:我们无法预料将会发现什么。"在20世纪临近结束的时候,有一位天文学家这样说道。

或许可以这样说:人类对太空的探索,既是时间和空间的旅程,也是思想的旅程。因为它业已超越了地域和科学尝试的意义,触发了我们对自己的生存空间,对这个纷繁的世界,对浩瀚的宇宙,对文明的发展等等话题的深层思考。

80万年以后的景象

还是从那个执著的追梦人戈达德谈起吧。

跟卡尔·萨根一样,我也惊诧于戈达德那神奇般的想象力,他可不只是一个单纯的"月亮火箭狂"。当公众对原子能的任何实际应用还只是付诸一笑时,他就构想出了能够飞越极其遥远的星际空间的核动力宇宙飞船。他的设想是：在遥远的未来，当太阳已经冷却，而太阳系已不能再有生命居住时，我们的远代后裔，就会装备出载人的宇宙飞船去访问别的星球——不仅去附近的星球，还要去拜访遥远的银河系星群。

戈达德没能想象出符合相对论的宇宙飞行，于是就设想出一种使人类的生命活动暂停的方法，甚或更为玄妙的是一种将人类的遗传物质发送到遥远星球上的方法。这种遗传物质会在漫长久远的某个时刻，自动地重新组合并产生一代新人。他写道：

> 随同每一次的远征探险，将带去以往全部知识、文学、艺术（以一种缩微形式），并且用一种压缩的、轻便的、无法毁坏的方式，将工具、器械及工艺流程的说明也带去，以便在旧的文明结束以后，能随即开始新的文明。

这些题为"最后的迁居"的精湛思辨，被封存在一个信袋里，信袋上注明有"仅供乐观主义者阅读"的字样。由此可见，戈达德决不是一个轻视我们这个时代所存在的问题和灾祸的盲目乐观者，而是一位致力于改善人类生活条件，并为我们这个物种的未来创造广阔前景的开拓者。

戈达德似乎没有谈论过时间旅行，但作为科幻作家威尔斯的一个诚挚、忠实的读者，想必他是读过威尔斯的《时间机器》这部科幻名著的。

艺术家笔下的"时间机器"

《时间机器》发表于1895年,是威尔斯最早获得成功的一本科幻小说,也是他最出色的作品之一。它讲的是一个掌握在时间中穿梭行走技术的人,对公元802701年的地球所进行的探索。他发现,在那个时代里,地球上的人分成两支,一支称为埃洛伊,他们生活在地球的表面,住在颓败的宫殿中,过着幽闲优雅的生活,由于长期不劳而获而引起体力、智力的萎缩;而另一支称为莫洛克,他们生活在黑暗的地下世界,在机器工场里从事劳动,养肥埃洛伊作为他们的食物。

自这部名著问世以后,"时间机器"几乎成为后来科幻小说的重要"工具"和题材,并导演出各种稀奇古怪而又趣味盎然的人和事。不过,现实生活中的人们,迄今尚未在制造"时间机器"方面取得任何实质性的进展。

这里应该指出:虽然《时间机器》首开用科学的方法进行"时间旅行"的科幻题材先河,但威尔斯创作《时间机器》,绝不只是为了展现一下"时间机器"这种想象出来的新奇玩艺。实际上,这部科幻作品蕴含着深刻的哲学思辨,它讲述的是一个人类经历堕落的恐怖故事,书中设想了人类未来的命运,这也许是迄今为止人们想象出来的最暗淡的景象了。由于长期的阶级分化,剥削阶级和被剥削阶级竟然进化成了两类截然不同的生物,相互之间不可理喻,充满仇恨和恐惧。作者意在警告他的读者,特别是英国上层阶级的读者:社会的严重不平等和不公正将会使他们灾难临头。

如今,作为科幻文学经典题材之一的"时间旅行",已成为科幻影片的一个大热门。根据威尔斯著《时间机器》改编的同名电影有几部,虽说其情节和场景较之原著丰富了许多,但若论思想内涵则要比小说肤浅得多。

1960年,"美国现代科幻电影之父"乔治·帕尔率先将《时间机器》搬上银幕。该片基本上忠实于原著,但加入了一些"现实"的情节:"时间旅行家"在1940年经历了第二次世界大战,亲眼目睹了伦敦被轰炸;在1966年,"时间旅行家"历尽艰辛,逃过了原子弹的袭击;最后,"时间旅行家"来到了公元802701年的陌生世界。

2002年,赫伯特·乔治·威尔斯的曾孙西蒙·威尔斯再次将《时间机器》搬上银幕,并且作了比较大的改动。故事从伦敦"迁"到了纽约,主角("时间旅行家")的身份是哥伦比亚大学的机械工程教授,他作时间旅行的动机,乃是要回到过去,"拯救"他那被强盗开枪打死的恋人。可他很不幸没有如愿以偿,反而还遇到了一些麻烦。在落荒而逃之中他被击昏,不知不觉就到了80万年后的未来,并且经历了更加惊心动魄的"莫洛克"追杀"埃洛伊"之战。

"重返"中世纪

近年来较有影响的时间旅行题材的作品,是以创作《侏罗纪公园》而知名的美国作家迈克尔·克莱顿(Michael Crichton,1942—2008)于1999年推出的《重返中世纪》(原名《Timeline》,即《时间线》)。

学医出身的克莱顿擅长把许多有根有据的事实和科技新进展与他自己的虚构想象融合在一起,并且有着高超的叙事技巧和缜密的思辨才能,因而他的小说被称为高科技惊险小说,他也被誉为"高科技小说大师"。

自《侏罗纪公园》问世之后,迈克尔·克莱顿一直醉心于历史研究,并期望创作一部沟通历史和未来的作品,矫正时人对历史的肤浅认识。是时间旅行的创意给他带来了灵感。

在克莱顿眼里,那个"一度被认为是静止、残酷、黑暗的"中世纪,其实"是一个活跃且变化非常迅速的时代":人们追求并尊重知识,技术也得到了大大的推进。"至于中世纪的黑暗、狭隘、宗教歧视和大屠杀,20世纪的记录肯定会使善于思考的观察者得出这样的结论:我们丝毫不比当时高明。"

他认为,所谓残酷的中世纪的说法是文艺复兴时期所编造出来的。文艺复兴的倡导者们极力强调一种新的精神,就不惜歪曲事实。而在《重返中世纪》一书中,克莱顿得以借助他设想的一种穿梭时空的新技术,"展现"了他所认定的某个真实的历史场景。

2002年，美国派拉蒙电影公司斥巨资将《重返中世纪》搬上银幕。为"还原"质朴原始的中世纪风格，他们不惜重金修建了具有法国风情的古老城堡，并赴加拿大的蒙特利尔和魁北克完成了大部分中世纪场景的拍摄。另外还挑选了以制作电脑特技闻名的光魔特效公司来制作电影里的特效，使影片的许多场面美妙绝伦。

电影对原小说作了一些改动，增加了一些煽情的细节。如：影片开始有个铺垫：马雷克在考古遗址发现了一个石棺，上面有一位骑士和一位贵妇牵手并卧的石雕，他不由地向同伴大发感慨。奇怪的是，那位骑士雕像是没有右耳的。

在被"送"到中世纪后，马雷克遇见了美丽的贵族遗孀克莱尔，并且爱上了她。在一次战斗中克莱尔被英军俘获，马雷克也在拼杀中被一个武士劈去了右耳。他痛叫一声"我的耳朵"，霎时又回想起他看到过的石棺上的无耳骑士雕像，不禁嚷道："那就是我！"于是他拔剑而起，结果了武士，救出了克莱尔。后来，马雷克就留在了中世纪，跟他心爱的克莱尔一起生活。

电影的末尾展现的是这样一幅场景：考古学家们再次来到先前马雷克发现石棺的地方（他们当然已经知道那个无耳骑士就是马雷克），读到雕像下面的一段铭

电影《重返中世纪》剧照

文："安德烈·马雷克及爱妻克莱尔。……我选择了一种美妙的生活。"而影片开始时马雷克对同伴说过，他要"自己创造自己的历史"——此话正暗示了这一结局。现在，马雷克的生卒年变成了："生于公元1971年，卒于公元1382年"！

真的能回到过去吗

按照《重返中世纪》中对量子理论及"多宇宙"理论的阐释,人类历史上任何一个时期都可以"复制"再现,而且现代人也能够介入其中。真的是这样吗?

对这个问题,现在我们还不能给出一个完全肯定或完全否定的答案,因为相关研究一直在进行,争议也很多。

在科学的领域里,确实存在这样一种情况:大多数科学家不能接受某种理论或某种解释,可是他们谁也不能证明它是错误的。事实上,科学的理论就是在不断的争议和交锋中得到验证并加以完善的。而各种各样的假说即使(后来被证明)是错误的、荒谬的,有时在一定程度上(或从某种意义上说)却也有助于我们发挥想象力和拓展思路,甚至给我们一些有益的启示。

在《重返中世纪》中,国际技术公司的那位副总裁戈登说:在普通世界里,我们对原因和结果的关系深信不疑:先有原因,后有结果。可是,在量子世界里,因果关系并不总是按照那样的顺序发生:结果可能与原因同时存在,也可以先于原因而发生。总之,在量子领域里所发生的事都是反直觉的。

戈登这段话乍一看有点儿"歪",但量子那"反直觉"的效应倒说的没错。

什么叫量子?在微观领域中,某些物理量的变化是以最小的单位跳跃式进行的,而不是连续的,这个最小的单位就叫量子。量子理论又称为量子力学或量子物理学,是一组在极小尺度上主要应用于原子或更小实体的物理定律,其核心是不确定原理和波粒二象性概念的结合。量子世界的每个实体都同时具有我们习惯视为截然不同的事物——波和粒子的特性。例如,通常被视为电磁波的光,在某些情况下的行为就像是粒子(称为光子)流。

在讲解国际技术公司的新技术时,戈登还引述了杰出的理论物理学家,1965年诺贝尔奖获得者理查德·费恩曼的一个著名观点。费恩曼1959年在一次讲演中提出:如果人类能够在原子、分子的尺度上来加工材料、制备装置,那么将有许多激动人心的新发现。那时,化学将变成根据人们的意愿逐个地准确放置原子的问题。这是关于纳米技术的最早的梦想,但当时多数主流科学家对纳米科技的研究持怀疑态度。

20世纪80年代初,人们发明了费恩曼所期望的纳米科技研究的重要仪器——扫描隧道显微镜,揭示了一个可见的原子、分子世界。与此同时,纳米尺度上的多学科交叉展现了巨大的生命力,迅速形成一个具有广泛学科内容和潜在应用前景的研究领域。

1997年,美国科学家首次成功地用单电子移动单电子。利用这种技术,可望在20年后研制成功速度和存储容量比现在提高成千上万倍的量子计算机。

不只是《重返中世纪》,许多科学幻想作品都曾设想过:利用某种传输装置,在一瞬间将人传送到某个目的地去。一个典型的描述是:传输器首先自动跟踪目标,接着扫描要发送的影像(实体),并在将其"非物质化"后,暂时存储在"模型缓冲器"内;然后,通过一道"环形约束光束"向目的地发射"物质流"。相应地,目的地则有一个接收装置将其"复原"。

这个美妙的想象看起来固然诱人,可真要造出这样一种装置,所需克服的理论和实践问题,远比想象的要多。这种挑战涉及整个物理学和数学的各个领域,包括信息论、量子力学、爱因斯坦的物质和能量关系、粒子物理学、生物学等许多学科。最大的一个问题是:存储包含组成人体的原子(人体约由10^{28}个原子组成)的信息需要极其巨大的容量(远远大于全世界图书总量的存储容量)。

而且,即使能够成功地实行存储,传送那些信息所需要的时间也将会是一个天文数字——美国著名的物理学、天文学教授劳伦斯·克罗斯(Lawrence Krauss)告诉我们:按照每秒钟传输量不超过100兆字节计算,将记录一个人体模型的全部数据写入磁带,所需要的时间是目前宇宙年龄(估计大约是100亿年)的2 000倍。

还有一个问题:即使解决了以上所有难题,"复制"出了相同原子的集合体,那个人的记忆和梦、希望和灵魂也能同样地复制出来吗?

在科幻电影《变蝇人》中,主人公布鲁顿研制成功一种瞬间移动装置,并亲自去做验证。不幸的是,在试验过程中有一只苍蝇飞进了移动装置,于是苍蝇和科学家融合后出来了一个苍蝇人。

在《重返中世纪》中有一段对话,讨论的是"时间悖论"问题。克里斯想知道:已经被"送"到中世纪的约翰斯顿教授会不会改变当地的历史,会不会对一些事情产生影响呢?

斯特恩作出了否定的回答:"就像你回到从前,把你的祖父杀死,那就不可能有你,你也就不可能会去杀死你的祖父……"

对此多尼格又补充说道:要想对历史时间作重大改变,一个人是无能为力的……生活中出偏差的事很多。你不大可能在回到过去后的某个特定的时间里跟他(祖父)相遇。你在途中可能会被公共汽车撞着,也许会坠入爱河,也许会被警察逮捕;也许你杀死他的时候已经太晚了,因为那时候你的父亲可能已经成了胎儿;也许你会跟他对面相逢,可是发现自己无法扣动扳机。

对类似上面这样的话题,英国著名理论物理学家霍金在其名著《时间简史》中作过如下评述:"如果一个人可以自由地改变过去,那他就会遇到矛盾。"

霍金认为,有两种方法可以解决由时间旅行导致的佯谬,他把其中一种称

霍金

为"协调历史方法"。其主要意思是：甚至当时空被卷曲得可能旅行到过去时，在时空中所发生的必须是物理定律的协调的解。根据这一观点，除非历史表明，你曾经到达过去，且当时并没有杀死你的祖先，或者没有任何行为和你的现状相冲突，你才能回到过去。况且，当你回到过去，你不能改变历史记载。那表明你并没有自由意志为所欲为。

解决时间旅行的其他可能的方法，霍金称之为"选择历史假想"，这个想法跟费恩曼把量子理论表达成历史求和的方法相类似，其思想是：宇宙不仅仅有一个单独的历史，它有所有可能的历史，每一个历史都有自己的概率。当时间旅行者回到过去，他就进入和历史记载不同的另外的历史中去。这样，他就可以自由地行动，不受和原先的历史相一致的约束。

时间狩猎公司的生意经

从炭与灰中，从尘与煤中，古老的岁月、青春的年华将会像神话传说中火烧不死的金色火蛇一样突然重现。玫瑰在风中再度飘香，白发转而变得乌黑，皱纹平展如新，一切都回返芽胚、避开死亡、复归起始……所有这些只需用手一碰——这是美国作家雷·布拉德伯里在《时间狩猎》中描绘的时间机器，它可以"逆时还原，美妙地倒转"，带着现代人回返到洪荒时代去与恐龙打交道（该小说原名《洪荒雷鸣》就有这层意思）。

请看小说开篇的一段描写——

墙上的牌子闪烁着这样一行字："时间狩猎公司/回返过去狩猎/动物任您挑选/我们提供方便"。埃克尔斯定神细看时，眼睛不由地为之一亮，嘴角也露出了一丝笑容。

"给，10000美元。"他从怀里掏出一张支票，向坐在办公桌后边的那个职员挥了挥，又问道："这次狩猎能保证我活着回来吗？"

"除了保证有恐龙可猎之外,其他事项我们一概不负责任。"那男子一边说一边转过身去,"这位是您回返过去时代的狩猎向导特拉维斯先生。到了那儿,您得听他指挥,他会告诉您猎取的动物和地点。您如果不服从命令的话,回来后不仅要吃官司,而且还得再罚10000美元。"

埃克尔斯没吭气。此时,他两眼盯着房间一角那堆弯弯曲曲、嗡嗡作响的线路和钢箱以及那条变幻着橘色、银色和蓝色的闪烁不定的光带。

"这可是一架真正的时间机器呀。"他低声说道,"要是昨天的总统选举结果不能让人满意,今天我在这儿可就远走高飞喽。感谢上帝,基斯当选了,他会成为一位好样的美国总统的。"

《时间狩猎》作者的初衷,当然不会只是发一发思古之幽情,或介绍一种神奇的旅行方式。该作品的寓意是显而易见的。事实上,作者是以幻想小说的形式和象征的手法向人们发出忠告:先前的一个细枝末节的改变,有可能就会打破以后的自然环境和社会环境的平衡。

小说中借主人公之口讲道:假设我们在这儿偶然弄死了一只老鼠,那就意味着这只特殊的老鼠的子孙后代也都死光了。因为少了10只老鼠,一只狐狸饿死了;因为少了10只狐狸,一头狮子饿死了;因为少了一头狮子,全部种类的昆虫、兀鹫和数以亿计的生命形式就处于混乱与灭绝之中。最终就会导致这么一个结果:在5900万年后,一个饥饿的人——整个世界上寥寥可数的几个人之一,会因为打不到一头野猪或剑齿虎充饥而饿死。这样,在这个远古人死亡的同时,亿万个尚未出生的人便被预先扼杀了。"你看,通过踩死一只老鼠就能毁灭一个远古人,进而毁灭一个种族,一个民族,一部完整的生命史,最终就可能彻底动摇我们的世界与我们未来的命运。"

小说末尾则提及：当时间旅行者乘坐时间机器从恐龙时代回到他们生活的 2055 年时，人间已经发生了一些令人吃惊的变化：时间狩猎公司牌子上的广告文字与原来的不同了，原来铁定当选了的好总统已经被众人唾弃的独裁者所取代……所有这些变化都跟时间旅行者"现身"远古时代时踩死的那只蝴蝶有关。

这自然是服务于作品主题的一种夸张的笔法，但在现实生活中也并非毫无道理。早在 20 世纪 60 年代初，美国气象学家爱德华·洛伦兹就在利用计算机研究气象学时建立了一个三阶微分方程组（后被称作洛伦兹方程），并由此导出了"蝴蝶效应"，以及天气系统长期行为不可预测的告诫。

这"蝴蝶效应"，用洛伦兹通俗的话来说就是：巴西的亚马孙丛林中一只蝴蝶轻轻地扇几下翅膀，就会在美国的得克萨斯州掀起一场龙卷风。正所谓小偏差引起大偏差，失之毫厘，谬以千里。虽然"蝴蝶效应"只是一种比喻，但倒可以当做一种"理想实验"，帮助我们以形象化的思维来理解一些科学道理。

当然，时光旅行无法改变过去，《时间狩猎》的意义仅在于人们懂得这些道理，正确面向未来。或者，换个时间起点，让我们站在未来看现在，这样的话，《时间狩猎》的意义就十分清楚了。不过，回到过去来改变现在的科幻构思，却是许多科幻作品的重要思维。

控制时光流逝

在中国，读过科幻小说的院士或许有一些，但写过科幻小说的院士可能就唯有潘家铮（1927—2012）一人了。这位著名的水电工程专家和坝工权威 1950 年毕业于浙江大学土木工程系。半个世纪以来，他参加过几十座大中型工程的查勘、规划、设计、施工、审查和决策等工作，足迹遍布祖国的山山水水，还曾担任过水电部和能源部总工程师、中国工程院副院长。

潘家铮爱好写作,出版过散文集《春梦秋云总关情》、科幻小说集《一千年前的谋杀案》和《偷脑的贼》,颇获好评。科幻小说的创作是他业余笔耕的重要内容。他认为,科幻作品里所涉及的高科技想象要有一定的理论根据,不能有悖于科学的基本原理,最好在今后确有可能实现。他写过一篇趣味盎然的科幻小说《罗格梦》,描述了时间变幻的喜与忧。对于该作品,作者给出的"科技意义"是:说明人类如能控制时间流程将会出现什

潘家铮

么奇迹;给出的"社会意义"是:说明宇宙中不存在"不劳而获"的事实。

小说讲的是,有一个名叫华小强的少年,争强好胜,但又不太愿意付出艰苦的努力。棋场上的失误,撮火!考场上的失分,可气!"一切都怨时间!差的就是那么一点点思考的时间嘛!"他这样想着的时候来到一座公园的湖畔亭边,迷幻中看见西北方的天空中出现了一团光芒。竟然是飞碟,一个发光的、高速旋转的扁纺锤状的物体。

小强吃惊地跳起身来,发现有位穿着灰色便装、满面红光的老人站在他背后,用慈祥的眼光打量着他。小强赶忙红着脸道歉"打扰",老人则亲切地问他心里有什么苦恼。

小强不好意思地兜出他的失败记录,便支吾着说道:"老伯伯,我觉得世界上时间这个东西太刻板无情了,既不能倒流,又不能像水库那样调节。如果能像一些科幻小说中写的那样,在必要时能把时间拉长些,不必要时就缩短些,那该多方便。"

"这么说,你们这里还没有发明时间调节技术啊……"老人口中说出个长长的略显生硬的外国词,小强听不懂,但机灵的他却从"你们这里"听出了问题;再抬头一看,发现老人的模样和着装都有些怪异:他那一双眼睛中

射出了一种奇异的光；他穿的衣服材料非绸非布，而且没有任何裁剪缝纫的痕迹。最后，小强还发现老人两耳边露出短短的天线，跟科幻电影中的外星人完全一样。他激动地叫了起来："我知道了，你是外星人！是从刚才的飞碟中来的。是不是？你快说呀！"

老人微微一笑，说道："你说对了。我们一共12个人，来自Z-0宇宙。在我们那个宇宙里，也有亿万星系，可并不存在另外的智慧生物。于是，我们就借助我们发明的能穿越宇宙间屏幕的技术——时空隧道穿越技术，向外宇宙搜索。我们首先来到了你们这个Z-15宇宙，很快就在不显眼的地方发现了太阳系和你们这个小小的地球，发现了地球人——具有真正文化的文明人。为了防止出现意外，在建立友谊交往以前，我们12个人先留在地球上调查了解，学习你们的语言文化、生活习惯，并考察你们社会的种种特征和科学技术水平。再有一年时间，我们就能完成调查任务，回去交差了。"

"时间调节，时空隧道穿越……"小强非常惊讶，也产生了浓厚的兴趣。

老人见他如此好学，就告诉他说，时间本来不是绝对的，在不同情况下可以有不同的尺度：速度愈快，时间流逝愈慢。"但时间的相对性还远不止于此，在不同的宇宙里，时间尺度也是不同的。"

"什么？不同的宇宙？"小强不解地问。

"别认为你们这个从大爆炸中产生的宇宙是唯一的，如果是这样，许多事情就不好理解喽。你们有些科幻小说家已经猜想到这一点了。事实是，有着无限多的宇宙，平行或嵌套地存在，各有不同

时间旅行的故事吸引人之处，是不同时代的技术冲突。这幅科幻插画描绘的是，为美国革命（发生在18世纪后半叶）而战的红衣兵，不得不对付一个叫做哈莱·戴维森的家伙，他驾驶着现代的摩托车。

的时间尺度。"老人说,"如果你能自由地在各宇宙间换来换去,你就能随心所欲地调节时间了。在我们的星球上,早已突破了这一技术,制成了'时间调节仪(TRM)',差不多每人都戴上一个,就像你们戴手表一样。当然,使用 TRM 有严格的规定和限制,正像你们在跳高比赛时不准在鞋底上装弹簧一样。"

接着老人就向小强演示了 TRM 的使用方法:"你按下这个红键,你和你指定的区域就进入转变阶段;然后你调整这个钮,往右转是时间延长,例如你转到 10 档,TRM 就把你送到另一宇宙中,那里的 100 秒等于地球上的 1 秒,向左转,就是时间压缩了。"

"啊,多么不可思议!这简直难以想象!"小强说,转而又向老人求情:"时间老人伯伯,你把这只 TRM 借我用一段时间吧……就借 1 年,你不是要 1 年后才回 Z-0 宇宙去吗?"

老人感到很意外,但最终还是答应了:"好吧,孩子,就借你用一年。这本使用说明和限制条款,我刚用宇宙通译机译成汉字,还没来得及修饰。读起来可能有些别扭,但你必须细细读它,照规则办事,切勿胡来。明年今天,还在晚上 8 点,我仍在湖畔亭等你,你必须把 TRM 还给我。"

小强高高兴兴地回了家。第二天,他精神抖擞地再次出赛,一开局就猛攻强杀。关键时候,他开动 TRM 拉长时间,把 1 分钟延长为 5 分、10 分甚至 1 小时。这下,他就有充足的时间研究棋局的种种变化了。只见他高招频出,直杀得对手损兵折将一筹莫展,不得不认输,爆出了大冷门。只是小强下完棋出来,竟然昏倒了。原来,这盘为时 2 小时的棋赛,小强实际上消耗了 8 小时半,这在 TRM 上有明确的记录。

此后,对 TRM 操纵自如的小强越战越得手。在必要时他甚至可以自由地从赛场脱身来翻阅棋谱,研究透彻后再回赛场。这一切都是在瞬间完成的,在地球上的任何人根本发现不了其中奥秘。就这样,小强一口气连斩 15 员大将,荣登少年棋王宝座,尽雪前耻,成了报纸、电台上的明星,同学眼里的英雄。

与此同时，拥有 TRM 的小强的学业成绩也像火箭似地上升。由于时间"调控"得好，现在他一点也不怕考试。然而，成绩越来越好的他对上课听讲也越来越不感兴趣，和同学们之间也没有一点竞争心。他懒得分析、研究；他不愿做乏味的练习，更不肯去死记硬背，渐渐地就觉得学习枯燥和无聊了。

虚幻的梦境

一天天这样过去，小强也不知道已预支了多少时间——"应用规范"中大概记有如何检查的方法，但小强懒得去看。他觉得无所谓，反正他还年轻，以后的日子长着呢。

没过多久，小强发现自己的身体、思想、感情都在迅速地起变化。这情况也被他的父母发觉了。他们的儿子过去是多么天真、活泼、纯洁，无忧无虑的。可是，现在变得孤独、烦闷，常常还垂头丧气。

越接近一年的期限，小强越加频繁地利用 TRM 延滞时间。一年的大限终于到了。小强心神不定地来到湖畔亭，坐在栏杆上发怔。神秘的"时间老人"又出现了。看到小强的这个样子，他吃了一惊。接过 TRM 瞅了瞅，更让他大跌眼镜：小强竟然违反规则，预支了 15 年时间！他真后悔把 TRM 借给小强。

"孩子，你显然还不懂得宇宙间的一些基本道理。这只 TRM 是科学技术的产物。科技的发展可以使你能做过去做不到的事，甚至是梦想不到的事。但科学技术不能使你无中生有，使你不劳而获；相反，你还得支付一点代价……"老人说，"你利用 TRM 可以完成你过去梦想不到的事情，但是它不能创造时间，而且在时空隧洞中来往交通时，还得支付时间损耗，正像水库不能创造出水，还会在蓄水放水过程中发生蒸发和渗漏损失一样。你使用 TRM 越频繁，时间损耗也越大，损耗量是非线性增大的。你耗用的 15

年时间中大约有 10 年就是这样白白耗费了。"

"啊,原来如此!"小强不胜痛心。

"再说,你用 TRM 去下棋,赢得了冠军;去考试,获得了头名;去踢球,使对方无从防卫。但这一切并不是你的真实本领,你得到的一切成绩和荣誉都是假的、空的、有害的。你欺骗了对手,欺骗了老师、父母,欺骗了社会,最后也欺骗了自己。这样做对你有什么好处呢?没有!反而把自己逼到绝境,你再也不能享受下棋之乐,踢球之趣,你再也不能正常学习、拼搏前进了。无论你还有没有 TRM,今后你怎么去做人呢?"

老人说完,就让小强躺下,取出一只诊断仪为他做了全身检查。老人说:"你现在的生理年龄是 30 岁,心理年龄是 18 岁半。你的发育不健康、不正常。你已经成为一个不协调的畸形人了。你的智力退化得很厉害,因为你拥有 TRM 后不肯再动脑筋钻研、分析和综合了。你的体质十分虚弱,多种脏器有病变,因为你拥有 TRM 后不再作任何艰苦的锻炼了……哦,时间不早了,我得回 Z-0 宇宙去了。愿你好自为之吧。"

"不!时间老人伯伯,求求你,救救我!"小强忘乎所以地叫喊起来,可老人还是走了。小强抓了个空,跌倒在地,还在绝望地呼喊和挣扎着。

"小强在这里呢,快来呀!小强、小强,你是怎么啦?快醒醒,快醒醒!"小强耳边响起了妈妈亲切的叫声。妈妈还抱起了他。接着他又听到好些人的声音,他们都赶了过来,围住了他,不断地叫他。

"小强,你怎么会跌倒在湖畔亭边的,做了噩梦吗?"这是爸爸的声音。

"小强,输了盘棋有什么了不起的,快跟着奶奶回去!"这是奶奶呜呜咽咽的声音。

众人把半昏迷的小强带回了家。小强花了很长时间才肯定他还是原来的小强,并没有落入那个 TRM 的可怕深渊。怎么会是这样的呢?他苦苦思索,他猛然想起,时间老人说过,TRM 可以把人引进虚幻的梦境,也可以把人引进真实的其他宇宙。小强想到这里有些省悟了。没有走到绝路上,他感到无比高兴,无限欣慰。他变了……

关于《罗格梦》，作者还作了一个注解：要实现对时间的控制，除遵循爱因斯坦公式外，其余尚属"空想"。特别是某一个人能单独做到这点是不可能的，所以这篇小说以"梦"述之。而小说中提到的平行宇宙，虽然早有科幻小说描述过，但现在也成了严肃的科学家们认真研讨的话题，并用来解释一些不可思议的奇异现象。

小说中描写的时间老人，来自另一时间或另一维的宇宙。他与他的同伴乘飞碟旅行，忽隐忽现，神出鬼没，在与其不同维的地球人看来简直不可思议。

其实，早在1884年，一位叫做埃德温·A·艾博特的英国小学教师，就在一篇题为《扁平国：多维浪漫史》的小说中探讨过这类问题。这个含有讽刺意味的故事讲的是：在一个可谓"井底之蛙"的二维世界——扁平国，它的国民都是扁平的几何形状，没有"上"或"下"的概念，只能在同一个平面上溜来溜去。

有一天，一个三维的圆球访问扁平国，向一个名叫方形A的扁平人灌输了三维观念。当方形A把第三维讲解给别的扁平人听时，他却因扰乱视

飞碟对20世纪50年代以后的流行文化有着深远的影响。飞碟神秘性的流行，部分是由于很容易把这天外来客看做科学新版的天使。

第三篇　时空的迷惑

听被抓了起来——扁平人完全不知道竖直的一维,所以任何没有亲眼见过圆球的扁平人都不能相信真有圆球存在。

艾博特在小说中所提出的意念,多年来一直是科幻小说和探讨超自然现象的一个极为重要的视角。试想:如果在我们所熟悉的四维以外,也就是在空间三维和时间以外,还有别的维,那会怎样呢?如果有一个在正常状态下存在于别的维的生命体或物体,在穿过我们的维时被我们看见了,那么,我们会不会像扁平人看见圆球时一样感到困扰呢?

就此有人提出:那些不明飞行物(UFO)如飞碟之类,可能就是来自于有别的维的宇宙并进出于我们的宇宙。相信这一理论的人问道:如果飞碟的旅程只短暂地与我们的维相交,它们岂不是会以极高的速度出现并消失?

"人能从一个宇宙穿到另一个宇宙中去?"小说《罗格梦》中,华小强对此倍感神奇、大感不解。时间老人以地球人做梦解释道:这梦境就好比是另一个宇宙。你睡熟后,就进入这个宇宙中去了。在梦中,你可以做很多事,过很久的岁月,但醒来后,当你回到原来的宇宙中,你发现只不过经历了几小时而已。TRM 的作用就是让你迅速进入一种"梦境",它的时间尺度是你预定的。当然,这和你们的梦境有本质区别,因为你的梦境是个虚幻宇宙。你在梦中过了几十年,醒来时并不会变成老头子,而 TRM 不但可以把你带入虚境,也可以把你带进现实的宇宙。

老人的话让小强想起了他的老师讲过的"黄粱梦"的故事:有一位书生,在旅店里遇见了仙人,仙人借给他一个枕头。他枕着睡熟后就梦见自己做了大官,出将入相,生儿育女,享尽荣华富贵几十年。后来时去运转,家破人亡,惊醒过来,原来是做了个梦。店主人蒸的黄粱(小米)饭还没有熟呢。最后小强得出结论:"可能这仙翁就是你们这种外宇人,那只仙枕就是个 TRM 吧。"

如果说游仙枕是文学家的梦,那么,TRM 就是科学家的梦了,不过,科学家的这个梦与文学家的梦不同,这个梦是科学家清醒之际,正儿八经做的科学之梦。而这个梦也代表着科学家透视时空、掌控时空变幻的无限渴望。

第五章 时间、空间与万物

"世界上哪样东西是最长的又是最短的,最快的又是最慢的,最能分割的又是最广大的,最不受人重视的又是最受人们惋惜的;没有它,什么事情都做不成;它使一切渺小的东西归于消失,使一切伟大的东西永世长存?"这是法国18世纪著名的思想家和哲学家伏尔泰,在他的一部文学作品中写下的一则谜语,其答案由作品中的一位智者查第格给出。

他是这样说的:"最长的莫过于时间,因为它永无穷尽;最短的也莫过于时间,因为人们所有的计划都来不及完成;在等待的人,时间是最慢的;在作乐的人,时间是最快的;它可以扩展到无穷大,也可以分割到无穷小;当时,谁都不加重视;过后,谁都表示惋惜;没有它,什么事情都做不成;不值得后世纪念的,它会使人忘却;伟大的,它会使之永垂不朽。"

然而,迄今仍还有着许多谜团的时间,似乎又不是一种单独的存在,它一直困扰着世界上许许多多聪慧的大脑。甚至,可以说,时间长期以来就是横在人类认识道路上的一个知识盲点,揭示时间的秘密是一项极富挑战性的前沿科学课题。

难解的谜团

这里,我们从宇宙谈开去。

"旁日月,挟宇宙,为其吻合。"宇宙这个词,最早见于《庄子·齐物论》,"四方上下曰宇,往古今来曰宙。"短短的两个字,却包含了无限的空间和时间。

仅仅在100多年以前,物理学家还认为我们的宇宙是由时间和三维的空间所构成的,而时间是一个独立于空间之外的影响因子。但是,在爱因斯坦的广义相对论中,时间也变成了像长度、宽度和深度一样的度量单位,宇宙具备了确确实实的四维特性——我们称之为"时空"。按现代观点来说,宇宙是时间、空间和万物的总和。

不难发现,物理学自诞生以来,其发展历程中的几个最重要的成就,都或多或少地跟人类对于时间和空间的认识的进步有着不可分割的关系。而且,特别明显的一个特征是:物理学所研究的量,如重量、动量、能量、电量,都是作为研究对象的物体所具有的特性,唯独时间是人类与自然现象融洽地共有的属性,而且似乎只能沿着一定的方向经过;如果不经历事件,则时间将失去意义。时间与事件,是一条不断的链。

从2000多年前的亚里士多德开始,物理学就有了时间和空间的观念做支撑。在亚里士多德看来,时间就是运动。这个观点极具突破性:我们通过运动来理解时间。但时间概念作为一个独立存在的东西,直至中世纪才在欧洲得以确立。近400年以来,由于伽利略和牛顿的贡献,时间作为可计量的单位和运动定律中的一个基本参照系被引入科学领域。

尤其是牛顿力学的建立,在某种程度上可以说完成了关于时间的第一个物理学理论,第一次描述了时间最重要的属性。在牛顿的物理学中,时间是一个持续不断的水流,包含着所有的进程,无一例外。它就是"时间之河",其水流不受任何事物的影响,正如他在《自然哲学的数学原理》中所说:"绝对的、真实的、数学的时间,由其特性决定,自身均匀地流逝,与一切外在的事物无关。"

牛顿假定时间与空间是绝对的、独立于任何物理过程而存在的。"事物存在的持续时间是不变的,而不管运动是快速的、缓慢的还是根本就不动的。"也就是说,如果物质消失了,只有空间和时间还会继续存在——它们是物理现象发生的一种舞台。这些概念来自于对宇宙间天体和地球上我们周围物体运动的观察,还有大量的物理学实验,它们跟人们的日常生活经验是十分吻合的。

牛顿的理论对于时间的特殊性质以及时间结构的问题没有作出解释。一切似乎都顺理成章:时间是一条无头无尾、始终如一的河流,没有"源头",也没有"潮起潮落",所有的事件都在时间河流的承载中流逝。时间除了均匀地流逝的属性之外,没有其他属性。"绝对时间"在整个宇宙中都是相同的。牛顿的时间

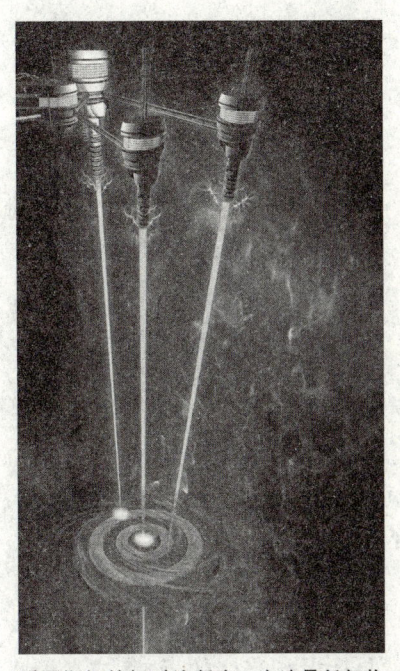

爱因斯坦的相对论断言,光速是任何物质在真空中的最快速度。

概念吸引我们用绝对而又普遍性的方法把时间分割成过去、现在和未来。但是,这种把时间看做一成不变而又绝对的朴素观点,从根本上说是有缺陷的。

大约在 20 世纪初,在涉及光信号的变化和物体的运动时,牛顿的普遍性时间概念开始得出荒唐的或是自相矛盾的结论。爱因斯坦恰逢其时,把一个可变的时间概念引入到物理学中。他在迈克尔逊—莫雷的"以太"测量"零结果"的实验基础与麦克斯韦的电动力学中存在"绝对速度"的基础上,建立了狭义相对论,彻底改变了牛顿的绝对时空观的概念。

在爱因斯坦的狭义相对论的时空观念里,时间与空间真正地成为一个整体,而不再是独立的绝对的组分;时间与空间是紧紧纠缠在一起的概念,它们是不可分割的;在它们之间,存在着以"洛伦兹变换"为理论基础的转换。由爱因斯坦本人主导的时空观念的变革,让狭义相对论的时空观成为物理学的根本性的根基,也使得 20 世纪的物理学成为整个科学研究的领

头羊；同时对其他学科，甚至对人们的日常生活形态，也产生了不可估量的变革与影响。

在爱因斯坦的狭义相对论中，最重要的一条原理是光速不变原理。该原理指出，光速在各个参考系中是常量，且光速是任何物理速度（信息传播速度）的上限。在随后提出的广义相对论中，爱因斯坦虽然把平直的时空观念延伸到了弯曲时空的概念，但它仍旧保持了狭义相对论的理论基础。特别地，广义相对论指出，在惯性系里，所有的物理规律恢复到狭义相对论的形式。所以，狭义相对论的时空观念，特别是关于光速是物理速度上限这一结论，是整个相对论时空观的基础。即使到了量子力学的理论中，尤其是现在的以量子场论为基础的标准模型，光速仍旧被看做是信息传播上限而保留，以使物理学的因果性不被破坏。

牛顿理论并没有错。尽管它与爱因斯坦理论有着根本性的区别，但仍是后者相当好的近似，或者说真理的精确近似，只不过需要满足如下条件：物体的运动速度与光速相比很低，并且时空曲率也不大。而一些小的相关项若被忽略不计，爱因斯坦理论便能简化为牛顿理论。因此，牛顿理论可以视为广义相对论的特殊形式，而广义相对论则是牛顿理论向一般情况的推广。

一切新奇特征的根源

要说时间、空间和物体的恒定性，这在人们的感性认识中是根深蒂固的。我们本能地把时间看做是永恒的、绝对的、不可改变的，相信什么也不能干扰它流逝的步伐。爱因斯坦的伟大发现——自然界没有绝对时间，成为相对论的基石，同时也成为物理学和哲学对空间与时间认知的转折点。用一句通俗的话来说，一个观察者所看到的在两个不同地点同时所发生的事件，在相对于这一观察者做相对运动的另一观察者来说，并不一定是同时发生的。每个人的"现在"仅仅是对他们自身而言的。对于过去发生的事情,"以前"和"以后"都是相对的。

爱因斯坦的相对论把时间同空间结合起来,也使之成为世界上一切新奇特征的根源。他的理论还预言了一种奇特的现象(对亚原子粒子加速的研究结果证实了这一点):时间的流逝似乎随着速度的增加而减慢。这称为"时间膨胀"。在一艘高速运动的宇宙飞船里,一切运动都将变慢;原子的运动,时钟,人体组织的新陈代谢,都会变得很慢。

爱因斯坦的相对论把时间同空间结合起来,也使之成为世界上一切新奇特征的根源。

由于飞船上一切事物的变慢都严格地同步,所以这样一艘飞船上的人不会意识到这一变化。对他们说来,只是外部世界的一切速度都加快了而已(这就好像车站上有一列匀速向前运动的火车,车厢里的人不会觉得列车在运动,而是感到车站和田野似乎在后退)。也就是说,所有随时间变化的现象在运动中都比在静止中进行得慢,好像时间变慢了一样,但在普通的速率上这种影响根本看不到。此外,爱因斯坦理论还预言引力可以减缓时间的流逝。与在地下室相比,钟在顶楼上要走得快一些;在更接近于地心因而也更深入于引力场的情况下,这一现象将愈加显著。

时间和空间的这种相对性同我们的直觉相违,常常把人搅糊涂了。在日常生活中,时间和空间在人们的感知或体验里从没出现过缩短现象。按照爱因斯坦的理论推算,运动物体的长度在速度接近光速时才有显著改变。如果物体以光速的50%、90%和99%运动,那么,它们的长度就会分别缩短为静止长度的86%、45%和14%了。有一首打油诗描述了这种高速运动物体的相对论收缩效应:斐克小伙剑术精,出刺迅捷如流星;由于空间收缩性,长剑变成小铁钉。

而时间效应比长度和质量的效应更使人困扰。假设双胞胎兄弟中哥哥以光速飞行进行太空旅行,回到地球时他的年龄将会比留在地球上的弟弟小:当地球上过了10年的时间时,以60%光速飞行的哥哥只长了8岁。飞行的速度越接近光速,哥哥的年龄就越比弟弟小。这叫做"双生子佯谬"。1971年,美国华盛顿大学的哈费勒和美国海军天文台的基廷两位物理学家在一次环球旅行中,测量了飞机上的4座原子钟。飞机的速度无法和光的速度相比(相差几百万倍),但科学家此番却证实捕捉到了时间的伸缩性:在旅行结束时,飞机上的钟表指示与地面上的钟表相比晚了59纳秒。

时钟的走慢如同长度的缩短一样,是一个普遍的效应,只与运动速度有关。

进一步追问:如果速度接近光速可使时间变慢,超过光速可不就能把时间倒转了吗?再问:一个人如果去追手电筒的光会怎样?如果他跑得快,有没有可能追上那道光?如果他能跑得跟光一样快,他会看到什么?光会不会看起来好像是停止不动的?

根据爱因斯坦的说法,如果你看到一辆汽车移动的速度接近光速,那么,汽车看起来好像缩短了,而且车里的一切好像以慢动作在进行。如果汽车的速度再快一点,它的长度就会缩到接近于零,而时间几乎静止了。不过,只有看到车子经过的人才会感觉到这些变化;对于车上的人来说,一切都和平常一样。

以相对论速度相遇的两个旅行者,对时间的感受结果是不同的。如果运动得比光还快,其情形就如一首有关相对论的打油诗所描述的了:年轻女郎名伯蕾,神行有速光难追;爱因斯坦来指点,今日出游昨夜归。这就显得更加离奇、荒唐了。

不少科幻小说推测,打破光障就能回到过去。但是,爱因斯坦给出的公式不允许任何物体以光速运动。这是因为,物体的质量会随着速度接近光速而越来越大;而质量越大,物体反抗加速的力量便越强;到了最后,物体的质量会达到无穷大，这便需要有无限多的能量来克服无穷大的惯性。因此，一切由物质构成的物体都不可能以光速运动。

爱因斯坦漫画

大量的直接实验证明，运动物体反抗它本身进一步加速的惯性质量，在运动速度接近光速时会无限增大。因此，如果一颗左轮手枪子弹的速度达到光速的 99.999 999 99%，那么，它对于进一步加速的阻力（即惯性质量）相当于一枚 12 英寸的炮弹；如果达到光速的 99.999 999 999 999 99%，这颗子弹的惯性质量就等于一辆满载的卡车了。此后，无论再给这颗子弹施加多大的力，也不能征服最后一位小数，使它的速度正好等于光速。也就是说，光速是宇宙中一切运动速度的上限！

依靠现在的科学手段是不可能回到过去的。要想回到过去就必须使太空船以比光速更快的速度飞行。比光速更快的粒子被称作"超光速粒子"。这种粒子具有"能量消耗越多，速度越快"的稀有性质。虚数相乘的话质量就会变成负值了。

物理学家为超光速运动物体造了一个专有名词——"快子"（或超光速粒子，tachyons）。如果有机会在物理学家中做个民意测验，你会发现大约 90%的人反对超光速粒子的想法，1%的人会支持，其余的人表示"不知道"。

英裔澳大利亚籍物理学家保罗·戴维斯指出，比光速快可能意味着时间逆转，随之而来的是所有的难题和矛盾。狭义相对论前所未有的精确性已经得到检验，简直无懈可击。但超光速粒子还是个问题，尽管它们在理论上是可以存在的，可随之而来的却是各种各样令人困惑的属性。物理学家宁愿一劳永逸地把它们排除在外。

然而，还没有令人信服的证据证明其不存在。除非有人捏造一个证据，否则，我们不能确信一个超光速粒子（快子）不会突然被发现。关于回到过去的奇异时空世界去旅行的研究也是这样。到目前为止，在已知的物理学定律中，允许时间旅行的理由很不充分。现实的穿越时光之旅目前还闻所未闻。不过，就像超光速粒子一样，由于缺乏不可能的证据，这个可能性仍然存在。只要存在，相互矛盾的论点就会困扰我们。

科学与科幻的双向交流

除了空间和时间外，狭义相对论还改变了人们对光的本性的认识。它将光提高到凌驾于空间和时间两者的地位上；而且，光似乎又是空间和时间的源泉。现在我们知道，光是一种电磁波，光速在真空中永远恒定。爱因斯坦发现，承认相对性的原理，就得丢掉关于能量和质量互不相干以及它们是分别守恒的概念。他把这个颠覆性的发现总结为一个等式：$E=mc^2$。质量和能量只不过是同一个东西的不同表现形式而已，光速（c）在这里是个常数；你所见到的周围一切质量，都是被束缚的能量的一种形式。

威尔斯的科幻名著《时间机器》出版于1895年，这要比爱因斯坦的狭义相对论问世早了整整10年，但威尔斯却以不可思议的预见性，反映了爱因斯坦相对论的某些方面，并激发一代又一代的科学家对时间旅行进行系统研究。今天，一些听上去像是科幻小说的推测，已被当做严肃的科学理论加以对待。

我们高兴地看到，自20世纪以来，科学与科幻小说日益相互补充，两者之间存在着一种双向交流。科幻小说提出思想，激励着科学家解决现实世界中的问题。科学家把这些思想纳入到自己的理论中，进行深入地探究，把今天的科学幻想变成明天的科学现实；但有的时候，科学提出的概念比科学幻想小说提出的更奇怪（黑洞就是明显的一个例子）。

美国物理学家、加州理工学院教授基普·索恩（Kip Stephen Thorne）写道："时间旅行曾经仅仅是科幻作家们的领地。严肃的科学家对其像躲避瘟疫一般唯恐避之不及——哪怕是在用笔名写小说或是私下里阅读的时候。时代真是变了！现在能够在严肃的科学期刊上发现出自著名理论物理学家之手、关于时间旅行的学术性分析了……为什么会发生这样的改变？因为我们物理学家已经意识到时间的本质是一个极为重要的议题，不能仅仅被遗落在科幻作家手中。"

在《黑洞与时间旅行》一书中，索恩记述了这样一件事：1985年的一天，他接到老朋友、康奈尔大学天体物理学家卡尔·萨根打来的一个电话。萨根说："我刚写完一本小说，讲人类第一次同外星文明打交道。不过有点儿麻烦。我想尽量把科学的东西写得准确一些。我怕把某些引力物理的东西弄错了，你能替我看看吗？"

萨根提到的自己那部科幻小说名为《接触》（后来由好莱坞拍成电影《超时空接触》），内容涉及所谓太空中的虫洞——一种空间时间隧道。他让他的女主角阿洛维落进地球附近的一个黑洞，然后穿过超空间，一小时后出现在26光年远的织女星旁。索恩看过小说手稿后从专业角度进行了深入思考，认为萨根的小说得改：阿洛维不可能从一个黑洞的中心穿过超空间到达文明宇宙的另一个部分。因为，任何黑洞都不断受电磁真空小涨落和少量辐射的攻击。这些涨落和辐射落进黑洞时，被黑洞引力加速到巨大能量，然后暴雨般落向可能被人们借以穿越

请将空间想象为一个被弯折的二维平面。两个物体向时空施加足够的作用力，从而制造出一条连接宇宙中相距很远的两点的通道：图中所示的虫洞即由此产生。

超空间的任何"封闭小宇宙"或"隧道"或宇宙飞船。因此，任何做超空间旅行的飞船都会在启动前就被"暴雨"摧毁。索恩的建议是：萨根可以把黑洞换成穿过超空间的虫洞。

虫洞这一术语，是美国著名物理学家约翰·惠勒（John Archibald Wheeler）创造的。他最为世人熟知的成就是创造了"黑洞"这个简洁、贴切、概括性极强的

科学家索恩在萨根科幻小说的激发下，制订了一项广泛的科学研究计划。

词汇，该词形象地解释了宇宙中大质量超巨星坍缩时产生的现象。黑洞因为质量很大，连光都会被它吸收。有一次在课堂上，惠勒问学生如何以一个词来形容星球塌缩、密度紧密到无法透光的现象。一名学生举手回应说"黑洞"！惠勒便在1969年举行的一次会议上提出了"黑洞"一词，以取代先前的"重力完全塌缩的星球"。他讲过："黑洞告诉我们，空间可以像一张纸一样被揉捏成一个无穷小的点，而时间则会像一个吹爆的气球那样消失；所有被我们尊为神圣的物理定律好像是不变的，其实不然。"

实际上，早在20世纪50年代，惠勒就设想过空间中两个点的连接方式可能不只一条路线。在广义相对论中，时空可能弯曲到与自身重合，时间圈和空间圈因此可能出现。令人注目的是，20世纪30年代中期，爱因斯坦在与内森·罗森（Nathan Rosen）一道进行的研究中就已预见了此种可能性。正因为如此，虫洞有时也被称作"爱因斯坦—罗森桥"。宇航员穿过虫洞，从 A 到达 B 有可能要比光由"正常"路线从 A 传播到 B 要快一些。以这种方式超过光速，宇航员同样能在时光中倒行。所以，若想旅行到过去，宇航员就必须向适当的方向穿过虫洞，然后高速地穿过"正常"空间回到其出发点，从而在太空中形成一个闭合圈。

在萨根科幻小说的激发下，为了弄清上述奇异的事态是实际可能的，而非一种荒谬的猜测。索恩及其合作者随即制订了一项广泛的研究计划，

并且很快就获得了有趣的发现,一时间传为佳话。多年以后索恩在一次演讲中说道:"一本像《接触》这样的科学幻想小说,在科学研究上促成了一个重要的新方向,这很少见,也许真是绝无仅有的。"

索恩还谈到他如何通过《接触》激发理论物理学界去研究一些极端的时空弯曲(这些他们过去都避开不谈),以及这些研究如何让他们对空间和时间的本质产生了新的洞见。他认为"萨根式的提问"——一种"思想实验"——"物理定律对一个无限先进的文明的行为会有什么限制?"现在已成为理论物理研究中的一个重要课题。它的重要性还在增强,因为理论家们认识到:奇特物质不仅是让虫洞开启的关键,而且也是制造时间机器以及确定奇点的性质,甚至它是否存在的关键。

近些年来,科学家们一直也在探索,黑洞是否有朝一日会使星际旅行、甚至使星系际旅行变得切实可行呢?假设黑洞的数量很多,适当地利用黑洞,便可以在 A 点进入黑洞,又几乎立刻在 B 点涌出(A、B 两点距离极远),再通过普通空间旅行到 C 点,在 C 处进入另一个黑洞,而几乎立即又在 D 点出现,依次类推。这样的话,就可以在非常短暂的时间内,从宇宙中的任何一点抵达另一点了。

科学的边缘地带

时间旅行,仅仅是一种幻想、我们意识以外的产物,还是未来可能付诸实践的一种全新技术?近年来,一些科学家刚刚开始在科学的边缘地带,将各种新奇的理论"拼凑"到一起,尝试着去解释在将来的某一天时间旅行可能被实现。当然,所有的这些理论目前都是基于处于前沿领域的物理学成就,或者是基于广博科学知识的零星推断。

日裔美籍物理学家加来道雄(MichioKaku)认为,爱因斯坦的方程允许很多种时间机器存在(但它们是否经得起量子理论的挑战仍不确定)。在爱因斯坦的理论中,我们常常遇到某种叫做"封闭式类时间曲线"的东西,它是允许回到过去的时间旅行路径的专业术语。如果我们沿着一条封闭式类时间曲线的路径前进,我们将踏上一次旅程,并且回到我们出发之前的时间里来。

对时间旅行进行的最新研究表明:在物理学定律中,不存在着十分明显的事物能在理论上阻止其发生,尽管在所有被研究的事例中,只有以最极端、最奇特的方式操纵物质和能量,时间圈才得以形成。

其实,早在1949年,奥地利裔美籍数学家、逻辑学家库尔特·哥德尔(Kurt Gödel, 1906—1978)就发现了一个奇怪的爱因斯坦方程的解。他假定:整个宇宙是旋转的。在这样一个宇宙中,一个人原则上可以在宇宙中空间和时间任意两点间旅行。他能看到任何时期发生的每一个事件,不管是在过去多么久远的时候发生的事件。

哥德尔被视为第一个通过相对论方程组的思索与探讨,得到时间旅行可能性方案的人。他提出:"坐在火箭船沿着十分宽阔的跑道跑一圈,你有可能在这个世界上旅行到过去、现在和将来的任何时空,然后再回来。就好像有可能在其他的世界中旅行到空间遥远的地方。这种事情似乎是荒谬的。因为它使一个人能旅行到他最近的过去和他曾经住过的地方。在这里他会发现过去的自己。现在你可以对这个人做某些按照他的记忆没有发生过的事情了。"

这里,哥德尔实际上明确提出了一种可以实现时间旅行的方法。如果采用这一方法,就可以创造一种"时间因果关系回路"(换成科学术语就是"封闭类时曲线")。不论哪一种情况,都意味着你可以实现往返旅行,并在时间和空间上回到你的出发点!该方法还涉及另一种宇宙。这种宇宙和我们所处的宇宙不同,它不是在持续膨胀,而是在匀速回转。科学家发现,从原则上讲,在这样的宇宙中,一个人只要在空间中绕一个圈,就可以倒回从前。这一假想宇宙同我们居住的宇宙大相径庭。存在这种方法本身就清楚地表明,时间旅行在广义相对论中是可以实现的。

但是，作为哥德尔的知音和密友，爱因斯坦显然被哥德尔的发现扰乱了思绪，他写道："在我看来，库尔特·哥德尔的论文对广义相对论是一个重要的贡献，特别是对时间概念的分析。这里涉及的问题在我建立广义相对论时就困扰着我，我没能成功地澄清它……

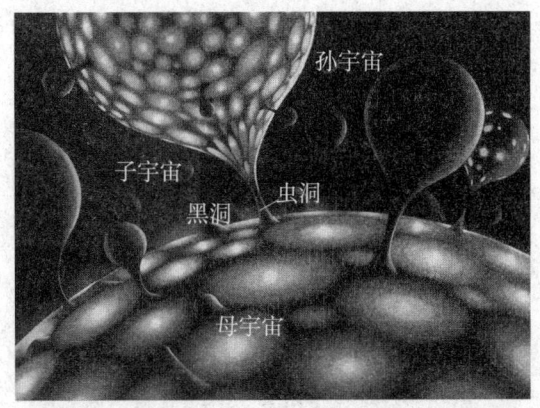

有天文学家认为，宇宙一诞生就急剧膨胀，并在膨胀期间孕育无数个宇宙。我们的宇宙之外很可能还有其他的宇宙。

'较早-较晚'的区别被放弃了，或者在宇宙意义上相距很远的点以及有关因果连接方向的矛盾出现了……哥德尔先生已经谈到这些问题……有趣的是应不应当考虑根据物理学基础排除这些结果。"

半个世纪过后，加来道雄在评论爱因斯坦的上述观点时指出，由于两方面的原因，爱因斯坦的回答是重要的。首先，他承认在他建立广义相对论时时间旅行的可能性问题曾经困扰他。由于时间和空间被处理成像一块能够弯曲和扭曲的橡皮，爱因斯坦担心空间—时间结构会弯曲得太大，以至时间旅行也许可能。第二，他根据"物理学基础"排除了哥德尔的解，即宇宙不是旋转的，而是膨胀的。那个时候没有人认真考虑这些问题，因为科学家认为诸如时间旅行、虫洞这些现象在真实世界没有基础，是不能实现的。因此，时间旅行是一个纯学术问题。

英国科学作家迈克尔·怀特（Michael White）认为，很可能，在将来的某一天，我们会具备运用宇宙中某些巨大自然力量的能力，比如说控制黑洞或旋转脉冲星，然后我们就可以研发出能够回到过去的时间机器了。就算宇宙中的自然力量——黑洞或脉冲星——不能制成时间机器，那么我们还可以尝试使用人造虫洞。不过，要使用上述这些方法，我们需要在现代物理学的基石——量子理论与相对论中取得突破性的进展。除此之外，我们还需要乐观地假设：宇宙中还存在其他的类似脉冲星或中子星的奇异物质，只是目前我们还没有找到它们罢了……

霍金也曾打趣说："虫洞，如果存在的话，会是快速空间旅行的通道。你可以穿过虫洞到星系的另一侧，然后赶回来吃午餐。"美国著名物理学家劳伦斯·克罗斯则发出这样的感慨："如果我们能够走向过去，去重温往日的荣耀，改正所犯的错误，去会晤我们的英雄，甚至可能设法避免灾祸，或者只是返老还童而又不失老人的智慧，我们有什么舍不得付出的呢？"

克罗斯还提及，有一个关于宇宙的格言，他经常跟他的学生念叨：一个没有被明确禁止的事物就必然要出现。

经常用于反时间旅行的一个不太可靠的理由是：如果我们的后裔发现如何进行时间旅行，那他们就会回来拜访我们。因为我们看不到这些驾驭速度的旅行者，所以我们能断定他们还没有存在。但保罗·戴维斯指出，我们不能用这个理由来完全排除时间旅行的可能性。时间旅行的诸多悖论给我们造成的震撼更多源于其令人眼花缭乱的心理影响，而并非源于任何逻辑的怪异性。在《时间机器》的尾声，时间旅行者的最终命运确实让人揪心，因为他无法从最后的旅途中返回他自己的世界。

还有人设想，来自我们人类自己的未来世界的一些时间旅行者，是到他们的过去的时代旅行，他们的过去就是我们的现在，因此无法与我们接触。他们很可能要扰乱我们的未来，即他们的现在。在这一点上，我们不可以假定他们的时间流与我们的不同。有趣的是，对于为什么没有一个人看到来自未来的时间旅客，加来道雄解释说：这是因为他们都会隐形。

无尽的探索

关于时间、空间和万物，还有许多未解之谜值得深入探索。
美国加利福尼亚大学伯克利分校的物理学家拉斐尔·布索（Raphael

Bousso）及其同事通过演算推断，在大约35亿年后，时间注定会永远停步，就仿佛按下暂停键停播电影一样。从严格的意义上讲，那将是时间的终结，永无休止的暂停，冰封凝固的末日。

上述理论的研究基础是美国斯坦福大学的物理学家雷欧纳德·苏斯金德（Leonard Susskind）提出的"多重宇宙"理论。后者所阐述的是，在浩渺无垠的元宇宙中存在无穷无尽的宇宙空间，每个宇宙空间各有其物理法则，而我们所处的宇宙只不过是其中之一。多重宇宙是弦理论和宇宙膨胀理论必然会产生的结果；一旦弦理论和宇宙膨胀理论得到真正的、普遍的认同，那么，多重宇宙理论便会具备完美的可信度。

虽然难以发现直接的证据来证明多重宇宙的存在，但多重宇宙的理论或许可以解开人类最大的谜团之一：我们的生存。这也可能解答一个古老的基本问题：为什么世界是它现在的这个样子？的确，由于缺乏起码的观察证据，我们依然无法掌握问题的关键。苏斯金德预言道："再过100年，哲学家和物理学家们将会痛心疾首地回顾现在并回想那个20世纪庸俗狭隘的宇宙观让位于更大、更好、无限风光令人晕眩的巨型宇宙的黄金时代。"

今天，越来越多的物理学家相信，不仅存在着一个宇宙，而是很多——所有这些宇宙构成了浩瀚无垠、丰富多彩的陌生世界，好似无边无际的大海点缀着不计其数有人居住和无人居住的岛屿。我们只是在多元宇宙中的一处蜗居，而每个人在其他的宇宙中都有貌合神似者。换句话说，任何一个可以设想的世界都实际存在着，任何可能发生的故事都会在某处发生。

美国物理学家亚历山大·维兰金（Alexander Vilenkin）和他的同事安德雷·林德（Andrei Linde），在计算原始大爆炸之后使宇宙膨胀的力量时得出这样的结论：膨胀必定在我们的宇宙之外持续下去。这意味着：远离我们的宇宙之外正在不断地形成新的宇宙，就像泡沫浴中涌现的泡泡。每个泡泡就是一个原始大爆炸，随即产生一个新的宇宙。由于宇宙数量之众难以想象，其中有许多宇宙也存在着生物、人类甚或是我们的貌合神似者。

英国剑桥大学教授、天文学家马丁·里斯（Martin Rees）认为，我们通常所说的"宇宙"可能只是全体成员中的意愿。可能存在不计其数的规律不同的其他宇宙。我们所在的宇宙术语与众不同的子集,在这个宇宙中允许复杂的事物和意识得以发展。这许多个宇宙并不是通过空间和时间相连接的,而是以某种形式彼此"平行"存在。一般而言,有无限多个宇宙。无限多个宇宙和无限多个时间的存在意味着任何在量子测不准关系的广阔范围内准许发生的事情,至少在其中一个宇宙中的确发生了,这无限多个世界镶嵌在一起,使该理论能兼顾两者。

这些玄妙的"理论"不能不令人浮想联翩。如果在我们周围存在如此之多的宇宙或维度,你可能也会觉得奇怪:为什么我们仅仅能看见其中之一?保罗·戴维斯认为,我们可以这样解释:假设当一个宇宙分割为两个世界时,观察者也分离成两个,分别感受各自的世界。在实践中,发生在原子水平的量子过程一直连续地把宇宙以及读者分割为无数的拷贝。你的每一个拷贝都坚定地认为她或他是唯一的。虽然这似乎稀奇古怪,但是,只要这许许多多的宇宙仍然分离,这与我们的体验就完全一致。然而,假如它们开始重叠或彼此相互干扰,麻烦就会出现。这就引出了第二个问题:有可能观察到其他宇宙吗?通常的答案是:不。

但是,人们对此还未达成共识。英国牛津大学的物理学家戴维·多伊奇(David Deutsch)指出,在理论上能够做这样的微观实验:两个或多个世界临时被连接起来,并允许物理影响从中滑过。假如我们的宇宙(其中一个宇宙)临时与其中的一个反世界相连接,将会发

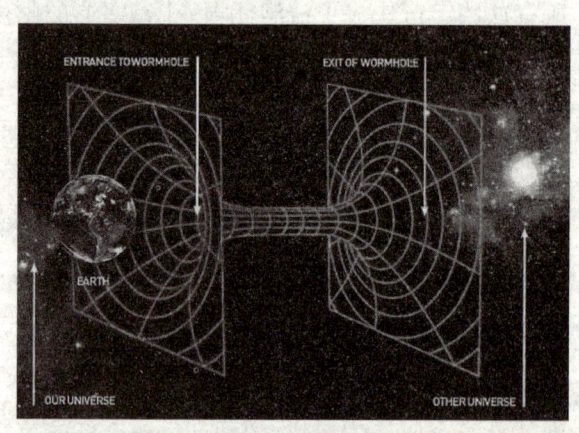

虫洞是一个理论上的"隧道"或密道,爱因斯坦首次在其相对论中提出该概念。虫洞将两个不同的世界在时间和空间上连接在一起,负能量将时间和空间拖入一个隧道口,从而进入另一个世界。虫洞在三维空间是不可见的。

生什么呢？难道我们将能够朦朦胧胧地瞥见未来？能够发现由于我们宇宙中某些物体的时间临时逆转而表现出明显奇特的情形吗？我们能否预料从倒流的时间看，令人惊奇的巧合或意外发生的事竟然完全正常（如一手牌被洗为同花顺）？这些都是科幻小说的素材。然而，科幻小说有时却往往能够揭示发现科学事实的线索。

试想，500多年前，哥伦布发现新大陆，显然改变了旧大陆人们的生活。人们甚至形成了一个有意义的假说，它与"天外智慧搜寻"的理论基础异曲同工：在宇宙的海洋中，其他新世界也是可能存在的。这是一种非凡的前景。然而，在我们接收到有说服力的信号以前，它是不会实现的。只有收到信号，我们才会像当初人们由于哥伦布而相信一个地球的新思想一样，相信一个宇宙的新观念。

不过，可以预测未来的能力确实往往很难符合已知的物理学定律。加来道雄认为，如果预测未来可以在可重复进行的实验中得到证实，它将在现在的物理学体系中掀起轩然大波。他如此划分三类不可能的事物：

第一类不可能：现在不可能实现，但是它们并不违背已知的物理学理论。它们有可能在21世纪或22世纪变成现实，它们是：力场、隐形术、移相器和死星、隐形传送、心灵感应、意志力、机器人、不明飞行物和外星人、星际飞船、反物质和反宇宙。

第二类不可能：它们是一些位于我们现在了解的物理学领域边缘的技术。人类或许能在一千年或数百万年后真正弄明白它们。这些科技是：比光速更快的旅行、时间旅行和平行宇宙。

第三类不可能：它们是一些违背人们现在已知的物理学理论的技术。如果它们最终被证实有可能实现，这些科技将让我们对物理学的理解发生根本性改变。

遗憾的是，我们这一代读者在其有生之年，很可能都看不到了。

今天，我们已经找到了一种有效和精确地了解宇宙的方法，我们把这种方法称为"科学"。从现实和深远的意义上说，人类的命运和宇宙息息相关。人类大大小小的活动都可以追溯到宇宙及其起源。未来的人类,究竟能与时间、空间和万物存留到何种岁月,谁也无法预测。但是,可以肯定:就像伽利略、牛顿等开创的近代科学影响了我们今天的生活那样,今天和明天飞速发展的科学,也必将在很大程度上影响我们的未来。

英国科幻作家克拉克在他于1982年推出的科幻小说《2010年》中写到了智能生命的进化,其中提到有一物种在开始时是血肉之躯,后来学会把自己的头脑、接着又把自己的思想转换成锃亮的由金属和塑胶制成的新"首级"。再接着,他们学会了"把知识储存到宇宙之中,把他们的思想永久地保存在晶格中,他们变为辐射机体,不受任何物质的约束。因而,他们可以一下子把自己转换成为纯粹的能量,能够随心所欲地在各种星球之间漫游,像一缕轻纱般地在宇宙的空隙处自由升降"。

那真是浪漫啊!

最后,就让我们用古罗马哲人塞尼卡(Seneca)的一段话结束本篇的时间之旅吧:

> 长期艰苦的研究工作终将揭示现存的奥秘。但人的生命是有限的,即使将毕生都贡献给太空,我们也不能透彻地研究这样宏大的课题……所以,只有经过相当长的历史时期,人们才有可能获得对太空的全面认识。将来有一天,我们的后代会因为我们不懂得那些对他们来说十分浅显的东西而感到吃惊……还有许多有待于发现,那时候,我们将被我们的子孙所忘却。如果我们的宇宙不能为每一代人都提供可探索的奥秘,那么,这个宇宙就太渺小、太可悲了……大自然是不肯将其天机一下子全都泄露给我们的。

第六章 谎言与真相

最近几十年来,借助"阿波罗号"、"旅行者号"、"先驱者号"和"海盗号"空间探测计划所获取的许多精美图片,我们已经了解到行星世界形形色色、令人惊异的景象。可以说,在探索宇宙和我们自身奥秘的旅途中,我们已经迈出了一大步。但是,我们仍有很长的路要走,一些古老的问题依然有待于我们去解答。

我们是否孤独

仰望上苍时,天性常常会让我们发问:我们是谁?我们从哪里来?我们是否孤独?在茫茫宇宙中,会不会就只是地球上才有生命存在呢?

或者,更具体地:是否只有地球上的人类才具有探索宇宙深处的眼睛?才能创造装置来扩展自己的天然器官?才拥有能理解和解释所看到和感觉到的东西的大脑呢?

公元前4世纪,古希腊哲学家伊壁鸠鲁(Epikouros,约前341—前270)在一封写给希罗多德(Herodotus,约前484—前425)的信中说:

> 存在着的世界,其数目有无限多个。它们有的像我们的世界,有的不像我们的世界。因为原子数目无限……它们弥漫到广无

涯际的太空中。因为这些原子具有这种可以产生或制造出世界来的本性，至今还没有在一个世界或数目有限的多个世界上用光……所以绝不会存在限制产生无限多个世界的障碍。……我们必须相信，所有的世界都有动物，有植物，还有其他东西，就像我们在这个世界见到的一样。

开普勒在研究月球时，同地球进行了严格对比，这种对比的方法也是古希腊作家普卢塔克(Plutarchus，约46—约120)在描写月球人生活时所使用的。开普勒辨认出了月球表面绵延的山脉和崎岖的地貌，宣称月球表面那些明亮的区域才是海洋。这一非常奇特的观点推翻了普卢塔克的解说。开普勒接着构思了月球人的体态性格，设想由于日照时间长并且气候炎热，月球人的体态比我们要大得多，性格也比我们强悍得多。

开普勒清楚地认识到，认为存在多个天外智慧生命世界这一观点在神学上是有危险的。他写道："如果天上存在与我们相似的星球……那么又怎么能说天地万物是为人而生为人而造的呢？又怎么能说地球是上帝杰作的主人呢？"

17世纪的荷兰天文学家、数学家惠更斯是第一个宣称自己相信有外星人存在的科学家。在其名为《宇宙》的论著中，他详细论述了天外智慧生命，自由酣畅地发挥了他的想象力。他声称：施惠万方的上帝赋予其他多个世界以生机和智慧生命，这样说恰好适合上帝的万能神性。他提出了一个我们今天仍然在

这幅19世纪的拼贴画提出一个疑问：如果这世界已是一切，那么，在这个世界的外面还会有些什么呢？

问的问题:地球有什么特殊性?如果我们的地球只是环绕太阳运行的许多行星之一,那么在太阳系中是否可能还有其他地方也拥有生命?

虽然惠更斯通过观测开始怀疑月球适合生命存在,但他还是将行星看做是一些有空气、海洋甚至居民的世界,宣称存在木星人、土星人、水星人以及其他行星人类。他甚至还描绘了各个行星人的性格特征,花了大半个世纪猜测金星上出产水果。

在惠更斯那个时代,人们普遍相信散布于宇宙中的行星都有居住者。这就为18世纪伟大的哲学家康德创造了便利条件,他广泛探讨天外人类这一课题,而且丝毫不担心遭到天下人嘲笑。根据康德的宇宙观,宇宙由一个固定的中心和围绕这一中心的外围部分构成,居住在天外各个世界上的动物,其本性分别由这些世界到宇宙中心的距离来决定。

在太阳系以外,某个地方可能存在着像我们这样的智能生物——这种可能性,自近代以来就一直是一个不断引发热议的"科学话题"。毕竟,太阳只是宇宙中无数颗恒星中的一颗,而宇宙包含着地球上的生命中发现的所有元素。一颗遥远的恒星,很可能就照耀着另外一个文明。

人们对外星人形象和意图的想象,充分展现了人类丰富的想象力。

有趣的是,当我们大多数人想到外星人时,脑海里的形象往往跟我们很相像,觉得他们长得像我们,思维像我们,行为也像我们,甚或就像超人一样。西方文化中所谓的天使、巨人,还有希腊的诸神等等,都总是以人类或半人类的形式出现。英裔澳大利亚籍物理学家保罗·戴维斯(Paul Davies)认为,这只不过是对信奉某种东西的深层次的文化需求,这种东西既像我们自身,但又优于我们。

月亮骗局

由于人们在潜意识里普遍相信我们并不孤独,于是地球这个世界便出现了许多热热闹闹的事情。

先说说"月亮骗局"吧。

如果不是这美丽的月亮夜夜陪伴着我们,在人类历史上,这飞向太空的神奇之梦,肯定不会出现得那么早。时至19世纪初,尽管人们对月球大体已经有了一些了解,但还是很难想象那是一个死寂的星球,因而很容易被月球上有智慧生命的故事所欺骗。

历史上著名的"月球骗局"发生在1835年。这一年的8月25日,新创刊不久的纽约《太阳报》以大字标题刊出了记者理查德·亚当斯·洛克(Richard Adams Locke, 1800—1871)捏造的消息:"约翰·赫歇尔爵士最近在好望角取得重大天文发现",声称英国那位著名的天文学家利用一架新型望远镜的惊人的细节分辨能力,把月球景物看得异常清楚。

洛克用其"生花妙笔"炮制的假新闻当真吸引了许多眼球。人们感到惊讶的是:在月球上不仅有像罂粟属植物一样的花和像紫杉、冷杉一样的树,而且还有长得像野牛、独角兽之类的庞然大物,以及"一条巨大的分岔河流,其中拥有许多可爱的岛屿和种类繁多的水鸟……"。他还告诉大家,"在这些岛屿之一的上端附近,我们有机会看见一种奇怪的两栖类动物,它们的躯体呈球形,能够跨越卵石河滩且快速地滚动。"

报纸的销路很快就被打开了。8月28日,洛克精心编造的"月球蝙蝠人"见诸报端,使这一恶作剧达到了高潮。他在文中写道:"可以肯定这是类似于人类的生物……我们采用Hz透镜,把他们成像到仿佛是只有8码的近距离处,并对它们观察了几分钟。他们脸部微黄,类似人类肌肤的颜色,好像是跟大猩猩相类似的一个变种,但嘴部凸出,尽管下颚衬托着一把浓密的胡子。这些生物显然在忙着互相谈话;他们谈话的姿态,特别是手臂挥舞的动作,表现出具有热情和感情。所以,我们推断,他们是一些具有理性的生物。"

洛克"成功"了,人们(包括一些著名的评论家)都信以为真。《纽约时报》载文称:"这些新发现是可能的,也是可信的。"《新约克人报》则认为,这些观测结果"在天文学和整个科学领域开创了一个新纪元"。据说,在马萨诸塞州,有一个妇女俱乐部曾经写信给约翰·赫歇尔,向他请教怎样跟那些月球人取得联系,并且如何能够规劝他们皈依基督教。而当这些

这幅报纸上刊出的漫画,描绘了月球人在月球上的生活情景。

新闻在欧洲传播时,巴黎科学院甚至还为此召开了一次讨论会。

当然,谎言很快就被戳穿了。9月16日,《太阳报》公开承认了他们虚构这些消息的错误。不过,仍还有人宁可信其有,所以这场荒唐可笑的风波延续了数月之久才最终平息下来。

当洛克在报纸上活灵活现地胡吹乱侃时,约翰·赫歇尔正携带着精密的望远镜,在其设于南非开普敦的天文台研究南半球的天空,观测星云、星团及新星。回到英国后听到有关此事的原委时,他不禁哈哈大笑,没去找洛克打名誉权官司(他凑巧与洛克同在1871年去世)。再后来,此事还发生了一个小插曲:当洛克的那些文章结集以《月球骗局》为名重印出版后,爱伦·坡指责他剽窃了坡本人为其小说《汉斯·普法尔登月记》续篇准备的素材。具有讽刺意味的是,坡1844年在《太阳报》上发表了一篇小说,后来就取名为《气球骗局》,它描述了几个美国人乘坐气球飞越大西洋的故事。

回过头来,不妨探讨一下洛克先生的"成功"经验。不用说,这是一个聪明机灵的家伙,笔头也很快(可惜用错了地方)。首先,他很清楚,他的那位英国同胞约翰·赫歇尔彼时正在南非的好望角忙于观测南天的恒星,哪里会注意到远在地球另一边的记者在拿他老人家说事呢?何况那时候通讯联络还很不方便。

其次,即便是胡诌,他也很讲求"技巧",很注意"分寸",很尊重"科学"。

你不能不承认,他信手拈来的那些词语,"科学"色彩颇浓:这会儿他说必须使用一个高倍率的目镜才能看清楚,那会儿又说观测条件不合适,且听下回分解;有时,他还装模作样地说需要点燃氢—氧喷灯,并采用"人工注入法"把暗弱的图像增强。甚至胡扯说,有一次,天文学家忘了把望远镜的主镜盖放好,当太阳光照射到镜面时,它就像一块巨大的点火透镜那样,在天文台引发了一场火灾……这一切身临其境般的描述都由不得你不信。

再次,他很了解那时候的公众(读者)心态,知道大伙儿是多么关注我们的这个月球近邻,多么急于相信所谓的"新发现"、"新事物",即便这种发现跟现实科学那合乎理性、但缺乏兴味的信念相冲突也毫不在乎;他们也不会去问一问,究竟有没有如此先进的望远镜,能够从地球上看到月面上的那些细节(就是现今也仍然做不到)。

如果说,"月球骗局"这个闹剧还有好的一面的话,那就是:它将人们从纷扰的世事中唤起,再次激发了人们对天上的事情、尤其是月球近邻的兴趣,同时也使得更多的人开始关注约翰·赫歇尔在天文学上的真正发现。

火星人"入侵"

火星人"入侵"事件说来也十分耐人寻味。

1897年,威尔斯的科幻小说《星际战争》开始在一份畅销杂志上连载。这是第一部描写星际战争并涉及地球本身的科学幻想小说,也是最早一篇描述地外智慧生物入侵地球的故事。小说在开篇写道:

> 直到19世纪后期还没有人相信,我们这个世界正被像人一样、而又远比我们聪慧的智能生命以浓厚的兴趣仔细地观察着;也没有人会相信,当人们各自碌碌奔忙时,他们正在被仔细地研究着……在多数情况下,地球上的人最多只是设想,火星上可能

存在另一种人,而且也许不如自己优越,因而正准备迎接他们去教诲呢。

然而,浩瀚的宇宙大洋彼岸的居民,他们的智力与我们相比,正如我们与野兽相比一样。那些居民智力发达、感情冷漠,正以妒忌的眼光窥视着地球,并在缓慢而又扎实地制定着进攻我们的计划。

接下来,威尔斯向读者描绘了一幅火星人侵略地球的惊心动魄的景象。但故事的结尾出人意料:就在短短的十多天里,那猖獗一时的火星人居然全都离奇地死去——原来,他们不能适应地球的环境,在地球病菌面前毫无防御能力,落了个全军覆没。

在创作这部科幻名篇时,威尔斯对火星的研究进展和相关问题的争论显然是熟悉的。小说一开始他就谈到,火星上有着比地球还要古老、先进的文明,但自然环境和生活条件却不如地球好。为了缓解火星居民的生存压力,他们决定移民到地球这个环境宜人的星球。威尔斯想象出来的火星人没有性别之分,没有生殖器官,他们是以分裂繁殖的方式繁衍后代的;他们没有内脏,也不会消化,以汲取包括人类在内的动物的鲜血为生;他们无需睡眠,也不会感到疲劳。

威尔斯曾谈论过他创作《星际战争》的缘由:"我兄弟弗兰克的一番话导致了这本书的产生,当时我们漫步于萨里郡平静安宁的景色中。'假如突然间来自另一星球的生物从天而降,'他说,'并且

"火星文化"中最富有影响力的首推科幻小说。而在这些小说中,影响最大的则是威尔斯的《星际战争》。这部小说率先塑造了凶残可怕的火星人形象。

从这里开始四面出击,那会怎样?'那儿就是我的出发点。"在《星际战争》的故事里,火星人依次在地球着陆,读者在阅读中可以明显发现威尔斯的描述要营造一种恐怖的气氛,紧接着,怪异的外星人就这样诞生了:

> 一个淡灰色浑圆的躯体,大小和熊差不多,它膨胀开来,在光线的照射下像潮湿的皮革一样闪闪发光,两只浅黑的大眼睛紧紧盯着我。这个怪物的主要部分,它的头部,是圆形的,有一张所谓的脸。在眼睛下面有嘴,但却没有嘴唇,嘴也在颤动着,喘着气,还流着唾液。

在小说中,威尔斯将火星人入侵与殖民行径相比较,揭示了二者等量齐观的残酷无情:

> 不要忙着谴责火星人心狠手辣,还是先回想一下我们人类曾干过多少伤天害理、灭绝生灵的勾当:我们不仅灭绝了一些动物,如欧洲野牛和渡渡鸟,而且也灭绝过低级的人类种族。塔斯玛尼亚人尽管具有人类的一切特征,还是在欧洲移民发动的历时50年的种族灭绝战争中被屠杀得一个不剩。我们自己残酷无情,又怎么能责怪火星人争雄斗勇呢?

有论者称威尔斯是达尔文和柏拉图的结合体,柏拉图的理想国思想形成了其科幻作品的社会伦理意义,而达尔文的进化观点则是其科学观的出发点,这不无道理。在《星际战争》一书中,威尔斯表明了这样一种担心:认为人类也有可能进化成火星人的形象,因为人类使用大脑和手的机会最多,脑袋会发达膨胀,每个手指也会长长,形似章鱼。而由于机器人的广泛运用,交通工具的发达,人类的腿脚也有完全退化的危险。这似乎蕴含着一种象征性的警示:科学发展有其副作用,人类的特征有可能遭到扭曲。

自1898年出版单行本后,《星际战争》很快就风靡世界,并产生了广泛的影响。"火星人"这个名词不胫而走,"地外智慧生物侵略地球"这一意念更是大行其道，孕育了后来的许多外星人题材的科幻作品。1938年万圣节那天晚上，美国哥伦比亚广播公司将这部小说改编成广播剧播出时，甚至还引起了一场恐慌和骚乱。

事情得从二战期间的1938年9月26日说起。这一天，美国总统罗斯福致电德国统帅希特勒，请他停发最后通牒，以谈判代兵戎，但没有得到对方回应。同一天，水星剧团导演兼演员奥森·威尔斯(Orson Welles, 1915—1985)突发奇想：为什么不把乔治·威尔斯的《星际战争》改编为戏剧呢？但他的这个主意并没有得到哥伦比亚广播公司合作者的支持，他们认为，没有哪个傻瓜会相信火星人来到地球这样的梦话，这必定是一出十分沉闷的戏。

可奥森·威尔斯坚持要上这个广播剧，还有人给他出主意：弄得逼真一些，不妨就学新闻节目那个样子播出去，把罗斯福的口音也捎上！奥森·威尔斯亲自上阵，真的这样做了：10月30日晚上8时许，广播员(演员)以一场大灾难之幸存者的口吻，断断续续地通报并"现场报道"了火星人突然侵略地球，用火焰喷射器和毒气屠杀人类的消息：

> 先生们，女士们，有件严重的事情要宣布。虽然说起来大家也不信，可是根据科学观测和亲眼见证，我们无法不得出结论说，今天晚上在新泽西州农场上降落的那些怪物，就是火星入侵地球的先头部队。

接着，他还以慌慌张张的口吻披露：新泽西州的国民警卫队已全被火星人用火焰喷射器歼灭，该州全境和宾夕法尼亚州东部一律戒严，总统宣布全国处于紧急状态……没想到，不少人听后竟信以为真，吓得胆战心惊。于是，大批当地居民仓皇出逃，警车、救护车响声不断，一切都乱了套。在费城，妇女儿童奔出屋外，哭天喊地；在新泽西州的一个娱乐场所，吓坏了的人们争先逃命，踩死了不少人；在南部地区，男男女女一群群地跪在地上祈祷上帝来拯救人类；在纽约市，哥伦比亚广播公司和警察局的电话交换

幻　想

既是导演又是演员的奥森·威尔斯,正在电台"披露"火星人入侵地球的消息。他终于以"危言耸听"成功地吸引了众多听众的耳朵。

台都给打爆了,河滨大道则挤满了抽泣的人群……

　　这一事件成了广播史乃至新闻史上一个最大的恶作剧。据普林斯顿大学事后调查,整个国家约有170万人相信这个节目是新闻广播,约有120万人产生了严重恐慌,要马上逃难。另外,当时收听广播的大学毕业生中竟有28%、高薪阶层中竟有35%都信以为真。第二天这个节目成了报上的头版新闻,把希特勒也挤走了。请看如下标题:电台制造战争,惊动全国;电台宣布"火星人进攻地球";全国大恐慌,有如狂潮突起。

　　要说构成该节目的各种事实情况,实际上是很难令人相信的,而且节目在开始和结尾都声明说这是一出戏;在演播过程中哥伦比亚广播公司还曾4次打断演员的话插入声明。然而,谁也没有料到,该节目的真实感对听众,尤其是节目开始后才收听的听众会产生如此巨大的影响。具体分析,这里有一些特殊的背景:

　　其一,广播作为当时人们公认的宣布重要新闻的权威媒体,很被看重和信赖,而该节目又是以一种极为自然的现场报道方式,活灵活现地播出的,这更增加了它的可信度。

　　其二,那时候人们对于纳粹德国的战争威胁、持续的经济衰退等,普遍都抱有一种恐慌心理,几乎可以说是人人自危,突如其来的火星人一下就触动了他们敏感而又脆弱的神经。

其三,当时的人们科学素养还很低,在知识和情感上都不是很成熟,对突发事件与新奇事物缺乏理性思考和冷静分析;另一方面,也足可见《星际战争》这本科幻小说的影响是何等地深入人心——就

事发两年后(1940年),两个威尔斯——作家乔治·威尔斯与演员奥森·威尔斯在智利港口圣安东尼奥相遇,留下了这张合影。

跟此前一个世纪发生的"月球骗局"一样,这充分说明人们是多么容易相信地外智慧生物的说法。这正如一位评论家事后给奥森·威尔斯拍的一份电报所说:"聪明人都在听一个笨蛋的,而所有的笨蛋都在听你的。"

这个闹剧的始作俑者、时年23岁的奥森·威尔斯自然备受谴责。后来,他通过新闻媒体向全国公众道了歉。不过,这个爱闹腾的小年轻也算歪打正着,捡了一个大便宜——由此而变得全国闻名(后来他导演并主演了著名影片《公民凯恩》)。还有人夸奖他以"揭示出美国人在敌人进攻面前是如此的脆弱而对美国做出了巨大贡献。在威廉·曼彻斯特(William Manchester, 1922—2004)的名著《光荣与梦想(1932—1972年美国社会实录)》中,对奥森·威尔斯还有这样一段描述:

> 奥森·威尔斯一跃而为全国名人,水星剧团也不再仰赖哥伦比亚广播公司的资助,因为已有商人出巨资请它为"坎贝尔"牌肉汤做广告了。最后白宫还请威尔斯去参加宴会。总统把他带到一边,悄悄地说:"你知道,奥森,美国最好的演员就是你我两人!"他那副神气像是一本正经,可是威尔斯不知怎么才好,只能鞠躬致谢。

闹剧亦有续篇。据说,1949年2月,厄瓜多尔一家广播电台将广播剧中的地名换成本国的地名重播了一遍,同样也引起了一场大骚动。事后,愤怒的听众放火烧了广播电台大楼。前些年还有报道说,一位南美洲的电台播音员,由于缺乏轰动新闻而导致厌烦情绪,竟然向他的听众散布月球即将撞击地球的警报,以致引起了恐慌和绝望。

不可对抗的超级文明力量

科学激发了文学的创造力,而文学与电影等媒体又激发了大众的想象力。

多少年来,外星人的影子在人们头脑中根深蒂固,外星生命的观点已成为一些人的一种世界观,丝毫不逊色于中世纪时的地球中心论和对天使的信仰。关于外星人最令人惊奇的发展之一,或许是他们已经从科学领域走进了文学艺术领域。对于大部分公众来说,外星生命并不是作为一门科学或哲学进入他们的生活,而是通过幻想小说或电影的形式,来使他们获得相关的感性认识的。

在20世纪20年代,科幻作品中的外星人故事已非常流行。1927年在美国出版的一期《惊奇故事》杂志的封面上,描绘的是地球人遭遇外星人时的情景。

著名科幻作家阿瑟·克拉克一直专注于与外星人接触的主题,寻求对人类文明本质的解答。他认为外星生命提供了一个正确认识人类的视角。在这一想法的驱动下,他创作了堪称外星人文学经典之作的《童年的终结》。

这部科幻名著写于1952年,次年春天定稿出版。1989年,克拉克将该书第一章完全改写,并且增补一篇颇有深意的长序,推出了一个新版本。

在克拉克笔下,类似魔鬼化身的外星人有一天驾着太空船驾临地球上空,以超乎人类想象的力量慑服且监管了地球。在一些持续而又无力的反抗中,人类完成了与外星人的首次接触。仁爱的外星人停止了地球上的战争,并将一个世界政府强加于地球人之上。地球逐渐成为一个乌托邦,所有的经济社会及国家制度都被重新改造。

面对不可抗的超级文明力量,人类在难以言说的一种感觉中,过着幸福、快乐的日子,娱乐与运动成为最大宗的产业,但由此也失去了个性和创造力,黄金年代的到来同时意味着童年的终结。在小说的末尾,被改造的人类新世代成为具有超感应力量的集体心灵,地球上的一切终于剥离,归于星尘。整个地球文明的兴亡,似乎就是为了要成就这终极的归化。

《童年的终结》可以说是作者对人类未来的观感,也是对人类社会的一种评论。这部"近未来"小说无论在科学构思或艺术构思上,都具有强烈的克拉克风格——既注重科技细节,又善于以科幻笔法阐发哲理;而且,书名本身就具有浓厚的"科幻味":在此,"童年"用以比喻人类目前的演化阶段。至于如何释放出人类和宇宙无限的潜能,创造出一个超越自我的未来世代,走向另外一种文明,则是此书所深入探讨的主题。当然,对人类来说,这一切是喜剧还是悲剧,就留给读者去思考了。

克拉克的另一部作品《城市与星球》(1956年),其落脚点是在极遥远的未来。小说的主人公认为,他所在的文明已经处于一种停滞状态,于是他飞越银河,找到了另一种外星智慧并开始了文化的复兴。跟《童年的终结》一样,这本小说关心的也是人类最终的命运,而这仍旧与外星生命紧密地联系着。

值得注意的是,《童年的终结》新、旧两个版本均在版权页上声明:"本书内容不代表作者立场"。而在为新版所撰写的长篇序言中,克拉克还专门讨论了书里书外的各种"超自然现象"。他坦言:当年创作这个故事的时候,自己对此类现象极感兴趣,并将其融入主体故事之中。

但几十年过后克拉克特别指出:"虽然本书多处提到超能力与超自然现象,不过那只是科幻的素材,只是纯粹的幻想,只是作者用来阐扬理念的工具。读者诸君千万记住这是一本科幻小说,并非那些充斥坊间、讨论怪力乱神的伪科学作品。"他还断言:100%的"飞碟事件",以及99%的"超自然现象"都是假的!言下之意,对后者他仍有1%的保留。

克拉克持有这样一种观点:茫茫宇宙间肯定存在着高于人类的生命形式。这种形式,人类根本无法理解。于是,最好的文学表现手法就是神秘主义。而他最感兴趣的话题,乃是人类在宇宙中的位置。

在《童年的终结》第20章中,作者借"主宰"之口,谈到了外星人对地球上"超自然现象"的认识和看法,称"如果想要完整构筑解释宇宙的理论,都必须将其涵括在内。"《童年的终结》译者叶李华博士认为,"超自然现象"始终是科学无从界定的一个课题,顶多只能归类为"边缘科学"。

而在科幻小说中,"超自然"非但不是边缘,还是某些作家的拿手好戏。

由美国导演斯皮尔伯格执导的科幻片《第三类接触》(1977年)所展现的外星人降临的情景,场面恢弘,令人震撼。

与克拉克齐名的两位世界级科幻大师阿西莫夫和海因莱因,也都利用过"超自然"写出了精彩的科幻小说。之所以没有科学家批评他们的作品是伪科学或怪力乱神,最主要的原因,在于他们处理这类题材的时候,都能坚守科学精神的底限,以实事求是的态度,对"超自然"作有限度的探索。

如海因莱因在1951年发表的中篇小说《傀儡主人》讲述了一个这样的故事:一艘宇宙飞船在美国依阿华州悄然降落。有关部门获悉后迅速采取行动,派出6名特工人员前往调查外星访客,但旋即却没了踪影。原来,这些形似"鼻涕虫"的外来怪物能够附着在人体上,控制人类的思想和行为!于是,无能的人只能俯首听命,成为傀儡。

情报部门首脑、代号"老头子"的高级特工了解这一情况后,决定亲自出马侦察,并选出了特工部的美丽少女玛丽和特工高手萨姆协助行动。他们首先打算去寻找已经流散的外星人的踪迹。可很快他们就发现,整个依阿华州都成了外星"鼻涕虫"的天下。而在调查过程中,灵活的萨姆突然离岗脱逃,"老头子"认定,一定是有"鼻涕虫"附在了他身上;后来,玛丽也不慎受到了"鼻涕虫"的控制……

故事的结局是:地球上的人们终于找到了战胜"鼻涕虫"的武器——一种名叫"九日病"的病毒,并开始了反击。小说在人类誓师追歼、飞船升火待发之际戛然刹尾,真是令人心驰神往。西方科幻评论家认为,《傀儡主人》中的外星人是一个隐喻性形象,其实集中了人类对死亡和异化的恐惧。而小说中对国会始终拒不相信外星入侵的描写,则又是现实西方社会偏执狂心理在科幻小说中的一种曲折反映。

若将科幻小说比喻成一座大厦,则科学是地基,幻想是楼层,科学精神则是钢筋。在这几位科幻大师笔下的"超自然",并不是无所不能的灵丹,也不是压制科学的法宝,而是一个新的知识领域、一门可能成为科学的"准科学"。此外最重要的一点,就是科幻小说摆明有"幻"的成分,而所有的伪科学著作,则一律宣称字字句句都是"真理"。

一个温情的现代童话

进入20世纪80年代以来,由于科幻电影的推波助澜,外星人在世界范围内引起了公众空前的关注。说来好笑,类似"月亮骗局"这样的事情时有发生,也总有人上当。

2010年11月中旬,中国的互联网上开始传言外星人将造访地球,有则消息说的煞有介事:据美国国家航空航天局(NASA)一官员透露,自2004年起,太阳附近相继出现外星舰队,经过多年的观察,其中一超级庞大的外星系飞船正停靠在金星和水星之间的地方,目标朝地球而来。NASA紧急通知全球的天体物理学家、哲学家、教会,以及社会研究学者,秘密地在2008年研讨此物体对地球人类社会的影响,同时秘密地与此外星访客取得联系。而后通过多方和长时间的讨论,NASA决定在11月15日对外公开这一重大事件。

11月15日晚,众多"围脖"坐在电脑前等候到16日凌晨1时30分许,但NASA只公布说发现了第一个由人类看着出生,并且"成长"了31年的"年轻"黑洞。大家被忽悠了!此前,有位名叫马伯庸的网友在微博中写道:"我预言,NASA发现事件是现代版的'咕咚'故事,我们将见证一则普通的科学新闻预告如何在传播过程中被渲染扭曲乃至失真——这是最稳妥的观点。如果明天的真相如预言般令人扫兴,将证明我理性且独立思考,不会为网络舆论左右。如果明天的真相真是惊天动地……谁还顾得上跟我计较呀!"

这个大眼睛、细脖子的怪物是谁?哦,外星人E.T.。对喽!这是电影《外星人》刻画的一个经典造型。

11月16日当天,新浪微博用户"谣言粉碎机"在发现这个热点后,开始寻找这条谣言的源头,探明谣言最早的来源可能是意大利电视台的一则报道。该则报道题为"明天NASA将发布来自外太空的惊人消息"。文中对即将公布的内容进行了猜测,并将话题引向"外星生命"。不过,文末明确表示,以上内容只是猜测。它被传回国内时,在外星人及神秘事件粉丝人群中迅速"蹿红",后又被放到微博上,被不断放大,成了"足以令全人类震惊的消息"……

不过,关于外星人,近几十年来更令人瞩目的是,银幕上出现了他们的温情形象。

1982年夏天,美国环球影片公司推出由斯皮尔伯格执导的电影《外星人》,旋即风靡全球,并获多项大奖,收入超过了7亿美元。而由威廉·科茨温克尔(William Kotzwinkle)根据同名电影剧本改编的小说,因为"完美地延伸了同名电影的感受"也备受赞赏。一本杂志评论道:如果你想了解外星人的内心所想,那么科茨温克尔的小说会让你如愿以偿。这是一则优美的故事。

似乎世界上没有哪个角落没被这个"现代童话"所打动(瑞典是唯一拒绝接受此片的国家,禁演理由是,影片描绘的对象是对大人没有礼貌的儿童),它大大激发了人们的想象力,甚至一度还引发了外星人影片拍摄和外星人研究的热潮;而E.T.更成了外星人(The Extra-Terrestrial)的代名词,成了无数种商品的商标和广告模特儿,产生了深远的文化影响。

《外星人》影片和小说的成功主要归功于作者对主人公E.T.的刻画。

不同于过去同类题材的传统写法,作者并没把外星人描写成冷酷凶残、杀气腾腾的恶魔,而是赋予外星人一种新的形象:他在地球人眼中虽然丑陋怪异,但却有着丰富的情感,高度的智慧,对人类也十分友善。他离家300万光年,孤独而又无援,内心时时充满着恐惧,寻求着人类的保护。

作品借由地球孩子与外星人的交往,表达出了童年时期的幻想、孤独、挫折与希望；而他们之间纯真的友爱之情，则谱就了一曲感人至深的"爱之歌"。

《外星人》的诞生，跟斯皮尔伯格的两段经历有关。

其一，在四五岁的时候，他与父亲到新泽西州看流星雨。期间父亲对他说：如果外星人有足够

《外星人》中的经典镜头：脚踏自行车的埃利奥特，在外星人的神奇力量帮助下，带着外星人升空逃逸，躲过了警察和特工人员的追捕。

先进的技术来到地球上的话，那他们并非是出于侵略的目的，相反可能是出于好奇或达到资源共享的目的。换句话说，父亲相信外星人是善良的，"如果有事发生，那一定是好事。"所以有人称：《外星人》是斯皮尔伯格小时候见过或想获得的一切美好事物的代表。

其二，20世纪80年代初，斯皮尔伯格执导的商业片越来越成功，但他却觉得越来越远离自我，没有真正的个人的东西。他这样写道："记得我最终坐下来写《外星人》构思的时候，是在拍《夺宝奇兵》的外景地撒哈拉沙漠。无人聊天，我很寂寞。……我真的好想有个朋友。于是，我想象着自己只有10岁，也想象着自己那么大时的感受。这种情形我一辈子都有一些。在那个《第三类接触》里从母舰中走出来的外星人的基础上，我开始虚构出这个小精灵。"

最初斯皮尔伯格聘请约翰·赛尔斯来编写剧本，但他却不喜欢这位编剧把外星人当成对人类怀有恶意的形象来塑造，于是他果断地决定改由梅丽莎·马蒂森来创作《外星人》剧本。马蒂森编出的融激情和观念于一体的故事，正好与斯皮尔伯格的想法吻合。一部有关外星人的经典影片就这样诞生了。

第七章 茫茫宇宙觅知音

"多少年来,人们仰望着蓝天,思绪万千。那洁白晶莹的月球,那繁星万点的银河,那无边无涯的宇宙,强烈地吸引着充满探索精神的人们。他们不相信,在这茫茫的宇宙中,人类竟是这样的孤单。决心要找一找那些神秘星球上的主人,会一会居住在太空里的知音。于是,人们热情地幻想着、研究着、探索着……" 1980年的春天,中国著名的微波技术专家和科普作家甘本祓,在他那篇脍炙人口的科普名作《茫茫太空觅知音》的开头,写下这样一段充满激情的文字。

对外星智慧和生命的寻觅,无疑是人类历史上最具挑战性的科学探索之一,也是人类对自身起源的追溯。在此过程中,不乏对人类科学、文化、宗教和信仰的审视。

捕捉来自外星球的声音

我们的文明正处在其进化过程中最重要的阶段之一,即在太空中各种独立文明的存在、性质及活动知识的探索之中。此刻,也许正有载着遥远生命对话的无线电波穿越此书——如果我们将一部天文射电望远镜调到正确的方向和正确的频率,便可记录下他们的对话……

　　寻找外星文明所需的技术和设备确实存在……在相对不久的将来,我们将建立类似巨型射电接收天线等的大型装置,以及进行以探索外星生命为目标的项目。从长远来讲,这将可能成为科学对人类及其文明所作出的最重要、意义最深远的贡献之一。

在美国科幻作家詹姆斯·冈恩(James E.Gunn)探讨外星文明的一部经典小说《倾听者》的扉页上,印着以上一段文字,标明"摘自1972年7月1日天文学调查委员会向国家科学院递交的报告"。

冈恩是集著名的科幻小说作家、编辑、学者和评论家于一身的"学者型的科幻作家"。他于1923年出生在美国密苏里州的堪萨斯城,先后获得过堪萨斯大学新闻专业学士学位、英语硕士学位。大学毕业后,他从事过戏剧、编辑工作并在26岁那年开始科幻创作,主要作品有《堡垒世界》、《星际桥梁》、《空间站》、《快乐制造者》、《长生不老的人》、《倾听者》和《危机》。自1970年起,他在堪萨斯大学讲授小说写作和科幻小说课程。

1997年7月,冈恩到北京参加国际科幻大会期间,曾接受笔者专访,表达过这样的观点:科幻小说是人类对变革的经历在艺术上所作出的反响。根据中篇小说《茫茫太空觅知音》扩充而成的长篇小说《倾听者》,是冈恩最重要的科幻作品之一。这部出版于1972年的科幻小说,比较集中地体现了冈恩的科幻观。

《倾听者》以美国于1960年开始实行的"奥兹玛计划"为现实基础,想象在68年之后的2028年,地球上的人们终于

冈恩被誉为"学者型的科幻作家"。他担任过美国科幻作家协会主席,出版过一些有关科幻小说的评论和学术专著。

捕捉到了来自外层空间生命的声音。

这个从太空深处发出的回音,在我们的世界引起了巨大的震撼,科学家、政治家、宗教界人士和平民百姓对此事都有不同的反应。而正是透过这些形形色色的看法和观点以及以"计算机记录"的形式穿插于全书章

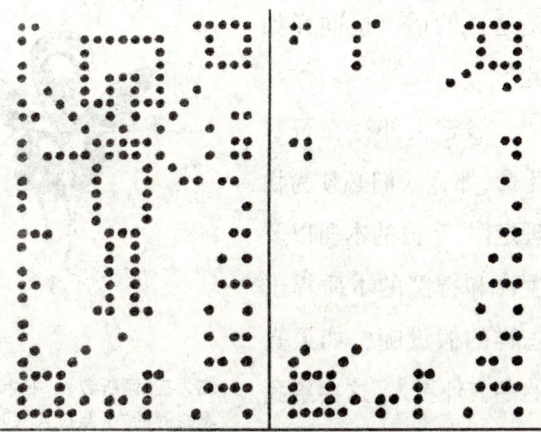

左为地球在2028年收到的"卡佩拉"星球发来的电文,图中"人"形分明;右为地球在2118年收到的"卡佩拉"星球发来的电文。后者告知的信息是:"卡佩拉"星球已因靠近它的那颗太阳(图右上角)发生膨胀和变热而消亡。

节之中的历代学者对生命本质、外星智慧等的见解,作品探讨了人类与地外文明(外星人)交往的科学、哲学和政治意义;同时,还塑造了麦克唐纳一家三代献身地外文明探索的动人形象。

小说的结局令人惊讶,也给读者留下了许多想象的空间:那个文明程度远比我们发达的"卡佩拉"星球发出的"回电",竟然是"绝笔"。地球人被告知的讯息是,由于靠近他们的那颗太阳发生膨胀和变热,"卡佩拉"星球遭遇了灭顶之灾。考虑到远距离信息传递的延迟性,地球人实际上一直在跟一个早已死亡的种族进行沟通。后者在"回电"中所表达的意思听起来真诚而悲壮:

> 人/开化的人/有智慧的生物/兄弟/致收悉者来自上帝的第一颗卫星/卡佩拉星球的已经死亡/消失/毁灭的人的问候/我们曾活过我们曾工作过我们曾建设/然后我们消亡了。接受它,我们的遗产/残余以及我们美好的祝愿/相似/钦佩/兄弟情谊/爱。

《倾听者》促使我们重新审视我们知识的基础和对很多问题的信仰:如果生命在宇宙中是普遍存在的话,那么一切都将拥有全新的意义;如果不

是这样的话，也同样如此。

假定天外存在智慧生命，那么我们必须为物理定律、宇宙的本质以及生命和智慧的本质提出怎样的假设呢？如果真的存在外星人，这会给我们的科学、宗教以及世界观带来怎样的影响呢？

左为在《倾听者》一书中，艺术家根据"卡佩拉"星球发来的信息绘制的"卡佩拉人"和他们的星球示意图；右为遁世派宗教组织领袖杰雷弥亚根据同样的信息，按照他自己的理解画出的天使图。

其实，即使只是发现一例外星微生物，我们的世界观和社会都会发生根本改变，其改变程度之大将不亚于哥白尼或达尔文学说引起的思想革命。

他们在哪儿呢

虽然小说和电影"炒"得热闹，但外星生命问题在科学界一直还是一个比较"严肃"的概念。萨根早在20多年前就指出，关于外星球生命的问题，几个世纪以来经历过好几个阶段：糊里糊涂的推测，无拘无束的猜想，墨守成规的保守观念和毫无想象力的漠不关心，最后，才算成熟。目前已到达采用严谨的科学技术方法来进行研究的实际阶段。这项工作在科学上已经受到尊重，其重要意义也为人们广泛了解。外星球生命的想法，已经到了该实际研究的时候了。

现实中的地外文明探索的纪元，是从1959年开始的。在那一年里，美国康内尔大学的两位物理学家朱塞佩·科可尼（Giuseppe Cocconi）和菲利普·莫里森（Philip Morrison）在《自然》杂志上发表了一篇具有历史意义的论文，揭示了利用射电天文学技术，跨越星际太空，同也许存在的地外文明进行交流的可能性。而几乎与此同时,美国国家射电天文台的弗兰克·德雷克(Frank Drake)也独立地得出了相同的结论。

1960年4月8日凌晨4点,德雷克开始了人类文明史上第一次有目的、有组织地在宇宙空间寻找"外星人"的计划——"奥兹玛计划"(Project Ozma)。即用一个直径约为26米的射电望远镜对与太阳类似且距地球相对较近的两颗恒星(鲸鱼座τ星和波江座ε星)进行监测。

"奥兹玛计划"的名称来自童话中的奥兹国(Oz),那是一个"很远很远的地方,居住着一些奇异的生灵"。德雷克希望倾听到奥兹国居民的呼叫,可几十年过去了,却一直没有声息。不过,德雷克的开拓性尝试已在人类探索宇宙的历史中留下了浓墨重彩的一笔。冈恩在《倾听者》一书中,特别提到了德雷克所做的工作。

探索外星人有多难?德雷克打了个比方:"我们就像大海捞针一样要探测整个天空,即使是阿雷西博这种高灵敏度的射电望远镜,也得指向2000万个方向。"

德雷克曾经设计过一种现已被广泛用于估计银河系中地外文明数量的方程式。他仍然坚信在其有生之年能等到地外文明向我们发出信号。他说:"我们的搜寻只是刚刚开始"。他估算,大约有1万个技术高度发达的社会散布在银河系的1000多亿颗恒星之间。而目前我们探测的最遥远的恒星到地球的距离,尚不足银河系范围的1%。

不过,也有不少科学家对外星生命的存在持怀疑态度。他们认为,在地球以外的大部分宇宙空间,辐射程度和温度都太高,适合生命生存的星球极少。即使有生命形式存在,也可能是生活在深层土壤中类似细菌的生物,存在技术高度发展的社会的概率微乎其微。

美国物理学家弗兰克·蒂普勒(Frank Tipler)认为,宇宙中不可能存在智慧生命,理由是如果真有的话,他们早就把我们摧毁了。在他的想象中,任何先进的技术应该在很久以前就能够生产机器人探测器,它们必定已经遍布整个银河系,其中也包括地球。既然没有发生这种情况的证据,他确信地球以外不可能有智慧生命存在。

最近几十年来,外星生命问题在科学界一直也争论不休。

1950年的夏天,在一次闲谈中,1938年诺贝尔物理学奖获得者、意大利裔美国物理学家费米被问及对飞碟及外星人问题的看法时,随口说道:"If they existed,They had be here(如果外星文明存在的话,它们早就应该出现了)。"此话流传开后,有人将其称为"Fermi Paradox(费米佯谬)",其要义在于:如果银河系存在大量先进的地外文明,那么为什么连飞船或者探测器之类的证据都看不到呢?隐含之意则是:从理论上讲,人类能用100万年的时间飞往银河系各个星球,那么,外星人只要比人类早进化100万年,现在就应该来到地球上了。

换句话说,"费米佯谬"表明了这样的悖论:①外星人是存在的——科学推论可以证明,外星人的进化要远早于人类,他们应该已经来到地球并存在于某处了;②外星人是不存在的——迄今为止,人类并未发现任何有关外星人存在的蛛丝马迹。

1975年,美国学者麦克·哈特在一篇论文《关于地球上地外文明缺席的解释》中,首次把"费米佯谬"作为一个严肃的概念来讨论。针对费米的问题,他提出四种解释:①对地外文明而言,进行星际旅行还不可行。②从动机分析,地外文明不打算和人类进行接触。③地外文明刚刚出现不久,跟人类的接触还需要一段时间。④地球已经被外星文明拜访过了,只是我们不知道而已。哈特逐

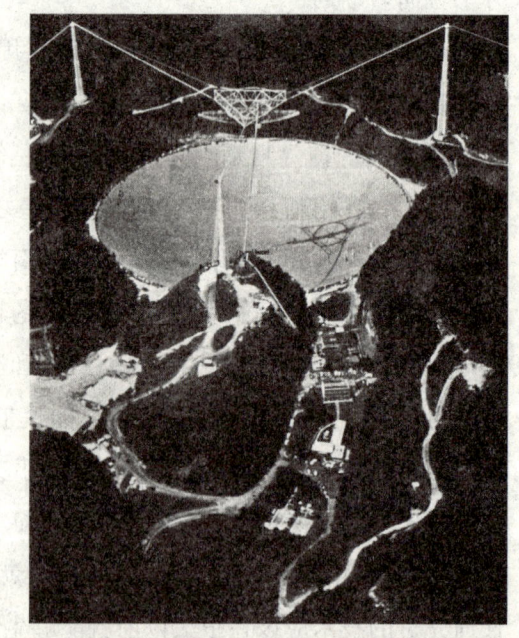

位于波多黎各直径为305米的阿雷西博射电/雷达望远镜(在《倾听者》一书中曾提到了它)。

一进行讨论后,认为以上四个理由都不成立,由此得出的反推结论只能是:地外文明根本不存在。

如今,"费米佯谬"已经成为关于外星文明探讨中的纲领性的论题。中国科幻作家刘慈欣在他广受好评的科幻小说《三体Ⅱ》结尾处借主人公之口作了如下解说:"宇宙就是一座黑暗森林,每个文明都是带枪的猎人,像幽灵般潜行于林间……他必须小心,因为林中到处都有与他一样潜行的猎人。如果他发现了别的生命,……能做的只是一件事:开枪消灭之。在这片森林中,他人就是地狱,就是永恒的威胁,任何暴露自己存在的生命都将很快被消灭。这就是宇宙文明的图景,这就是对费米佯谬的解释。"

正由于各文明之间距离上的遥远性、互相所构成的猜疑链,以及各自在技术水平上发展的不均衡性,一旦被外星文明获知自己的存在,就很可能给自身的生存带来威胁。其结果必然导致:具有一定成熟度和技术水平的文明,都意识到宇宙的丛林法则,各文明不主动暴露自身的存在。按照"黑暗森林"理论,成熟的文明都拥有"清理其他文明"和"隐藏自己"的本能。所以,他们不会贸然出现,更不会广播自己。

就此,研究科幻的学者江晓原打了一个比方:人类主动向外太空发送自己的信息,就成为黑暗森林中点了篝火还大叫"我在这儿"的傻孩子。而迄今为止,一个简单的事实是:人类既没有发现外星高等文明存在的证据,也未能提供外星高等文明不存在的证据。有一种从哲学出发的思路,将地外文明视为"一个现代性的神话",认为地外文明是一个无法进行科学检验的问题,似乎也不是没有道理。

追寻生命的踪迹

关于生命的起源,通常有三种哲学立场:①这是奇迹;②这是不可思议的偶然;③这是在适当条件下遵循物理和化学规律运作完成的必然结果。

人们通常认为，虽然我们还没有掌握外星人存在的直接证据，但现代科学已经确证：地球上的生命是按照一定的物理过程自然演化的结果，生命的形成看来更像是一种自然而又正常的、甚至不可避免的现象。这种物理过程对全宇宙都是适用的，即自然法则在宇宙中具有普遍性。如果有足够长久的时间，生命和意识一定会在物理定律的作用下自动完成演进而诞生，进化出能够产生文明的智慧生物。换句话说，在地球上发生的事情，在其他地方也能发生，不排除宇宙中有比地球人更进步的生命形式存在的可能性。

1953年，美国芝加哥大学研究生米勒（S.L.Miller,1930—2007）在其导师、1934年诺贝尔化学奖获得者哈罗德·克莱顿·尤里（Harold Clayton Urey,1893—1981）指导下，在实验室内进行了模拟原始地球还原性大气中雷鸣闪电的实验，看看能否合成有机物，特别是氨基酸、核糖、嘧啶、嘌呤等组成蛋白质和核酸的生物小分子，以论证生命起源的化学进化过程。

此实验结果共生成20种有机物，其中11种氨基酸中有4种（即甘氨酸、丙氨酸、天冬氨酸和谷氨酸）是生物的蛋白质所含有的。1972年，米勒又与他的合作者在混合气体中进行火花放电，结果得到35种有机物，其中有10种组成蛋白质的氨基酸。借此可以证明：由无机物合成小分子有机物是完全有可能的。

米勒—尤里实验后，人们认识到氨基酸合成起来并不困难。实际上，米勒和尤里早于1959年就在他们有关有机物合成的论文中为外空生物学和生命起源问题辩护，并下结论道："可以肯定地说，20世纪最伟大的功绩便是证明在另一个行星上存在生命。"时至1970年，20种存在于蛋白质中的氨基酸，已有17种在确认与原始地球相近的情况下成功合成了。但是，几十年过后，米勒—尤里似的实验并没有生成更为复杂的蛋白质、核酸、多糖及脂类化合物等构成细胞的物质，尽管其中有的物质在非地球环境中是可以合成的。

而英国著名天文学家、"稳恒态宇宙模型"的提出者之一福雷德·霍伊尔(Fred Hoyle, 1915—2001)曾提出,彗星(它在某种程度上具有星际云的化学组成)中形成的化合物很复杂,足以具备生命的特征;他认为彗星会形成相当于病毒的生命。因此彗星很可能把新的病毒送入大气层,侵害地球,而成为地球上某些流行病的起因。

霍伊尔在其创作于1957年的科幻小说《黑暗的星云》中,讲述了一个十分离奇的故事:有一块神秘的暗黑星云在进入太阳系后,导致地球上气候、海洋和地质均发生一系列变化。最后,暗黑星云完全遮盖了太阳,并生发出一种奇妙的电离活动。能够说明这种现象的假说只有一个,那就是:这块暗黑星云是一个有生命的东西,而且具有高度的智慧!

但对于另外一种假设——核糖核酸和蛋白质能够偶然地同时产生,并且同样偶然地形成它们之间那种有效的共生关系,进而使得分子可能就这样随随便便胡乱地产生了——霍伊尔不以为然,他打了一个比方来说明这个极小的可能性:这种过程好比一阵旋风吹过一家飞机制造厂,将所有的散乱零件刮起来,然后组装成一架性能良好的波音747客机。

如我们所知,水是生命的必需品,碳基生命要想生存,必须有水。目前并没有证据表明,在其他卫星或行星上,没有水,生命也能存活。

1996年,"伽利略号"宇宙飞船带回了一个振奋人心的证据,证明木卫二存在海洋。这些海洋里可能充满了生命。这艘飞船拍摄的照片显示,有些地方的冰块已经破碎、分离,就像一块块的拼图玩具。这些裂缝表明,冰块正在动态的表面漂移。因此,木卫二可能有一个地下海洋。而且,在发现水的地方,找到适当的有机物组合的地方,就可能存在生命。

近年来,太空科学家一直致力于直接探测太阳系外那些可能跟地球一般大小的行星,它们可能有大气,可能有海洋,只是我们尚不知道。我们还可以利用望远镜从地球感知它们的大气,看看那里是否有水、二氧化碳和氧气。如果发现它们有二氧化碳和氧气,且氧气比二氧化碳多得多,那么就可以推测,那里正在发生光合作用。这是地球上花草树木将二氧化碳转化成氧气的过程;而且,就真的可以认为,那里可能存在生命。随着新的卫星和行星被发现,人们的期望剧增,觉得太空有着和我们不一样的生命。其实,只要找到单细胞生命,可能就是一种令人难以置信的发现。

30多年前,即20世纪70年代末80年代初,诸如金字塔、天外来客、远古太空人之类的荒诞故事在世界范围内广为流传(当时中国也翻译出版了不少这类读物),造成了人们认识上的混乱。身兼科幻作家和科普作家这两个身份的阿西莫夫坐不住了,他觉得自己有必要站出来捍卫理性的尊严。在回答一个提问时他这样说道:"我相信证据。我相信由独立的观察者所证实的观察、测量和推理。如果有证据支持,我会相信任何事情,不管这件事情听起来有多么荒诞和不合常理。可是,有些事情越是荒诞和不合常理,就不得不要求其证据越是牢固可靠。"

正是抱着这样一种严肃的态度,阿西莫夫对地外文明进行了深入、系统的思考,并在1979年出版了广受赞誉的《地球以外的文明世界》一书。在书中的一个注释里,他特别写道:"我不想贬低幻想的价值。我知道这是一门高尚的艺术,需要高超的技能。多年来,我自己就是以幻想为生的。但是,编造一个吸引人的幻想与使之跟事实融为一体,是完全不同的两件事。"

虽说对于地外文明的探讨持论谨严,但阿西莫夫又是以一种科学的开放思维来看待这一极具思辨色彩和无穷魅力的古老话题的。他的基本观点是:我们在太空中并不孤独。还有其他文明世界存在,他们也在寻找、探索。这些文明可能与我们相隔极其遥远,我们暂时还难以企及和联络……如果我们探测不到任何信号,那也不能就此证明那里什么也不存在。也许我们找错了地方;或者寻找的方式有误;或者所用技术不当;或是这三者兼而有之。无论我们在力图找寻这一问题答案时的作为如何,我们都将使自己受益。

最令人好奇的情形

20世纪,科学与科幻小说日益相互补充,纯粹根据判断而来的科幻小说为那些希望超越科学的科学家提供了极好的途径。如斯迪文·迪克在《外星生命探索》一书所指出的那样:不仅科学家们在科幻小说中发挥了他们的想象,而且科幻小说也激励着他们解决现实世界中的问题。外星生物学和地外生命探索领域的先驱者中有很多人是伴随着科幻小说成长,并为其想象力所吸引而投身于这一职业之中的。在促进了科幻小说发展之后,科学也得到了想象力的回报。

1972年3月2日,美国发射了第一艘星际飞船——"先驱者10号"。1973年4月5日,"先驱者11号"也向宇宙深空进发。它们都肩负着探索地外生命的重要使命,并且携带着经过特殊工艺处理的地球人给"宇宙人"的问候信。在这封"信"上,地球人向假想中的宇宙知音作了自我介绍。它用14个脉冲星和我们的相关位置说明了地球与太阳的位置,还描绘了太阳系图解以及与飞船天线成比例的地球人(男人与女人)的图形等。

1977年的8月和9月,美国又先后发射"旅行者1号"和"旅行者2号"宇宙飞船,带去了专为"宇宙人"准备的"地球之音"。录制在喷金的钢唱片上的"地球之音",记录的是地球上各种有典型代表意义的信息,包括116张图片、35种地球自然界音响、27种世界名曲(其中收录了中国的京剧

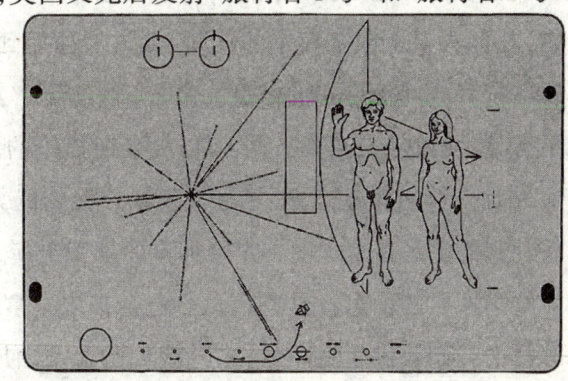

20世纪70年代初,"先驱者10号"和"先驱者11号"宇宙飞船所携带的金属唱片,以声音和图像发送了我们人类对外星文明的问候、音乐及对我们地球的描述。

和用古筝演奏的中国古典乐曲《高山流水》)、近60种语言的问候词、一段联合国秘书长的口述录音以及一份美国总统签署的电报。

时任联合国秘书长瓦尔德海姆的口述录音内容是：

> 作为联合国的秘书长，一个包括地球上几乎全部人类的147个国家组织的代表，我代表我们星球的人民向你们表示敬意。我们走出我们的太阳系进入宇宙，只是为了寻求和平与友谊。我们知道，我们的星球和它的全体居民，只不过是浩瀚宇宙中的一小部分。正是带着这种善良的愿望，我们采取了这一步骤。

时任美国总统吉米·卡特签署的给"宇宙人"的一封电文内容是：

> 这是一个来自遥远的小小星球的礼物。它是我们的声音、科学、形象、音乐、思想和感情的缩影。我们正在努力使我们的时代存在下来，使你们能了解我们生活的情况。我们期待有朝一日解决我们面临的问题，以便加入到银河系的文明大家庭。这个"地球之音"在这个辽阔而令人敬畏的宇宙中寄予我们的希望、我们的决心和我们对遥远世界的良好祝愿。

至于与外星的生命接触，一般设想有三种可能性：第一，发现天外生物，比如火星上或陨石中的细菌。第二，捕捉到高智慧外星文明社会的无线电信号或其他形式的信息。第三，也是最令人好奇的情形，即直接与外星智慧生物接触，正如有些UFO故事所描绘的那样。

对科学家来说，与外星智慧生物接触的巨大意义，是它能打开我们星系和其他星系智慧文明一定会拥有的知识宝库，那会是科学、技术、哲学和生物学性质的信息。这些信息必定会带来丰富的知识，甚至带来智慧，能够帮助我们改进生活质量，节约我们的资源，使我们得到所希望得到的复杂精深的知识。

卡尔·萨根撰写的科幻小说《接触》(后来被改编成电影)在叙述中表

达出了这样一个副主题：宇宙作为一个整体是经过精心设计的产物，外星人则向地球人暗示，宇宙设计特征是如何体现在宇宙结构上的。因此，外星人扮演了传统意义上的天使角色，成为地球人和上帝之间的信使或中间人，他们以隐含的方式向地球人指出了获得关于宇宙和人类存在这一神秘知识的途径。

无论是哪种形式的接触，设在美国的国际航天科学院的研究人员早就开始准备应付这类重大事件了。他们拟定了一份文件，名为《关于探测地外智慧生命的活动原则的声明》。这是一份优秀明智的文件。它列出了有朝一日我们真的与外星人接触的时候，应该采取的步骤。这份文件根据与在空间旅行初期起草的《关于各国在开发和利用外层空间，包括月球和其他天体的活动原则的条约》相同的原则，十分正确地把联合国和国际科学团体放在任何行动的中心。

《声明》中包括建议地球上各国在对外星球来的信号或者着陆做出系统反应时互相合作，任何一国不得单方面接触；在向公众宣布之前必须对接触的性质作彻底的调查；寻找地外智慧生命组织在通过联合国与政治家通力合作中，应该带头调查和保持联络。它还十分正确地指出，如果接触是通过从遥远的星球发来的信号，那么必须经过仔细判断和慎重考虑之后才能做出应对，没有必要匆忙应答。毕竟所有的信息可能要经过许多世纪的旅行才能够到达它的目的地。

有趣的是，美籍英裔著名物理学家、普林斯顿高等研究院教授弗里曼·戴森（Freeman Dyson），曾应一本杂志的请求，给外星人写过一条信息（通过无线电向太空传递）。戴森这样写道：

亲爱的外星人：

你们的沉默使我们自感羞愧。你们和我们共同拥有这个美丽的宇宙，在这个宇宙中，我们这样大吵大嚷还请你们原谅。当我们失去耐心时，请你们一定保持耐心；当我们显得粗鲁时，请你们一定表现出你们的文雅；当我们显得愚蠢时，请你们显露出你们的智慧。我们是进化历史并不长久的物种，还有很多东西需要我们学习。

没有讲完的故事

穿越时空的故事远远没有讲完，还有很多很多。注意到了吗？有意义的成功，几乎没有不是从梦想起步的。很难想象，如果没有梦想，人类在太空探索中能走多远。从人类探索自然、征服时空的历史来看，人类的每一个成功的举动，都极大地增强了人类对将来要做什么的认识（试想，对个人来说不也是这样么？），并且都为将来的成功奠定了心理学和社会学的基础。我们探索自然、征服时空的过程，实际上也就是人类不断突破自身关于各种可能性定义的进程。

在结束本章之前，不妨再往前略作追溯——

夜空中的银河系（绘画）

1609年，意大利天文学家伽利略开创了人类用望远镜观星的先河；1781年，英国天文学家威廉·赫歇尔用更先进的望远镜发现了天王星，从而把太阳系的尺度扩大了一倍；1846年，法国天文学家勒威耶和英国数学家亚当斯几乎同时发现了海王星；1930年，美国天文学家汤博在把两张星空照相底片作对比时发现了闪烁的冥王星，将太阳系的边界又进一步向外推进。太阳系的九大行星（编辑注：现为八大行星）就此确定下来，被认为是我们局部的宇宙。

然而，从某种意义上讲，这个"边界"是虚构的。实际上，自1930年以来，天文学家们就一直怀疑在第九颗行星之外是否还有其他更多的物质。

1998年春，天文学家借助望远镜终于在冥王星外发现了5个新的小天体。

2003年，美国加利福尼亚州技术研究所的科学家在太阳系的边缘发现了一颗行星，将其编号为UB313，命名"齐娜"，并在2005年向外界公布了这一发现。该行星与太阳间的距离大约是冥王星和太阳间距离的3倍。发现者从其亮度判断，这颗行星的体积应该比冥王星大，但由于其位于太阳系的边际，体积很难判断。

通过计算，科学家推断出"齐娜"表面温度大约为零下248摄氏度，其直径大约为3000千米，比冥王星的直径大30%。科学家说，根据"齐娜"的体积，它完全有资格被称作太阳系的第十大行星。

瞧，冥王星曾经是太阳系边界的标志，如今却站在了通向另一个新世界的门口，并且在2006年8月被"降级"，成了一颗"矮行星"。

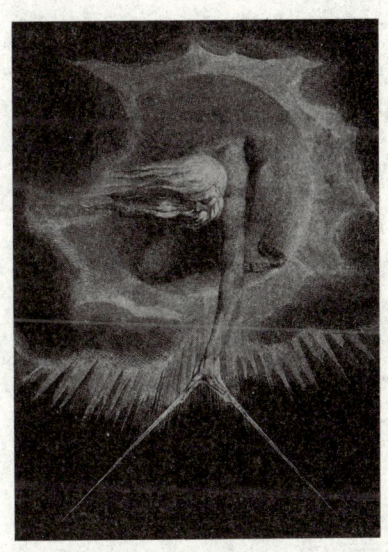

宇宙大至宏观，小至微观，每个层面似乎都有规律可寻。这是英国诗人、画家威廉·布莱克（William Blake，1757—1827）绘于1794年的作品《远古时代》，上帝在他笔下成了一个一丝不苟的建筑师。

现在，天文学家相信，要揭开太阳系形成之谜，就必须远访冥王星及以外的小天体的世界。2006年1月19日，美国国家航空航天局冥王星探测器"新地平线"成功发射升空，预计将最早于2015年到达冥王星。无论冥王星探测器能在那些小天体的世界中发现什么，都会引发新的争论，并且有可能会使如今已被接受的理论遭到抛弃。

不错，在探索宇宙和我们自身奥秘的旅途中，我们已经迈出了一大步，但仍有很长的一段路要走。我们都是宇宙的产物，我们的生命本身就标志着那个终极奥秘的存在，探索宇宙就是探索我们自己。"天文学就是一门无法完成的科学。"曾经测定过宇宙年龄的美国天文学家阿伦·桑德奇（Allan Sandage）这样说过，"……要知道，我们能对它有所了解，本身就是奇迹。"

DISIPIAN 第四篇

生命的困惑
SHENGMINGDEKUNHUO

只在不到三代人的时间内,一场史无前例且影响深远的产业革命就改变了一个国家的面貌。从那以后,世界也变了样——工业革命使人类从农夫、牧羊人变成了由非生命的能量驱动的机器的驾驭者,它同时也冲击着整个社会和人类的心灵:科学的进一步发展还会带来什么?是幸福还是苦难?这样的探寻既隐含着对一种"异己力量"的恐惧和不知所措,也标记着某些价值的失落,以及某种深深的忧虑。

是科学技术促进了社会变革,而对社会变革的觉醒又催生了科幻小说。事实上,乃是工业革命拓宽了科幻之路。这是人类对变革的经历在艺术上的反响。如果小说仅仅是写在纸上的梦,那么科幻小说则包含了对技术社会的希望、梦想和恐惧(因为有些梦想是梦魇)。

第一章 作法自毙

人们通常认为,科学幻想小说的直接源头,可以追溯到1816年夏季,一群英国贵族的瑞士乡间之旅以及一个20岁出头的年轻姑娘——玛丽·雪莱(Mary shelley,1797—1851)所写的"消遣故事"。

玛丽·雪莱的丈夫是大名鼎鼎的英国诗人珀西·雪莱(Percy Bysshe Shelley,1792—1822)。他在1819年写下了享誉全球的《西风颂》,诗中以摧枯拉朽的西风比喻势不可挡的革命力量,其结尾——那是诗人对未来的憧憬——尤为脍炙人口:"从我的唇间吹出醒世的警号吧,西风啊,如果冬天已经来到,春天还会远吗?"

玛丽·雪莱的一生很不幸:刚出生母亲便去世,她由父亲抚养长大,在父亲的书房里接受教育。后来,玛丽年轻的丈夫溺水身亡,三个孩子也先后夭折。

就在此前一年,这位诗人21岁的妻子,出版了世界上第一部具备完整科幻小说特征、对后世影响深远的长篇小说——《弗兰肯斯坦》。如今,《弗兰肯斯坦》被看做是科学对世界所产生的影响在文学上的第一次反响、一则关于创造和追求的忧心忡忡的寓言。作品中的怪人,在某种意义上代表着正在发展和渗透人类社会的科学技术,而"弗兰肯斯坦(Frankenstein)"一词,在英语中已被赋予了一种特定的涵义:自食其果或作法自毙的人。由这个故事所创造的一些原型母题,如科技发展的负面效应、科学对伦理的挑战等,也被后来的科幻小说一再采用。

噩梦激发的灵感

在19世纪初期的英国社会,玛丽·雪莱生活的那个时代,公众对不断涌现出来的各种新发现、新发明非常关心,同时也对超自然的现象或传说抱有兴趣。那个时期的浪漫主义者在文学上承袭作为怪异幻想文学的哥特小说,强烈反对当时流行的理性主义和唯物主义,宣称:个人比团体重要,感情和激情比冷漠而客观的逻辑更胜一筹。

有一段时间,雪莱夫妇住在瑞士日内瓦附近的乡间。关于《弗兰肯斯坦》一书诞生的经过,玛丽·雪莱在序言中作了详细的说明:1816年夏的一个天气阴冷、淫雨连绵的晚上,雪莱夫妇与英国诗人拜伦及其朋友波利多里围坐在一起,朗读一册碰巧落在手里的德国鬼怪故事,聊以自娱。这些故事使他们心生异趣,并激起了加以戏谑性模仿的欲望。于是他们约定:每个人都要根据某起神秘的事件,各写一篇有关超自然现象的故事。

但过了较长一段时间后,玛丽仍没有找到感觉。一天傍晚,雪莱与拜伦又凑到一起谈古论今,玛丽听他们谈到了伊拉兹马斯·达尔文(Erasmus Darwin, 1731—1802)曾做过的人造生物实验:"生命的本质是什么?能否最终被发现……也许,我们能使尸体重新复活;也许,某种动物的各个部

此图表现的是:一位剧作家兼导演正利用一架幻灯机放映鬼魂的影像,观众们被吓得毛骨悚然。

位都能制造出来,并装配在一起,最后赋予生命的温热。"

当天晚上,玛丽做了一个梦,"梦见一位脸色苍白的学者,正跪在他所创造的怪物旁边。显然,他所从事的工作是亵渎神明的。我见到一个可怕的幽灵躺在那里,一架功率强大的引擎正在启动,那幽灵同时开始颤抖,显现了生命的迹象。"

噩梦激发了玛丽的创作灵感,她随即便着手构思自己的第一部文学作品。

在《弗兰肯斯坦》第一版(1818年)的前言中,玛丽谈到,伊拉兹马斯·达尔文实际上已经设想到创造像《弗兰肯斯坦》中那样的怪人的可能性。在此书第三版(1831年)的前言中,作者再次提到,是伊拉兹马斯·达尔文的研究工作及作品为她提供了创作灵感,使她产生了重新激活死亡的细胞而"造"出一个活生生的怪人的基本想法。

《弗兰肯斯坦》采用了书信体和记叙体相穿插的形式。在叙述方式上,采用了大故事套小故事的框架式结构。开篇(第1章之前)由探险家罗伯特·沃尔顿写给在英国的姐姐萨维尔夫人的四封信组成,信中讲述了他和同伴在前往北极探险的航行途中遇见弗兰肯斯坦的事;接下来的第1至24章为主体正文,是沃尔顿写的关于科学家弗兰肯斯坦的故事的手稿(用第一人称的方式讲出,其

这是乔安·亨利克·弗塞里作于1790年的一幅油彩画《噩梦》。类似这样的作品,为早期的精神病学家进行病理分析提供了丰富的材料。

中还穿插了怪人对弗兰肯斯坦讲述他自己外逃的经历,以及费利克斯一家的故事);在小说的最后,则以沃尔顿交代故事结局的一封信了结。

苦难"造就"的邪恶

这部科幻文学的开山之作,值得详细介绍、分析——

日内瓦的富家子弟维克多·弗兰肯斯坦是一个热爱自然科学的大学生。他怀着强烈的好奇心,专注于人体结构和生命本源的探索。在一次实验中,他发现并掌握了制造生命的奥秘和起死回生的本领。于是,他开始出没于各个陈尸所、屠宰场和坟墓,寻找"拼装"生命所需要的各种组织材料。

在一个阴郁的冬夜,弗兰肯斯坦借助电化学方法,终于成功地给一具毫无生机的躯体注入了生命的火花。然而,这具身高两米多的生灵,却是一个面目狰狞、奇丑无比的怪物。弗兰肯斯坦吓坏了,美丽的梦幻顿时烟消云散,化为一股令人窒息的恐惧和厌恶。等他回过神来的时候,怪物已经没了踪影。

那个怪物四处游荡,本能地学会了照顾自己。有一天,他走进一个村子里找东西时,惊动了全村人,胆小的仓皇逃命,胆大的则发起进攻,他被打得鼻青脸肿、落荒而逃。后来,他把自己安顿在一间毗邻农舍的窝棚里。通过偷偷地观摩、体悟着这家"邻居"的生活起居,怪人渐渐地懂得了发音、吐词,学会了语言表达,明白了人类的情感,并由羡慕而开始热爱人类生活了。利用黑夜的掩护,他悄悄地为这家人砍柴、扫雪,干了不少活

上帝造人的观念在西方影响极大。刊登在19世纪末的一本基督教教理书上的这幅画,展示了"创世"的7天。从上至下分别是:把光和黑暗分开;将水分为上下,造出了天;造出了绿色植物;造出两个光体,即太阳和月亮;造出有生命的动物;造出男人和女人。

儿,而对方竟以为是鬼使神差,惊讶得不得了。

随着对人的了解一点点增多,怪人处于蒙昧状态的思维被激活了。他自信:自己将能以得体的言行搏得人们的好感,然后再赢得他们的爱。这天,当失明的老人独自待在家里时,怪人鼓足勇气走进去,真诚、坦率地诉说了自己的心曲。老人深表理解、同情。可就在此时,老人的几个孩子破门而入,粗暴地将怪人推倒在地,并用手杖狠命地抽打他。

怪人万分沮丧地逃出了农舍。他来到森林的小河边,恰巧撞见一位少女掉进了湍急的河流中,他马上便跳进河里将少女救了出来。岂料,女孩的男伴突然出现,将那女孩从怪人怀里抢走,并瞄准怪人扣动了扳机。

挨了枪子的怪人痛得在地上直打滚。自尊心受到极大伤害的他,发誓与整个人类不共戴天,为自己所受到的伤害进行报复。从此,阴影便开始笼罩在弗兰肯斯坦周围,因为怪人把自己所遭受的一切痛苦都归罪于他的制造者。他先是杀死了弗兰肯斯坦的弟弟并嫁祸于其家女仆,而后又逼迫弗兰肯斯坦再造一个女子与他为伴。他还威胁道:"如果我不能被激起爱,那我就要传播恐惧!"

无奈之中,弗兰肯斯坦答应了怪人的条件。但就要"大功告成"的时候,弗兰肯斯坦忽然意识到自己播下的,实际上是贻害人类的孽种。于是他毅然毁掉了手中的女怪物。目击此景的怪人暴跳如雷,开始了更为疯狂的报复行动。在杀死弗兰肯斯坦的好友后,他又设下圈套害死了弗兰肯斯坦的新婚妻子。

弗兰肯斯坦终于尝到了"作法自毙"的苦果。狂怒的他为复仇而开始了漫长的追杀,足迹延伸到冰天雪地的北极。故事的结局是:弗兰肯斯坦向来到北极探险并搭救了他的沃尔登上尉讲述完事情的

《弗兰肯斯坦》自问世以来,多次被搬上银幕,其中佼佼者当推1931年好莱坞出品的同名影片。这是怪物与小姑娘在河边相遇的一幕,悱恻凄哀,已经成为经典镜头。

原委后,抱恨死去。

就在这时候,怪人又出现了。出人意料的是,他佝偻身子伏在弗兰肯斯坦的身上号啕大哭,忏悔不已。他称弗兰肯斯坦是他生命的创造者,同时又是他无法形容的痛苦的制造者;他的心生来就对爱和同情很敏感,但苦难却把它扭曲为邪恶和仇恨。"现在一切都要了结了。我将离开这个世界,再不会感受到折磨着我的那一阵阵痛苦……"言罢,怪人纵身一跃投入大海,消失在远方朦胧的夜色之中。

堕落的天使

值得注意的是,玛丽·雪莱引用古希腊神话中普罗米修斯创造人类、为人类盗取天火并教给人类各种技艺的典故,为《弗兰肯斯坦》一书加了一个副标题:"现代的普罗米修斯"。像传说中的普罗米修斯一样,弗兰肯斯坦的创造精神也受到了惩罚,但这种惩罚并非来自嫉妒的上帝,他的痛苦实际上源自他轻率创造的东西对自己权威性的挑战。从中我们不难窥见作者创作构思的源头,以及作品的内在含义和暗示。

在《弗兰肯斯坦》这部小说中,玛丽·雪莱还描绘了心理和道德发展的一个可怕景象:当怪人感觉到他的容貌不为其创造者及周围的人们所接受时,便生发出了一种倒转的道德观。于是,只有损害人类的事情才能解除他最深处的痛苦,同时也会带给他一种报复后的快慰。正如他自己所说:"我得不到任何同情,我真想把树木都连根拔起,在我周围制造一场大破坏和大灾难,然后坐下来欣赏那一片废墟。"

美国心理学家里德(Edward S. Reed)称:玛丽·雪莱关心的问题是:一个新生的机体是通过什么样的自然过程来获得"灵魂"——情感、思想以及有关正误的知识的?她对一个公认为堕落了的生物的分析相当成功,但在很大程度上,作者用来建立她的道德场景的科学心理学却被忽略了,因为读者(甚至批评家)倾向于注意故事情节却不分析其心理学基础。

玛丽·雪莱本人也说："这是一个最惊世骇俗的故事,它探索创造的两大秘密:生命与死亡。我想它会使你入迷,也许还会使你感到震惊,甚至还会使你感到恐怖……"。但她同时力图表明,自己创作《弗兰肯斯坦》并非纯粹是在编织一连串荒诞不经的恐怖事件。

她认为,《弗兰肯斯坦》这篇故事赖以引人入胜的主要情节,没有落入一般鬼怪故事的窠臼,而是以故事本身所展示的新奇场景见长;尽管故事不能作为活生生的事实为人接受,但它提供了一个新的着眼点:借助于想象,较之单凭观察现实生活中的普通人事关系,它更能全面地、居高临下地刻画人类的激情。"因此,我在勇于有所创新的同时,尽力地保存住人类天性种种基本要素的真实性。希腊悲剧史诗《伊利亚特》,莎士比亚的《暴风雨》和《仲夏夜之梦》,尤其是弥尔顿的《失乐园》,全都恪守这一准则。"

《失乐园》是英国大诗人约翰·弥尔顿(John Milton,1608—1674)根据《圣经》写成的长诗,1667年出版。它讲述的是:堕落的天使领袖撒旦率领众天使奋力反抗上帝,但惨遭失败,被逐出了天堂。撒旦不甘心就范,便来到伊甸园中化身为蛇,引诱亚当和夏娃违背上帝的意志,偷吃生长在智慧树上的禁果,以达到反抗上帝权威的目的。亚当和夏娃经不住诱惑啖食禁果,由此失去天真,开始以裸为羞,且七情萌生。上帝遂将他们逐出了乐园。

玛丽·雪莱对《失乐园》这一颇有争议的伟大诗篇似乎颇为推崇,她特别在小说的扉页上引述了《失乐园》中的诗句:"造物主啊,难道我曾要求您用泥土造成人吗?难道我曾恳求您把我从黑暗中救出,把我安置在乐园中吗?"——这是亚当在获悉上帝即将处罚他时为自己的命运鸣不平而发出的诘问。

在《弗兰肯斯坦》的第15章中,怪人在讲述自己的经历时称,阅读《失乐园》激起了他内心深处深刻的思想感情。全能的上帝和他的创造物之间的激战情形,令他不由地把某些场景用来跟他自己的景况相比较。怪人最后得出的结论是:他像亚当,但又没有亚当幸运,享有造物主的精心照料,因而他感到自己跟那个不见容于上帝的撒旦更相似:"我觉得撒旦就是我的景况的适当象征,因为我就像他一样,在见到我的保护者得到幸福的时候,心里常常产生怨恨的嫉妒。"

英国画家布莱克作于1795年的版画《上帝创造亚当》。在画家看来,人类因为神的创造,只好从无尽的精神世界堕落在有限的物质世界中,所以他笔下被巨蛇纠缠的亚当,脸上满是痛苦的表情。

许多评论家注意到了《弗兰肯斯坦》与《失乐园》的相似之处,认为前者是浪漫主义作家对失乐园故事的极具代表性的再演示,讲的是另一个失乐园的故事。

我们再来看,怨恨、失意和痛苦,最终通过充满妒火的破坏行动得到了宣泄和表现——怪人把这种破坏行动看成是对自己孤独存在的维护,他称自己由"堕落的天使变成了狠毒的魔鬼"。然而,即便是这样,怪人仍然不能摆脱内心深处的极度忧伤和绝望。他和其创造者弗兰肯斯坦一样,也是一个悲剧性的形象;他们之间纠缠着的那种爱与恨的死结,最后竟演变成互相报复的复杂关系——这无疑是作品中最打动人也最发人深省之处,而死亡则成了他们的共同归宿。

《弗兰肯斯坦》其实也是一部哲理小说。玛丽·雪莱创造的"科学怪人"的许多思想言行,正体现了当时的启蒙思想家卢梭那种回归自然的主张——卢梭把未受文明社会"污染"的原始人称作"高贵的野蛮人",认为人天生是纯洁的,文明社会的"有思想的人"实际上已为社会思想玷污,变成"卑贱的动物"了。

《弗兰肯斯坦》本身并没有涉及很多具体的科学知识和科学推理。不过,以现代的眼光看,它以一种巧妙的虚拟方式,活灵活现地探讨了科学哲学与科学社会学问题。学者刘华杰评价说,《弗兰肯斯坦》一书中大量精彩的对白描述了"可能世界"中的伦理学,揭示了其中激烈的矛盾冲突,为后人提供了宝贵的生命伦理学研究资料。玛丽·雪莱本人也认为,"……惊怵恐怖的故事可以警戒世人,它们是对人类天性中莫名惊恐的回应。"

从《弗兰肯斯坦》中对自由和人权原则的那富有想象力的阐释来看,其要义也非常接近作者父母的观点。玛丽·雪莱的母亲玛丽·沃斯通克拉夫特(Mary Wollstonecraft,1759—1797)是著名的女权运动领袖,第一个提出激进女权主义政治主张的人。在玛丽·雪莱出生10天后,她的母亲玛丽·沃斯通克拉夫特便被产褥热夺去了生命。此事对玛丽·雪莱一生影响极大,在她的内心深处始终存留着"自己害死了母亲"的念头。她父亲威廉·葛德文(William Godwin,1756—1836)则是个名重一时的哲学家和政治理论家,著有《政治正义论》(马尔萨斯在其名著《人口原理》中多次提到葛德文和这部书),并深为诗人珀西·雪莱所仰慕,雪莱就是在葛德文家中结识玛丽并与之相爱的。

葛德文的一位朋友曾经夸奖他那聪颖好学的女儿说:"玛丽的脑袋可以安在一个哲学家的肩头上。"《弗兰肯斯坦》这一小说的主题,也打下了玛丽受父亲思想影响的烙印——葛德文在政治哲学方面的一个重要思想即是:社会制度的过于理性化,会使人性中固有的仁慈和爱心丧失殆尽。虽说类似的思想在《呼啸山庄》、《基督山伯爵》等欧美文学作品中也能见到,但就对人的双重性格的揭示而言,《弗兰肯斯坦》无疑体现得更为深刻,对人心灵的震撼也更为强烈。

跨越一个多世纪的认识

没给这个世界留下任何"技术细节",故事中的"创造者"和"被创造者"几乎同时灰飞烟灭!《弗兰肯斯坦》就在这样一种悲怆、沉郁的气氛中画上了句号。它的结尾同开头一样,展现的是一片荒凉冷漠、冰天雪地的极致景色——这是一个荒原,它净化了由弗兰肯斯坦及其有缺陷的"实验"所代表的人类弱点;而极地上那漂浮的实际上无所依附的冰块,则预示着人类新的前景和未知事物的开启。

对《弗兰肯斯坦》的价值和意义的认识,跨越了一个多世纪的历程。玛丽·雪莱的同代人显然都把这部非同凡响的作品,视同于当时流行的"哥特小说"了。当年的《大英批评家》曾经这样评论《弗兰肯斯坦》:"这部书中没有原则,没有典型,也没有寓意。嵌入其中的恐怖过于离奇和古怪,使之难以接近庄重和崇高。"其实,就连作者本人也没能给她这个"面目可憎的孩子"安上一个合适的归类名号,当然更无从预见到它对后世产生的深远影响了。

然而,评论家们几乎都忽略了这篇作品的创作年代或时代背景。请注意,利用"科学手段"创造生命这种"设想",在1818年可是一件异想天开、石破天惊的事情。因为这有悖于宗教的人类起源说,又不同于人类繁衍的正常方式。

里德在谈及《弗兰肯斯坦》中的心理学问题时指出,玛丽·雪莱通过这部小说讨论了有关身心关系以及道德发展的本质的观点。当时如果不是采用科幻小说的形式,这些观点是不可能公开出版的。"尽管玛丽·雪莱采用哥特小说的形式写出她的观点,她那种阐述严肃的哲学和科学问题的意图是显而易见的……玛丽·雪莱很明智地为这种心理学披上了哥特故事的外衣(并因此发明了科幻小说)"。

世界上第一部科幻小说起源于英国——产业革命的发祥地,绝非偶然。

新奇的故事情节,深刻的主题思想,鲜明的人物形象,赋予了《弗兰肯斯坦》长久的生命力。它被译成多种文字,并被反复改编成电影、戏剧上演,在西方社会家喻户晓。

第四篇 生命的困惑

英国在历史上的发展,通常被看做是一个经典的资本主义发展的模式。这个"日不落"帝国确实也有着太多的骄人的荣耀:第一个工业化国家,最早出现资产阶级政党的国家,第一个西方资本主义的民主国家,还有"海上霸主"、"世界工厂"等等;它在近代自然科学的发展中亦占有重要的地位,并且留下了深深的足迹。

在产业革命发生以前,哥白尼确立了太阳的中心位置,开普勒发现了行星运动的三大规律,牛顿找到了万有引力定律。肇始于英国的产业革命实际上是工业技术革命,其标志是以机器代替人力,以大规模的工厂生产代替个体工场手工生产。它使得整个社会的生产力和生产关系均发生巨大的变革,人类社会由此进入了一个全新的时期。恩格斯在其名篇《英国工人阶级的状况》中这样写道:

> 英国工人阶级的历史是从18世纪后半期,从蒸汽机和棉花加工机的发明开始的。大家知道,这些发明推动了产业革命。而产业革命在引起经济变革的同时发生了社会革命,因为它引起了市民社会的全面变革。这场革命在世界历史上的真正意义只是到现在才开始被认识清楚。

是的,只在不到三代人的时间内,一场史无前例且影响深远的革命就改变了一个国家的面貌。从那以后,世界也变了样——工业革命使人类从农夫、牧羊人变成了由非生命的能量驱动的机器的驾驭者,它同时也冲击着整个社会和人类的心灵:科学的进一步发展还会带来什么?是幸福还是苦难?这样的探寻既隐含着对一种"异己力量"的恐惧和不知所措,也标记着某些价值的失落,以及某种深深的忧虑。

在科幻史家看来,是科学技术促进了社会变革,而对社会变革的觉醒又催生了科幻小说。事实上,乃是工业革命拓宽了科幻之路。可以说,"科幻小说是人类对变革的经历在艺术上所作出的反响。人类开始前瞻,展望与现在不同的未来,展望更美好的未来。"这种展望可以通过种种不同的方式进行,其中之一便是一种新的文学样式——科幻小说。正如美国著名的科幻编辑约翰·坎贝尔(John W. CamPbell,1910—1971)所言:"小说仅仅是写在纸上的梦。科幻小说则包含了对技术社会的希望、梦想和恐惧(因为有些梦想是梦魇)。"

英国著名科幻作家布里安·奥尔迪斯(Brian Aldiss)在他的科幻史著作《亿万年大狂欢》中,高度评价了《弗兰肯斯坦》的故事内容。他一反仅仅将这部小说当成"人造人"的技术奇迹的传统说法,认为它在勇敢地证明:技术可以向上帝挑战。"在雪莱夫人的笔下,科学家成了造物主。《弗兰肯斯坦》的主题就是上帝不再造人了……"

《弗兰肯斯坦》的确不是一部偶然产生的作品,它具有十分深刻的思想。书中对科学技术的态度,使人想到了一个进退维谷的人类代表站在新时代的十字路口时所可能具有的种种复杂心态:一方面,科学向上帝挑战,创造了奇迹;另一方面,这奇迹又与人类的传统本性格格不入。近200年来,这种尖锐的冲突在人类与技术进步之间一直没有停止,这也正是以《弗兰肯斯坦》开创的科学幻想作品的重要主题。

19世纪乔治·F·瓦兹创作的油画《希望》。在人类生存的这个星球上,"希望"总是被蒙着眼睛。

第四篇 生命的困惑

第二章 真实与虚妄

其实，早在《弗兰肯斯坦》问世之前200多年，瑞士医生和化学家帕拉塞尔苏斯（Philippus Paracelsus, 1493—1541）就在自己的著作《论自然科学的第一本书》中论述了人造人的奇迹。他写道："有一天，能够在一个女人（当然是母亲）的体外或者自然地或者人工地生产出一个人来。"

在西方，千百年来人们总是被"教导"，创造生命是上帝的权利，只有"神"才有资格做这件事，因为"生命"本身实在太深奥、太神奇了。

《圣经》上称："创世"第六日，上帝说："我要照着我的形象，按我的样式造人，让他们管理海里的鱼、天上的鸟、地上的牲畜和昆虫。"上帝先创造了亚当，然后再从亚当的身上取一根肋骨制造了夏娃，于是便有了今天的人类。至于耶稣基督，则是上帝以他自己的旨意、按照自己的形象让圣母玛利亚怀孕产下的。

以现在的眼光来看，上帝依照自己的形象创造了人类，再用类似人工授精

意大利画家提埃波罗于1758年创作的油画《纯洁受孕》。圣母踩在毒蛇的身上，象征着她是无原罪受孕。在这条引诱亚当和夏娃犯下原罪的毒蛇嘴里，咬着象征原罪的苹果。

的方式让圣母玛利亚未婚而孕,这跟今天我们的科学家"复制生命"的做法何其相似?试问:有一天,当您回到自己家的时候,突然发现一个跟自己一模一样的人取代了自己,而您本人却被赶出了家门(这是美国科幻电影《第六日》当中的一个场景),您该作何感想?如今,人类克隆技术已经取得重大突破,克隆人体自身实际上已经没有什么技术障碍。那么,科幻电影里的"第六日"真的会降临吗?

百万富翁的惊人之举

1978年3月3日,一篇不同凡响的新书预告在《纽约邮报》上刊出,人们一眼看到的是这样一个极具震撼力的巨幅标题——"没有母亲的孩子诞生了:他是一个克隆人"。

随后,新闻界、科学界乃至整个社会都沸腾起来了。记者们给科学家打电话探听,科学家彼此也打电话问询,街谈巷议更是推波助澜,把这个话题炒得几乎无人不知。

将近一个月之后,愚人节的前一天,在人们期待的目光中,利平柯特出版社出版的这部新书终于面世,书名是:《按照他的面貌:克隆一个人》(In his image: The cloning of a man),简译为《复制人》。作者戴维·罗维克(David M. Rorvik)是一个自由撰稿人、科普作家。1966年毕业于蒙大拿州立大学,还曾在哥伦比亚大学新闻学院学习,出版过遗传学方面的著作。他采用第一人称,讲述了他帮助一个古怪的富翁克隆自己的神奇故事——

1973年9月的一天,我忽然接到一个陌生人的电话。起初他不肯道出自己的姓名,只是说他读过我写的有关生育、遗传学方面的著作及文章,对我所谈的话题很感兴趣,因而希望能跟我见上一面并作探讨。

经我一再追问,他才告诉我,他是个67岁的富商,至今未婚。他说,他愿意花费100万元甚至更多的钱换取一个特殊的儿子,即一个无性生殖的他自己的复制品。他希望我能够帮助他物色愿意尝试这一工作的医生,并答应付给我报酬。

几天后,由这位富商——他坚持让我称呼他"莫克斯"——安排,我们见了面。他告诉我,他之所以从未结婚和生孩子的一个原因,是因为他认识到,在生殖过程中会把无数个基因纯粹偶然的组合遗传给后代,这与他的观念和性格不符。他认为生育孩子应该由自己掌握方向,看清前途。

不过,莫克斯并不反对男女结婚、生育。对于他来说,唯一能使他"安然死去"的办法,就是首先重造一个他自己,一个比他年轻、但却与他一模一样的人。实际上

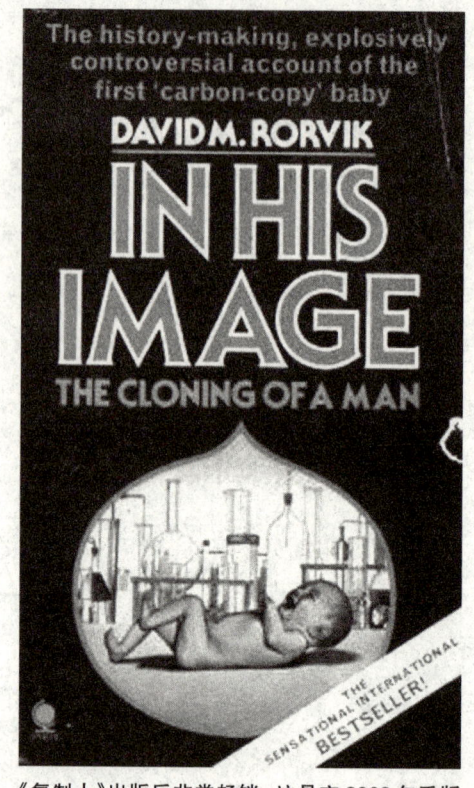

《复制人》出版后非常畅销。这是它 2002 年重版时的书影。

就是重生一次,这样,就可以给他一个十分明确的出身了。用这种方法生殖的儿子作为他的财产继承人,当然最放心,也最理想。他还提出了一种神秘的概念,即自己对世界的认识可以在躯体死后仍然存在下去——存在于无性系的意识当中。按照他的观点,人类区别于其他各个物种的特征,就在于人能够自觉地不断改造自己、创造自己。

几经考虑,我答应为莫克斯"办事"。我很快便确定了能够完成这项无性生殖课题所需要的医学及科研人才——主事的戴尔文医生和他的工作团队。出于保密的考虑,莫克斯选定了一个在他的商业线路范围内的秘密地点。1974 年 12 月,我第一次来到了那个隐秘的"门诊所"。它位于亚洲热带森林深处,简直可以说是一个世外桃源。这个地方比较落后、贫穷,为孩子

挑选"代理母亲"也很容易、很方便。我被告知,只有经过仔细挑选被认定"合适的"一个或几个妇女,才有机会植入那个取自莫克斯身上的体细胞核。

看到事情进展顺利,莫克斯显得很高兴。在气氛轻松点儿的时候,我们也毫不避讳地谈到将会由那个"复制品"而衍生的种种伦理和法律问题。莫克斯说,他想给他的无性生殖的后嗣留下金钱和支配权。为此,他正在"设计"一个有专门的支票和复杂的结算方式的合法证券,以便帮助他的"化身"在婴儿期、童年期、青春期和成年早期,保有对莫克斯的股份和资产的控制权。除此之外,他也许还要跟戴尔文订个合同:如果他和他的无性系都死了,就可以用细胞产生一个个接替的"受益人"。这样,莫克斯至少就可以象征性地使他自己"永生"了。

"代理母亲"最终落在一个代号叫"麻雀"的姑娘身上,她是一个17岁的孤儿,漂亮而又聪明。在试验室里,我看到了已经融合了的细胞,并且突然意识到,那里面的每个小圆球都是潜在的另一个莫克斯。那些细胞核每一个都包含一套完整和精确的蓝图——制造一个人的建筑图。他身体的每一个基因都包含在里面,只等着卵子细胞质里的神秘的化学钥匙来开锁。其实,还不止这些……

闹出了大风波

按照罗维克在书中的叙述,在1975年11月到1976年2月的4个月内,戴尔文和保罗几乎做了上百次核移植试验,用了许多女子的卵子供体。1976年3月中旬,莫克斯打电话告诉罗维克说,"麻雀"怀孕了。大家诚惶诚恐地挨过了大半年后,在1976年圣诞节前两个星期,一个划时代的小生命终于呱呱坠地。血液分析和其他有关的各种组织亲和性等因素的试验,都使莫克斯感到满意:这个孩子确实是他无性生殖的后代。此时,莫克斯已经70岁了。

在《复制人》一书的前言中罗维克写道:"由于本书所描述事情的性质和情况,我觉得有必要略去某些细节,并且改动某些内容,以便保护所涉及的那些人的身份。有时人名、日期以及对人物与地点所描述的细节与事实很不相符;有时则这些细节改动很少,甚至完全如实。在全书中,我力求使真实内容和出于保护需要而掺入的不真实内容同所描述事情的基本过程、人物的基本特性,以及个人的举止行为始终调和一致。"

生殖克隆给人类出了一道大难题。这不仅仅涉及道德、伦理、信仰、法律等诸多的深层次问题,而且也似乎是对自然法则和规律的一次挑战。

最后,罗维克又称:"我相信,在适当的时候,有关这一成就的完整资料是会出版的。许多更详细的情况可能会在以后几年内披露。"

不仅如此,作者还在书后添加了数十条术语或名词解释,详细讨论了与克隆相关的各种科学问题,并且开列了上百篇文献目录。

《复制人》一书出版后,很快就成了畅销书,在美国和英国都列在非小说类的畅销书排行榜上,引起了巨大的轰动,许许多多的读者都信以为真。罗维克也向利平柯特出版社保证说,他在书中所讲述的这一切都是真的。

然而,也有一些生物学家提出了质疑。他们从无性生殖和遗传学角度进行了分析、调查,得出结论说:《复制人》中的内容是不真实、不可信的,因为当时发育生物学所积累的知识和经验还做不到这一点。这本书只不过是"以科技新闻报道笔调写的科学幻想小说"。还有一些科学家认定,即使罗维克这本书写的不是真的,现在也是防止它成为现实、甚至采取立法行动的时候了。

"克隆"是英语单词clone的音译,意为生物体通过体细胞进行的无性生殖,以及由无性生殖形成的基因型完全相同的后代个体组成的种群。生物体的每一个细胞里都包含着复制自身的全部信息,只是在除精卵细胞外的其他细胞中,这些信息大都被关闭,细胞都被特化了,只能分裂成肝细胞、肾细胞或皮细胞等。不过,一旦这些信息被激活,那么一截发丝、一粒皮屑中的细胞都能复制出一个完整的个体。由于它只含有父母单方的基因,所以它是对亲代不失真的复制。克隆大体可分两类:治疗性克隆和以生殖为目的的克隆。前者英美均已批准用人类胚胎干细胞进行研究,而后者对于能否"克隆婴儿"却似乎仍被大多数发达国家的法律所禁止,但现在已开始动摇了。

克隆技术可以给人类带来极大的好处:第一,克隆可以有效地繁殖具有"高附加值的牲畜";第二,克隆可以用来挽救珍稀动物;第三,克隆对于人类疾病的防治、寿命的延长具有重要意义。但是,克隆人因为牵涉到道德伦理和法律等诸多问题,争议极大,目前许多国家已立法禁止克隆人。

再说《复制人》一书出版的那一年,恰逢世界上第一个试管婴儿在英国诞生,这个震动全球的新闻旋即引发了有关生殖伦理的新一轮大辩论。人们记得,此前6年,即1972年3月,在纽约出版的一本杂志上就已经出现了一个让人震惊的标题:《弗兰肯斯坦的神话成为现实——我们已具有制造人类复本的可怕知识》。更早些时候,美国著名的社会思想家、未来学家阿尔温·托夫勒(Alvin Toffler),于1970年在其畅销书《未来的冲击》中写道:

> 在不长的时间里,人类不仅将能重新设计单个人体,而且能重新设计人类。
>
> 更奇异的事情之一,就是人有可能制造出和自身极相像的生物人。通过所谓"无性系"过程,有可能使成年人的细胞核发育成新的有机体,它与捐献细胞核的人具有相同的遗传特征。这个"复制人"就以跟细胞核捐献者完全一样的遗传天赋开始其生命,虽然日后的教养差别可能改变其个性和肉体发育。
>
> 但无性系生殖也可能给人类造成意外复杂的情况。给后代

留下爱因斯坦的复制人,倒是个好主意,但如果是希特勒呢?是否应该有法律控制无性系繁殖?

托夫勒这部名著问世6年后,还真有人认真"考虑"了克隆希特勒的问题——不过那是在小说里。1976年,艾拉·莱文(Ira Levin)出版了一本令人不寒而栗的科幻畅销书——《巴西来的男孩们》。它讲的是一个纳粹医生试图克隆制造出一群希特勒,并使其在与希特勒成长时相同的环境下成长,进而使纳粹征服世界。5年之后,根据该书改编的电影《纳粹大阴谋》则把复制希特勒的想法"发扬光大",叙述纳粹分子阴谋要复制希特勒的军队。

这个时候,已有科学家提出:假如人类能够克隆自己,成为自己的创造者,那么我们或许就能够控制人类的进化,从而以一种新方式扮演上帝的角色。而伦理学家则纷纷提出质疑:当我们讨论人的克隆性生殖时,有没有认真考虑过克隆人在家庭和社会中的地位和角色?当利用胎儿中的生殖系细胞或尸体的生殖细胞进行体外授精时,有没有考虑过体外授精的孩子长大以后可能的心理和社会冲击?还有哲学家发问:动物饲养者一般都知道,他想让动物干什么。但我们是否也知道,我们想让(克隆)人干什么吗?

由于克隆是在科学家和公众越来越相信基因是生命的主宰的时刻出现的,因而克隆遗传上完全相同的个体的思想就不能不让人惊心动魄。公众对科学日益滋长的不安情绪,已经爆发为持续至今的对科学的不信任。许多人担心可能在

克隆人类的可怕后果。如果一夜之间世界上突然涌现出千万个自己,你是否会觉得无法忍受呢?

自己不知情或未经同意的时候就被克隆了。

一场跨国官司

正是在这样的背景之下,当由《复制人》一书引发的风波越闹越大,掀起了神学和伦理学对克隆怀疑的一次新高潮,乃至引起了一场科学大辩论和一些人的愤怒时,罗维克害怕了。1978年5月,美国有关方面举行是否能够进行人的无性生殖听证会,并两次向罗维克发出了邀请,但都被他找借口规避——事实上他躲起来了。

然而,一场跨国官司他却没能躲过去。

1978年7月11日,英国牛津大学的胚胎学家布隆豪尔(J. Derek Bromhall)控告罗维克和他的出版商利平柯特诽谤,索赔700万美元。起因是:罗维克在书中引用布隆豪尔的研究成果时所作的注解,使得布隆豪尔的工作看起来像是以克隆人为目的,而且也使他看来像是为书中故事和克隆提供了可信的依据。

据布隆豪尔讲,罗维克曾写信给他,说因为要写文章或出书,需对他的工作有更多的了解。当时布隆豪尔曾十分天真地把他的博士论文的9页摘要寄给了罗维克。后来,布隆豪尔看到《复制人》一书,注意到书中引用了他的观点并详尽描述了他的工作,还在注解中说明正文中所说的"牛津科学家"就是布隆豪尔。布隆豪尔宣称:由于他的工作被不正当地引用,致使他的名誉受到了损害,隐私权也遭到侵犯,因此他要求法庭作出判决,让罗维克和利平柯特承认"这本书是一场骗局,是一次恶作剧,是虚构的,克隆孩子是不存在的"。

这起诉讼案直至1982年4月即《复制人》出版4年之后才了结。利平柯特承认此书的内容是不真实的,向布隆豪尔道歉,并向其支付10万美元的赔偿。出版社的道歉声明是这样写的:

利平柯特出版社承认，现在相信这个故事是不真实的。承认布隆豪尔博士不同意他的名字和他的研究技术出现在这本书中，同时也承认布隆豪尔博士从未从事、或者打算从事、或者鼓吹从事克隆人的工作。我们对他因此造成的窘迫、屈辱或其他伤害深表歉意。

可是，罗维克始终不承认他的故事不是真实的，他辩解说没有人能编出这么离奇的故事。也有一些人（包括科学家）表示很难相信他那本书是彻头彻尾的谎言。有个名叫麦克斯·莱纳的人在《华盛顿邮报》的一个专栏中写道："我冒着终生被人作为笑柄的风险"，相信罗维克写的是真的。他还说，"有时生活本身就像蹩脚的艺术。"

而罗维克本人在那次有关克隆的科学大辩论中也曾推波助澜。他发表在杂志上的一篇文章中写到了将来生殖方式的转变：婴儿将在子宫外受孕，妇女们将雇人来怀胎，她们将购买优生学上十全十美的胚胎来孕育，并将其作为自己的子女来抚养。

如今将近30年逝去，回过头来看，实际上还真让罗维克给说中了（当然胚胎还不能买卖，不过技术上的操作已无障碍）。可在当时，这些预言真可谓是"骇人听闻"。

要说这个罗维克，确非等闲之辈。在《复制人》一书中，他特别提到并评价了后来被誉为"克隆教父"的英国科学家、2012年诺贝尔生理学或医学奖获得者约翰·格登所做的工作："格登首先用紫外线辐射破坏了未受精蛙卵的细胞核，然后用显微外科手术把蛙的小肠内膜这样相隔很远部位的体细胞核放到那些卵里。在卵细胞质里的一些监视机器'注意到'，在它的细胞核里有了一整套染色体。正像经过授精的卵有它一整套染色体那样，于是这个机器开动起来，它指导这些染色体分裂并产生了一个完整的新蛙。……格登和其他人的成就已向大家表明，人类无性生殖的主要障碍已经排除。"

这个格登老头儿,确是因其在半个世纪前所做的工作——成功克隆非洲爪蟾而声名鹊起(这是人类第一次从动物的成体细胞中重新复制出一个新的动物)。当时,身为牛津大学发育生物学家的格登就预言,人类在50年内可以成功克隆哺乳动物——果不其然,1997年,他的同胞兼同行成功克隆"多利"羊,轰动了全世界。荣膺诺贝尔奖之后,格登在英国广播公司的一档科技类直播节目中又预言,人类将在未来半个世纪内成功实现克隆自身。此语一时亦引起相当关注。

《自食其果》的后果

有趣的是,几乎就在罗维克那场《复制人》官司刚刚了结之时,中国科幻作家根据他这部小说创作的续作,在中国竟然也掀起了一场不小的风波。

事情得从1980年说起。这年12月,一向"严肃"的科学出版社翻译出版了罗维克的《复制人》一书,中译本名为《人的复制——一个人的无性生殖》。当时正热衷于科幻创作的著名作家叶永烈读罢此书,对这一话题产生了浓厚的兴趣。

叶永烈1940年生于浙江温州,1963年毕业于北京大学,20岁时成为《十万个为什么》的主要作者,21岁写出《小灵通漫游未来》。后来,叶永烈创作了许多科学幻想小说和传记作品,成为当今著名作家。

罗维克的小说只写到那个无性生殖的孩子出生为止。叶永烈特别注意到了小说的结束语:"我不知道,这个有皱纹的小小的生命能看到些什么。我不知

创作《自食其果》时的叶永烈

道,他会知道些什么。我不知道,他是否将成为勇士。"他想,原作者提出的三个"不知道",正是广大读者所关心的问题。于是,他决定采用"续作"的形式,续写原作未写完的故事。续篇中的人物,绝大部分是原作中的人物,姓名、性格、身世均照原作。

1981年11月,叶永烈的这篇续作《自食其果》在哈尔滨市科协主办的一份增刊《科学周报·科幻小说》第8期上发表,并且很快就引起了强烈的争鸣,完全出乎作者意料。

《自食其果》引起争议的焦点,在于书中所描写的法庭上的一段对白:

"你谈谈你的犯罪动机!"路易大声问道。

"是这样的……"小莫克斯答道,"这是我的本性的驱使。不,不,这是我父亲驱使我杀死他!……我的父亲,曾不止一次表白过,他是一个'赤裸裸的个人主义者'。也就是说,他是一个非常自私的人。……

"我是他的'复制品',我不仅具有与他一样的容貌、血型、性格、风度,也具有与他一样的极端自私的心理。

"我非常自私,连我的生身之父也不相容。我看到他越来越年轻,身体越来越壮实,我心里非常嫉妒。我巴不得他早一点死去,好让我继承财产,自由自在地支配一切。我谋杀他,就是出于这样的心理。也就是说,一个自私的儿子,杀死了一个把自私的品质'复制'给他的父亲!"

持批评意见者据此认为它宣传了所谓的"自私遗传"。还有的批评者挖苦作者"无须研究科学,不必研究社会,信手拈来,便成文章,快哉、快哉!"然后,便判定这篇作品是一部"荒诞之作"。在"争鸣"达到"高潮"时,对这篇小说已不再局限于"科学性"的讨论,即已从"科幻小说的科学性问题",上升到"脱离了马克思主义"的政治高度。对于《自食其果》的"批判",在当时也曾经"吓唬"住了一些人。广东一家出版社本已安排出版《自食其果》连环画,却被"批判"吓得退掉画稿。

对此,叶永烈写出回应文章《我不是杀人犯!》为自己辩护,但却未能公开发表。而《自食其果》的英译者裴敏欣则写下《我们应该怎样看待〈自食其果〉》一文,就批评者提出的一些观点谈了自己的不同看法。他认为《自食其果》并非真的"不过是"一个"凶杀案件":

> 对稍仔细阅读过这篇科幻小说的读者来说,使他感触最深的莫过于《自食其果》对资本主义社会金钱万能和私欲至上的无情披露和辛辣讽刺:一个不择手段谋私利的亿万富翁搬起石头砸自己的脚!
>
> 显然,作者淋漓尽致地抨击了这种企图通过"天才遗传"(当然,"天才"是否能遗传尚待科学来佐证)来达到个人目的的大亨,而不是希望读者们也捡起这块"石头"来砸自己的脚——用批评者的话来说:"在社会主义的中国以科学的名义四处传播"这种思想。
>
> 顺便提一句,在国外,"天才"、"自私"遗传都是现代遗传工程的争议焦点,同当年的"优生学"一样,两派相持(都是严肃的自然科学家!)至今尚无定论。批评者对《自食其果》所下的这种结论显然是主观、武断的,或至少是欠考虑的。

有意思的是,《自食其果》发表之后,很快就有了它自己的续篇——徐唯果创作的《适得其反》;在《适得其反》发表之后,任志勇又为徐作续写了《胜似其人》;在《胜似其人》发表之后,孙传松续写了《不负其名》。如此这般,罗维克的小说在中国便有了四个连续的续篇。这无形中构成了一组"接龙科幻小说",在某种意义上表达了科幻界和读者对《自食其果》的支持。

《自食其果》的影响甚至还扩展到了域外。1985年,联邦德国的科幻杂志译载了《自食其果》。紧接着,英文译稿在美国发表。1988年,台湾出版了叶永烈的科幻小说选集,书名就叫《自食其果》。1999年,《自食其果》收入《叶永烈文集》,由人民日报出版社出版。此外,《自食其果》还被收入到了各种版本的中国科幻小说选集。

第三章　理性与迷狂

从罗维克的《复制人》到叶永烈的《自食其果》,到今天,30 年过去了,"克隆"已然从幻想走进现实,成了一个世界性的热门话题。这当中的伦理,依然为人们所热议、论争,一直没有停息。而人往哪里"变"所涉及的,其实并不仅仅是"克隆"这一个方面。

奇怪的面孔

19 世纪末的一天,英国一个名叫爱德华·普伦狄克的青年人,因海轮失事而漂流在茫茫大海之中。后来,他被一个名叫蒙哥马利的同胞搭救,来到了一个神秘的无名岛。

在这个岛上,普伦狄克惊讶地看到了好些畸形的、半人半兽的怪物:有马和犀牛的混合体,有狐狸和熊的结合物,还有猪人、狼人、狗人和豹人。在他的住处外边,不时地也传来野兽凄惨的嚎叫和一连串的哀号,让人心惊肉跳。

见到无名岛主人莫罗医生后,普伦狄克忍不住提出了他的种种疑问。莫罗坦然相告:多年来他与蒙哥马利隐居小岛,一直在从事一项名为"活体改造术"的秘密工作。他自称是"第一个用专业解剖知识武装起来并深通生物生长法则的研究者",把毕生精力都用在了研究生命形式的可塑性上。

他说，普伦狄克所见到的那些怪物，都是从不同的动物身上割下不同的部分重新组合的新动物。他不只是改变动物的外形，还能对其生理化学结构和成长模式进行调整；甚至，还能对其进行教化——把新的思维和观念移植入大脑，消除所有的动物性，造出有理性的"人"。

然而，莫罗造出的那些半人半兽的怪物，其动物本能不时地会抬头，乃至跟莫罗给它们制定的"戒律"发生冲突——一些食肉动物恢复了它们的老习惯，因而不断地有血腥事件发生。这折射出了人性与动物本能、理性与命运之间微妙的平衡关系。

莫罗意识到了危险，他决计采取高压、强制的手段，迫使那些胆敢违规的由食肉动物改造而成的"兽人"就范。可是，事情很快便发展到了莫罗根本不能

狮身人面女怪。这是法国画家莫罗1864年创作的取材于希腊神话的一幅油画。画中的俄耳浦斯怒视着狮身人面女怪斯芬克司。

控制的局面，他和蒙哥马利全都死在了他们所制造的"兽人"手下。蒙哥马利临死前对普伦狄克说："这就是这个愚蠢的世界的末日，真是乱七八糟……"

至于普伦狄克，最后是几经磨难，终于逃离了那个可怕的莫罗医生岛，人也变得有些神经质了：他竟然不能相信他身边的男男女女是正常的人类，觉得他们还是由野兽改造而成的半人半兽的怪物，且随时都可能退化，显现这样或那样的动物特性。有时，他甚至觉得自己也不是一个正常的人，而是一个脑子有病、备受折磨的动物。

以上讲的，当然并不是一个真实的故事。它是1896年发表的威尔斯第二部科幻小说《莫罗医生岛》所描述的一个噩梦。不难看出，这部作品有

着《弗兰肯斯坦》的影子,意在告诫人们:在一个失去人性和理性的世界里,科技成果非但不能造福人类,反而还可能危害社会。

小说借主人公普伦狄克之口表达了这层意思:那些"兽人",当它们是纯粹的动物时,其本能与所处的环境十分吻合,它们也享有作为生命的快乐。可现在它们却被戴上了人形的枷锁,被一种它们所不能理解的戒律所控制,永远生活在恐惧之中,面临的是无穷无尽的心灵折磨,可这一切究竟是为什么呢?

普伦狄克的身上也有威尔斯的影子。这位想象力丰富的作家热衷于生物和进化题材,这与他的教育经历有关。1884年,威尔斯获得伦敦科学师范学校的奖学金,入校攻读生物学,师从托马斯·赫胥黎(Thomas Henry Huxley, 1825—1895)——就是那位被誉为"达尔文的斗犬"的进化论支持者。小说中也提到,普伦狄克"曾经在皇家科学学院念过几年书,还跟着赫胥黎搞过生物研究。"(顺便说一句,作为深受马克思主义影响的作家,威尔斯曾访问苏联,拜会过列宁。列宁对共产主义的一段经典论述"共产主义就是苏维埃政权加全国电气化",就是列宁在1920年10月与威尔斯交谈时首次提出的。)

半人半兽的怪物

其实,人兽动物的传说中外都有,中国古代这方面的记载更多。如《山海经》中的人兽动物基本上是半人半兽型:《中次二经》中有"人面蛇身者";《西次三经》中有"羊身人面者";《北山经》中有"人面蛇身者"和"其状如犬而人面"的兽类。而《西次二经》中所说的"西山十神",或为"人面牛身"或为"人面马身",总之它们都是半人半兽。

当今社会信息传播的快捷和发达,多少已让人们感觉到,最近几十年来,玛丽·雪莱和威尔斯在小说中所"制造"的噩梦,已经渐渐地跟现实"接轨"了。新加坡《联合晚报》于1987年12月28日报道：遗传学家已进行了长达1年的试验，试图让母牛和母羊怀上人类的胚胎。研究人员称："若将健康的人类胚胎适当移植到这些动物的子宫内，将来所生产的婴儿应该完全正常。"

后来有人提出质疑：天下能怀孕的女子这么多，却偏偏要找牛羊来当人的"代理母亲"。谁都知道，胚胎的发育需要这样那样的营养，也需要潜移默化的"胎教"，而牛羊吃的是草，智力和"本性"

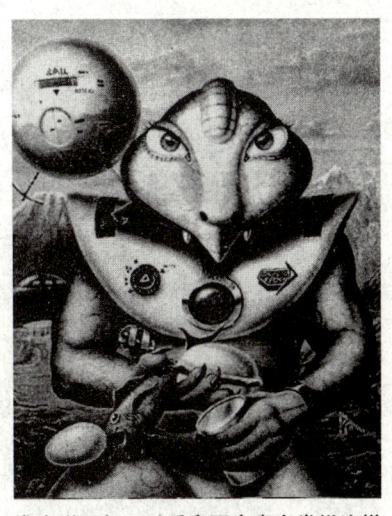

谁也说不好，以后会不会真有类似这样的怪物在世，人类会不会变得面目全非。

与人类有着巨大的差异，怎能设想依靠牛羊的血液供应能够诞生出一个"完全正常"的人类婴儿呢？

十多年前，日本有一个研究机构已经准备将人的精子和猩猩的卵子实行人工配种、制造试管"猿人"。这一计划被披露后立即引起了各界的强烈反对，纷纷指责这种试验不顾人的伦理道德，是社会的倒退，是将科学引入歧途，是对人类的祸害。迫于舆论压力，研究人员只好"刹车"。

可是，到了2004年，又有"花样"翻出：美国明尼苏达州的马约医学中心的杰弗里·普拉特医生将人类干细胞移入猪的胚胎，造出了"客迈拉猪"。普拉特称，这些猪体内的血管中既流着猪的血，也流着人的血。而美国内华达大学的伊斯梅尔·赞贾尼等科学家将人类干细胞移入绵羊胚胎，造出了"客迈拉羊"。它们的肝脏中约有80%的细胞是人类的肝细胞。

一般而言，一个机体拥有两种不同物种（包括动物与植物、人与植物、动物与动物等）的细胞或组织，便叫做嵌合体（chimera），音译即"客迈拉"。此词源于希腊神话，原指狮子头、山羊身和蛇尾的雌性怪物。

2005年7月，英国《每日快报》等媒体报道，一组美国神经科学家正在加勒比海岛国圣基茨和尼维斯的圣基茨岛上一个实验基地中，试图创建一

第四篇　生命的困惑

些拥有部分人脑的灵长类动物。据悉,这个研究小组已经对一组小猴子进行了实验,每只猴子的脑内都被注入了800万个人类脑细胞。以前的实验显示,这些人类脑细胞将会和猴子的脑细胞结合在一起生长。这一实验的负责人称从事这一研究,目的是为了研究人类脑细胞和运动神经元的秘密,从而找到医治帕金森病的方法。

美国科学家的这一秘密实验引发了伦理学家的极度忧虑。一个从几年前就开始调查"人兽客迈拉"研究的美国委员会对这一研究发出了警告,称这种研究势必会引发巨大的伦理问题:对于那些拥有人类大脑的高智商猴子,我们到底该将它们当成普通实验动物,还是当成半个"人"来进行特殊保护?一位民主党参议员还向美国国会提交了一份名为"2005禁止怪兽法案"的议案,提出对创造、运输和接纳人兽混杂物的人将施以10年的监禁和至少100万美元的民事罚款。

2006年5月,国内有不少媒体报道说,我国科学家在干细胞研究领域获得了新的重要进展:上海交通大学医学遗传研究所黄淑帧教授领导的一个研究小组成功地构建了人源性干细胞在山羊体内长期存活的人/山羊异种移植嵌合体。其背后的意义在于,它为异种器官移植、细胞治疗和人源蛋白的生产等提供了新的思路和理想的动物模型。

瞧,现代科学技术的发展,已能打破物种之间的界限,使得人与动物可以进行遗传物质的交换,生成某一类"杂种"。过去的幻想,渐渐地变成了活生生的事实,但同时也抛出了一些道德和伦理上的难题:一个生物体是否可以具有双重本性?对拥有人脑组织或意识的拟人化动物应该如何归类?他们是否应该受到特别的法律保护?两个嵌合体之间可不可以进行繁殖?更重要的是,人在其自然本质遭到"践踏"和"亵渎"之后,还有没有尊严和价值可言?

从弗兰肯斯坦"拼装"出来的"科学怪人",到莫罗医生用"活体改造术"造出的半人半兽的怪物以及罗维克"编造"出来的复制人或克隆人,都涉及对人是什么、生命是什么的考问,更多地也指向了心灵和人性。这类话题,文学家在 100 多年前也已在幻想中进行了探索。

化身博士

"Jekyll and Hyde"（吉基尔和海德）——什么意思？莫非只是两个并列的名字？

不妨先来看看，美国前总统尼克松在回忆 1972 年美苏首脑会晤时写下的一段话："勃列日涅夫刚才还开玩笑地拍了一下我的后背，这时却开始愤怒地谴责我为结束越南战争而作的努力，并指责我通过我们与中国的新关系向他施加压力，我即刻想起了吉基尔博士和海德先生……"。

其实，翻开中型以上的英语词典，一般都能查到"Jekyll and Hyde"一词的释义："有两种不同面目（善恶双重人格）的人"。如今在西方，吉基尔博士和海德先生可谓家喻户晓。他（们）是英国著名作家罗伯特·路易斯·史蒂文森（Robert Louis Stevenson，1850—1894）创作的幻想小说《化身博士》中的主人公，实际上系同一个人。

《化身博士》自 1886 年发表后即被大量翻译、出版，并多次出现在电影、戏剧中，在世界上颇有影响。这部小说早在 20 世纪 30 年代就有了中译本（李霁野译），如按原题直译，篇名应为《吉基尔博士与海德先生奇案》。40 年代，根据该作品改编摄制的美国影片《化身博士》曾在我国广泛上映，人们熟悉并接受了"化身博士"这个称谓。

关于《化身博士》诞生的背景，作家的亲人回忆道：1886 年，史蒂文森因肺病

史蒂文森出生于英国爱丁堡的一个灯塔建筑工程师家庭。1867 年"奉命"进入爱丁堡大学攻读土木工程，后改学法律。除《化身博士》外，他还创作了《新天方夜谭》、《金银岛》、《黑箭》等作品。

复发咯血不止,为此家人几乎不让他讲话,来访者大多也都被"挡驾"。在此期间,心情郁悒无所事事的史蒂文森决计写一部有销路的新小说。"……整整两天,我搜肠刮肚构思情节,第二天夜里梦见了发生在窗口的一幕,以及海德为罪责当着追捕者的面服药变形的一幕(后来分成两场处理)……"梦醒后,史蒂文森像着了魔似的,执意要把梦见的"有趣的故事"写出来。

经过3天苦干,3万多个词的初稿写出来了,史蒂文森自己非常满意。然而,他那位颇有文学修养的妻子芳妮看后却直率地指出:小说缺乏深刻的主题思想,只是"一个单纯的故事"而已。

史蒂文森毫不犹豫地将手稿扔进了火炉里,毅然决然地开始了"返工"。又一个3天过去,第二稿写出来了。这一回不仅史蒂文森本人颇感自得,就连芳妮也甚为欣赏。果然,作品发表后轰动英国,大受好评。

《化身博士》讲述的是一向受人尊敬的医生吉基尔为了探索人内心善与恶两种不同的倾向,服下了他发明的一种药物。这样,他便创造了一个名为海德的化身,并将自己内心的全部恶念都"分"给了海德。不料,这化身竟干出了骇人听闻的杀人勾当;而后来因为药物失控,海德更是恣意妄为、难以左右。吉基尔心力交瘁,失去了心灵的平衡,最后只得以自杀了结。

在离奇的故事中,史蒂文森实际上探讨了善念与恶念在人的内心相互搏斗的哲理性问题。作者借小说主人公之口作了这样的表述:人无非是由形形色色自相矛盾而又各自独立的居住者组成的一个政治实体,有着十足而原始的两重性。"我认识到,在我的意识领域内有两种本性在斗争";"尽管我具有如此深刻的两重性,但我绝不是伪君子:我的两个方面都是极其真诚的。我在光天化日之

在1931年上映的电影《化身博士》中,弗雷德里克·马奇一人扮演了海德和吉基尔。

下努力钻研学问或减轻别人痛苦的时候,甩开一切约束、一头扎进丑事堆里的时候,同样都不是做假……"

《化身博士》的成功之处在于:第一次深刻地刻画了"双重人格",使吉基尔和海德脱离书页成了一种典型。美国著名作家、小说《洛丽塔》的作者弗拉基米尔·纳博科夫(Vladimir Nabokov,1899—1977)分析说,海德(Hide,意即隐藏、掩饰)一词最明显的意思之一,就是吉基尔的一个藏身之所,那个绅士与这个恶棍同时存在着。在某种意义上,海德是吉基尔的寄生虫。当吉基尔处于善与恶的混合状态时,恶可以被分离出来作为海德,使他成为纯粹的恶的沉淀物。就化学意义而言,当吉基尔以海德的外貌进行活动时,由于构成吉基尔的那些因素依然存在于这一沉淀物之中,所以他会对海德极端厌恶,并感到十分惊讶。

但吉基尔并非真正转变成了海德,而是使经过沉淀的、纯粹的恶突出地表现出来,而这个恶才是海德。海德的个子要比身材高大的吉基尔矮许多,这暗示了吉基尔具有较多的善。所以,纳博科夫认为,《化身博士》中实际上存在着3个人物——吉基尔、海德和一个第三者,即当海德刚刚显现、吉基尔的残余部分依旧存在着的那个时候的人。

"设计"人

在史蒂文森的《化身博士》发表4年后,他的同胞、著名作家奥斯卡·王尔德(Oscar Wilde,1854—1900)也推出了他自己的关于附在人体的幽灵的恐怖文学作品——《道林·格雷的画像》。

天生漂亮异常的道林·格雷因见了画家霍华德给他画的真人一样大的肖像,发现了自己惊人的美,又听信了亨利爵士的吹嘘,开始为自己韶华易逝、美貌难久感到痛苦。他表示,希望那幅肖像能代替自己承担岁月和心灵的负担,而让自己永远保持青春貌美。在他的这个想入非非的愿望莫名其妙地实现后,他开始挥霍自己的罪恶,引诱了一个女演员而后又残忍地抛弃了她。许多接近他的人,都因为他堕落、放荡的生活方式而变得声名狼藉。霍华德想挽救他堕落的生活,他一怒之下竟杀死霍华德,并要挟他的一个朋友毁尸灭迹。

许多年过去了,道林看起来仍然是那个俊美、纯洁的20岁青年,尽管他干尽了腐朽堕落的勾当。最后,当他想用刀破坏掉他罪恶的唯一证据——肖像时,刀子却插进了自己的胸膛,而肖像又回复到了它当初的完美状态。他因肖像而生,也因肖像而死。

王尔德堪称英国文学史,甚或是世界文学史上最受争议的大人物之一。

《道林·格雷的画像》兼有美学与伦理的多重意义,其中写到同性恋与谋杀的段落令维多利亚时代的社会大为惊骇。在小说中,王尔德以一种更加接近的方式表现了主人公的人格分裂,但并没有明确说明道林不道德行为的本质。1920年版的电影《化身博士》,有意或无意地"借用"了《道林·格雷的画像》中的次要情节,把它天衣无缝地嫁接到了电影中。于是,化身博士也发现了一个可以利用并且毁灭的女人。从此,舞厅女郎的出现成为《化身博士》这类题材再也不会被抹去的故事程式……

在史蒂文森、王尔德生活的那个时代,"基因"还不为人所知,所以,幻想家们常常设想,借助某种神秘的药液,可以让人体发生变化,甚至隐形(威尔斯著名的科幻小说《隐形人》就是基于这样的"原理")。近几十年来,分子生物学、器官移植和再生、神经外科学和神经生理学、遗传学和基因科学等的迅猛发展,已使得通过科技手段改变人的生物本性成为可能。随之而来的是,人的社会本性也将发生极大的改变。

思想比较"新潮"的一些西方科学家进而认为,这不应看做是改变了宇宙秩序或"神意",而是进化过程中发生的新机制的表现。人工设计人,属于特殊的"同型工程学",它标志着人从自然进化阶段,进入到了自主进化阶段。

著名科幻作家韩松指出:克拉克早于半个多世纪以前就在科幻小说中描述了人类进化的一幅前景:人早晚会抛弃掉大自然赋予他们的易朽躯壳,在自然形体耗损之前,就代之以金属和塑料结构,用比盲目进化所能达到的程度更加精细而完善的电子感官去体验宇宙。早晚大脑也会死亡,但作为知觉的物质基础,它并不是不可缺少的,因为人类有可能又会发展出电子智力。

然而,这还不是终点。知识最终会储存在空间本身的结构里,思想将永久凝聚成光格,人类成为辐射状的生物,最终摆脱物质的束缚而存在,在宇宙中自由漂流。如果"精神"再进一步发展,那就是"上帝"了。到了那时,人类再回过头来看看发生在他们祖先间的种种伦理和技术争论,会是什么感觉呢?

另一位著名科幻作家王晋康则认为:"当对人体的改造从'补足'(用医疗手段恢复上帝的原来设计)变到'改进'(基因嵌入、人脑芯片、器官改良)时,新人类就诞生了。克隆人不属补足,也不属改进,正好算做临界点吧。它引起的争论,有趣之处也正在这里。"

基于某种可以理解的心理,人们通常对人兽混杂物抱有敌意,但对同样是种间杂种的骡子以及采用基因技术"种"出的新型杂种———苹果梨、番茄土豆之类,似乎并无恶感。

是的,我们喜欢"纯"的自己。然而,完全可以设想:势必有一天,人体的各个器官及各个部位,会被功能更好的人造器官和假肢所取代,最后成为一个有机材料与技术—物理器械的拼合体;甚至,将大脑与计算机联机,把记忆力进行移植、转存,也并非没有可能。人的机体,就这样一步步走向"非自然化"和"异质化",变得越来越不"纯"。

最近还发生了一件新鲜事:设在美国马里兰州的基因组研究所的专家

组,在 2006 年 6 月 2 日出版的一期《科学》杂志上撰文说,对人类消化道中存在的数百种细菌的研究表明,我们也许并不是完全意义上的人,事实上可能是共生生物体———细菌和人之间相互依存。"从某种意义上讲,我们就像一种混合物,是细菌和人体细胞的混合物。"

有意思! 这么说来,咱人的"尊严"受到冒犯和践踏了吗?

美丽的新世界

且让我们把视线转向近一点的现实或未来吧。

大家都已经看到,由于生物学和医学的巨大进展,人们不仅可以考虑利用改变遗传结构来治疗、预防疾病,而且还开始考虑利用它来改变人类性状(如"变脸"已在 2005 年成为现实),"设计"并"制造"婴儿乃至"超人"。而这些过去在科幻小说中屡屡出现的幻想,早在 20 世纪 60—70 年代就已经走进了社会思想家的视野。托夫勒在《未来的冲击》一书中预言:

> 如果一位母亲能将剩余过程压缩到去胚胎商店走一趟的短暂时间;如果我们能把胚胎从一个子宫移到另一个子宫,那就能打破 9 月怀胎这一自古以来确信无疑的事实,孩子们长大后将会进入这样一个世界,那里曾一度是那么平稳明朗的家庭循环将变得颠簸失调。那时,又一个关键的稳定器就会从旧秩序上消失,又一根稳定的支柱就会断裂。

1972 年 6 月,《美国医学协会杂志》发表文章,反对体外授精。文中警告说:"人们的生育早已被'制造'我们的后代的想法所取代。除非这种想法被扭转,不然人类就将朝赫胥黎的孵卵所走去,而且一定是不可逆的。"到了 1985 年,美国芝加哥大学的一位生物伦理学教授发出信号:"遍布世界的实验室和诊所已经或正在建立,制造婴儿的时代就要来到了。"

且喜且忧的人们不禁要问：再往下发展，展现在我们眼前的，将会是一个什么样的世界？

1932年，英国作家奥尔多斯·赫胥黎(Aldous Huxley, 1894—1963)在其科幻名著《美丽的新世界》中设想：在未来高度发达的社会里，一个人从出生到死亡都受到控制。医学将使分娩过程越来越脱离自然，越来越容易得到控制和操纵。下一代由人工孵化诞生，最后在人造子宫中培育长大。

《美丽的新世界》这个名字是有其特殊意味的——出自莎士比亚名剧《暴风雨》。剧中有个米兰达公主，她打小就生活在荒岛上，除了自己的父亲，没见过任何人类。该剧第5幕第1场，米兰达猛

奥尔多斯·赫胥黎是英国小说家、剧作家、诗人。出生名门，其祖父及兄皆为著名生物学家。早年入牛津医科，因眼疾改学文学。

然看到一大群从海难中生还的人，情不自禁地大声喊道："神奇呀，这里有多少好看的人！人类是多么美丽！啊，美丽的新世界，有这么出色的人物。"

"美丽的新世界"，乍一看，这是对于科技文明和人类前途抱持着天真的乐观所发出的一句赞叹，可赫胥黎用作书名，实际上却是一种反讽。他为我们描绘了一个虚构的福特纪元632年，即公元2532年的社会。这是一个有阶级、有社会分工、物质产品极大丰富的"极乐世界"。在这个社会里，人类的生殖是在孵化器(试管)中进行的。通过对精子和卵子进行操作（在某些情况下也就是经过克隆）之后，让所形成的胚胎在精细的营养、药物和配额氧气制度的控制下，发育成不同的社会等级成员，分别从事不同性质的社会活动。

在这个"美丽的新世界"里，孩童要接受持续不断的睡眠教学（在睡觉时洗脑），以及新巴甫洛夫式的条件反射，直到每个人长大成人时真的喜欢

他或她所被安排的那种生活。此外,国家还发放一种叫做"索麻"的精神麻醉药物,让人们忘掉不愉快的事儿,保持幸福的心情。

由于都是在"标准"、"规范"和"理性"之下生活,人们没了情感、痛苦和尊严,家庭和传统文化也消失了。最可怕的是,人们失去了自由、人性,也失去了思考的权利和创造力。赫胥黎正是通过那个"完美"的乌托邦的种种"文明",辛辣地讽刺了科技和专制奴役人类的结果:人类沦为机器,个性自由被扼杀,文化艺术濒于毁灭。这,不能不让读者深思。

脱胎换骨之觞

不妨从1959年说起。那一年,42岁的英国作家安东尼·伯吉斯(Anthony Burgess,1917—1993)被诊断出患有脑瘤,并被告知顶多再活一年。悲催的妻子就此敦促他赶紧多写些东西,好给她留下点版税过日子。嘿这位仁兄还真是仁义,二话没说就起早摸黑地干起来了(结果他又活了四分之一个世纪,可他这任太太却不幸先他而去)。

伯吉斯很快写出5部小说并出版,但接着就"卡壳"了。"绝望中,我在打字机上敲出了一个新的标题——'发条橙',并开始思考构思什么样的故事才配得上这个题目。"他在自传中写道:"我一直都很喜欢'怪得离谱'这一个伦敦人的表达方式,感觉其中应该有一种含义,远比一种奇怪的隐喻意义深刻得多,这种隐喻也不一定就是指性的方面离经叛道。我就这样思考着,接着一个故事便成形了。"

那之前,上世纪50年代末期至60年代初期这几年间,伯吉斯曾亲眼目睹打扮时髦而又怪异的"泰迪男孩",在英国街头打家劫舍、胡作非为,而且常常"互相往死里打"。由此他推断,到1970年前后,帮派暴力可能会成为一个非常严重的社会问题,而政府为了应付这一问题,也许会采用巴甫洛夫式的行为修正方法。这样,可能又会出现一系列新的问题……

《发条橙》的故事发生在似乎不太遥远的未来英国社会。一个叫做亚历克斯的"问题少年",每天晚上都领着他的三个把兄弟,喝完掺了毒品的牛奶后就上街搞打砸抢,"享受"变态、施虐的快感。这天,他们先是作弄、痛殴一个教师模样的老头儿(电影中是喝醉了的老流浪汉);接着,又跟他们的宿敌、另一伙小混混大打出手;然后,他们飙车到郊区,闯入一位作家家中乱砸一气,还当着男主人的面轮奸了他的妻子。

过后几天,恶剧重演。亚历克斯失手打死一个单身富婆,在逃跑时却被一直对他心怀怨愤的同伙使坏,落到了警察叔叔手中,并被判处14年徒刑。为缩短刑期,亚历克斯自愿给一项旨在降低犯罪率的犯人暴力改造计划(政府为其幕后推手)充当实验品。"疗法"很简单:先注射某种药物,使其产生"心智麻痹"——深深的恐惧和无助感;随后,强迫他目不转睛地观看各种令人发指的色情、暴力影片,以使其对之在生理上产生条件反射式的恶心。

最后,亚历克斯终于脱胎换骨,被"改造"软化成一个打不还手、骂不还口并且绝不会危害社会的"新人"。然而,当亚历克斯所曾经施恶的对象出于报复、解气,都对他施予了同样的恶时,他却毫无反抗的能力,只能任人宰割,以至不堪忍受跳楼自杀("幸"而又被救活),续演了另外一轮暴力,一幕"善恶有报"的循环式惨剧。

伯吉斯1962年出版的小说《发条橙》,以及由美国导演斯坦利·库布里克1971年拍摄的同名电影,实际上是以科幻的手法来检视现代社会,探索的是道德选择和自由意志的基本问题。它真切地反映了技术所导致的人性丧失,展现了一个让人感到毛骨悚然的"行为技术"场景。它所要表达的主题也非常明晰:有时候所谓的"社会正义",倒有可能会像它试图加以惩罚的罪行一样糟糕,甚而失去控制,酿成更大的悲剧;彻底的善与彻底的恶一样没有人性,这种善带来的不是救赎,而是毁灭;"相比亚历克斯个人行为的邪恶,政府'治疗罪恶'的手段所带来的邪恶是否有过之而无不及?"(库布里克语)

然而,《发条橙》一出版就遭到了英国评论家无情的批判。同名电影因为"很黄很暴力"且有诱导犯罪之嫌,也引起一些观众的义愤,遭到了口诛笔伐,乃至禁映。只是最近几年来,这部作品的深刻意义及价值所在,才真正为人们所认识和看重。

《发条橙》电影海报

关于"发条橙"这个名字,直观地解释,它所暗示的是上了发条(机械的、人造的)的人——英文中"甜橙"(orange)与马来语中的"人"(orang)相似,而伯吉斯年轻时曾在马来亚和文莱待过。1986年,伯吉斯在原著再版序中写道:"发条橙本身是不存在的,但老伦敦人用它作比喻。其寓意比较怪异,总是用来形容奇怪的东西。'He is as queer as a clockwork orange',就是指他怪异得无以复加。……我的原意是,它标志着把机械论道德观应用到甘甜多汁的活的机体上去。"

伯吉斯甚至认为,作为恶人的亚历克斯比作为一个善良的僵尸式的亚历克斯更像是一个人。机械社会的发条决不能冒充道德选择的有机生命。如果恶不能被接受为一种可能性,那么善就是无意义的。

不过,很少有人注意到,《发条橙》的电影版与小说的英国版结局是不一样的。当初《发条橙》由纽约的诺顿公司出版时,公司副总裁埃里克·斯温森执意要删掉最后一章,因为他认为这个结尾的章节弱化了故事情节。伯吉斯不得不同意删改,因为他需要那笔预付金,尽管他并不乐意这样做。

其实,这部作品伯吉斯的确是做了精心布局的。全书分为三部,每部七章,总的章数在传统数字观念中象征人的成熟。"我的年轻叙事者,这个爱听音乐的恶棍亚历克斯在故事最后终于长大成人,将暴力当做孩子气的玩具抛弃了。这就是末章的主题,是它让这作品成为一部虽然简短但却真实的小说。"

令伯吉斯感到意外的是，库布里克拍片时参考的是美国的删节本，电影以一个逼真呈现的幻想作为结局，这个结局出自小说美国版的最后一章，也就是英国版的倒数第二章。"亚历克斯，这个恶棍男主角，本来被调节得厌恶暴力，如今条件反射失效，他正在跟一个赤身女子扭斗，围观的人穿着赛马服，都在小心翼翼地鼓掌。亚历克斯沾沾自喜的画外音：'我真的痊愈了。'为自由意志的辩护成了犯罪冲动的洋洋自得。……我诅咒诺顿公司的埃里克·斯温森。"

对于影片中的这个结尾，美国电影评论家诺曼·卡根有此解读：亚历克斯宣布"我真的痊愈了"至少体现了三重讽刺：公众认为他"治好"了，但他实际上跟他们一样，对于生活的认识"变聪明了"；用条件反射"治好"罪犯的方法是危险而可怕的，但他就是被这种方法"治好"了；最后，亚历克斯对于社会极端无知的认识被"治好"了——他已经为了自己的根本自由，与权威力量聪明地"讨价还价"了。

而伯吉斯在接受《伦敦晚报》采访时这样表示："电影和书的主题是关于通过剥夺罪犯选择善恶的能力来改造他们可能带来的危险。在我的小说中，我最想向大家说明的是，上帝赋予了人类选择善恶的自由，而这是一份非同寻常的礼物。"

当天主教媒体和保守派攻击电影《发条橙》中的暴力镜头时，伯吉斯公开地为电影进行辩护，可库布里克却保持着沉默。伯吉斯后来在其自传中酸酸地写道："我不止一次地意识到，比起电影来，一部即使是让人震惊的书能产生的影响是多么的渺小。库布里克的成就吞没了我整部小说的成就，然而，我却要为某些人所谓对年轻一代产生的有害影响负责。"

我知道你在想什么

小尹同志最近很郁闷，因为他觉得做什么事情都很不顺。这不，下午想早点儿开溜,去向老板告假,可话还没说完,就被老板嗆了回去:"跟客户见面?别瞎掰了,你是打算上酒馆,跟你那几个狐朋狗友喝一盅吧?"

几个小时后,这倒霉蛋吃罢晚饭,穿上外衣提起包正要出门,太太又发话了:"哟嗬,真的是去加班吗?可别让你那个老相好在陶然亭里干等呀。"

得,心事全给人家点破了,今儿个怎么啦?

嘿嘿,这只是一个瞎编的故事,别当真。不过,类似这样的情境,恐怕用不了多久就会在我们的现实生活之中降临——由英、德等国顶尖级神经系统科学家组成的一个研究小组,已经研制出能够洞察人脑、解读出人在"事成"前之"心想"的大脑扫描仪。

据英国《卫报》2007年报道,这些科学家采用高分辨率的大脑扫描仪对人脑进行扫描,借以识别出大脑活动模式及不同思维活动的独特信号,然后解读其意义,从而预测人们试图要做的事情,甚至洞察撒谎行为以及涉及暴力和种族偏见的个人隐私。这是科学家们首次以这种方式成功地解读人类的心思。换句话说,"读脑术"不再是迷幻的梦想了!

科技的发展,世界的变化,多快啊!仅仅在此前几年,神经生物学家还只是声称:通过对动物的研究,他们已经可以在一定水平上弄清楚神经密码的意义,搞明白它如何调节行为,进而设想:可以从任何动物的大脑"下载"神经信号,建立一个硬驱的思想图书馆,记录动物与世界发生作用时的思想状况。

也就是说,在动物吃饭、睡觉、梳洗、交配和相互沟通的时候,我们可以读出它们在想什么——这的确非常有趣。更进一步的设想,自然便是以研究它们的方式转过来研究我们喽。

然而,这就说不上什么"有趣"了。

大家看得分明,近几十年来飞速发展的科学技术,在深刻改变我们的生活与思想的同时,也把我们引向了一个陌生的、道德边界十分模糊的境地,甚至,似乎已经很难给某些激进、危险的探索设限,更甭说避免了;有些所谓的"禁区",多半也只是停留在口头上而已。

众所周知,发达国家正逐渐推进植入技术的应用,以解决诸多健康和医学问题,但它同时也引发了不少争议。向人体内植入任何功能性装置(如人造视网膜或神经电极),即使没有常见的生理上的排斥反应,也总会有各种疑虑和恐惧冒出来:这会不会使政府利用这种技术控制公民的思想成为可能?或者使得拥有这种技术的任何组织将其作为操控公民的潜在工具?

为了消除公众对技术潜在危害的怀疑和担心,目前来说,我们只能企望在资助和实施芯片植入技术乃至"读脑术"应用方面采取完全公开化的政策,并对其相应的后果展开伦理方面的讨论。

有人预言,更为成熟的"读脑术"可以用来辅助审讯罪犯和恐怖分子,甚至可以用来鉴别和判决那些有犯罪动机但还未来得及实施犯罪行为的人,就像科幻电影《少数派报告》(改编自菲利普·迪克的同名科幻小说)所描绘的那样,执法部门会在你有犯罪的念头但还没来得及行动的时候,就先把你抓起来投入大牢。

而当"读脑术"由警用、军用转入民用以后,我设想更一般的情形将会是:人们都慌慌张张地琢磨事、战战兢兢地过日子。你会竭力追求完美、排斥邪念,以避免因意识"失足"、思想"拐弯"而被"读"出来,没有一点儿回旋的余地。那时候人们常常进行的对话兴许就是:"噢,我知道你在想什么","拜托,请不要扫描我!"

真落到那种人人自危个个心累的地步,谁还能有什么秘密和隐私?人与人之间又有什么信任和真情可言?我想,"读脑术"或许会成为谎言和犯罪的终结者,但也有可能成为人类新的灾难和不幸的创造者。

有谁愿意在那样一个虽然很享福但却很不自在的发达社会里生活呢?

电影《少数派报告》剧照

第四篇　生命的困惑

第四章　进步与隐忧

2010年,在人类基因组草图公布10周年之际,中国科学家宣布:人类有望在2020年全面实现"100美元基因组测序";到2025年,主要疾病将得到有效的控制和治疗,人类最终将进入医疗保健个体化时代,医疗保健将针对个人基因差异而有目的地实现。

换句话说,有些长期困扰人类的医疗问题从"根儿"上就能解决,因为,成功的基因疗法,有潜力校正导致很多疾病和健康状况产生的根本原因,甚至有可能像半个多世纪以前的抗生素开发那样,引发一场深刻的医学革命。这也意味着,那些过去只是停留在科学幻想里的事儿,离现实越来越近了!

然而,它或许也会产生一系列意想不到的负面效应,把我们引向一个陌生的、道德边界十分模糊的境地。

两个"世界"的冲突

美国基因科学家汤姆·卡特博士和贾斯明发明了一种先进的基因检查仪,它能确认一个人几乎每一个基因的位置和功能,预言每一种疾病。由于这项轰动性发明,汤姆与他的女搭档贾斯明·华盛顿博士共同被授予了诺贝尔奖。

但是,这项发明却触怒了秘密宗教团体"兄弟会"的虔诚信徒。他们认为,汤姆通过干涉基因结构在扮演上帝的角色,是对神明的亵渎。于是,他们派出女"传道士"玛利亚在诺贝尔奖的颁奖仪式后行刺汤姆。紧急时刻,汤姆获救,可他的妻子奥利维亚却倒在了血泊中。

此后不久,汤姆借助基因检查仪破译了爱女霍利的基因构成,发现他患有一种家族遗传的怪病,一种可怕的恶性肿瘤,唯有寻找到有天然治病能力的、带有特殊基因的人的血清才能解救;而这样的人,也正是"兄弟会"信徒苦苦等待、寻找多时的新救世主。"兄弟会"成员胁迫汤姆利,用基因检查仪,务必找到与基督拥有同样基因的人,有关基因的传奇故事就此展开……

这是英国作家迈克尔·科迪(Michael Cordy)讲述的一个科幻故事。这部小说写于上个世纪90年代中期,其英文名为《The Miracle Strain》,中译本名为《基因传奇》。

关于基督的受难与复活,简单说来背景如下:"基督"一词源自希腊文,是希伯来语"弥赛亚"一词的转译,意为"救世主"。传说上帝降"圣灵"于圣母玛利亚,玛利亚不婚而孕,生下耶稣。耶稣在巴基斯坦地区传教,并收了12个门徒。但是,耶稣的传教活动引起了罗马总督和犹太贵族的恐慌。罗马政府派人逮捕了耶稣,并把他钉死在十字架上。此后,十字架就成了基督教的标志。据说,耶稣在死后3天复活,40天后升天,并且声言还要重新降临人间,拯救人类。不过,对于上述说法,历史学家多持否定态度,甚至否定耶稣的存在。

让我们接着往下讲——

妻子奥利维亚惨遭杀害,令汤姆悲痛欲绝,并陷入了深深的自责之中。他知道,杀手实际上是冲着他来的,而且绝不会善罢甘休。这不,他去墓地吊唁妻子发现,一直有人在盯他的梢。

警方分析,这一切都是一个激进的宗教组织"兄弟会"所为。近13年来,他们在世界范围内已经杀害了60多人。每次行凶,杀手都会在现场留下一张卡片,并用一只特制的笔吸取被害人动脉中的血,在卡片上写一段引自《圣经》的话。

这个并不公开活动的宗教组织行为诡秘、神通广大,他们自认为他们是在从事正义的清洗活动,其目的是从世界上除掉那些破坏二次降临"兄弟会"的价值观念、信仰和目的的人,除掉那些对正义拯救人类的事业有威胁的人。这么说来,汤姆这个美国基因科学家无疑就是他们的一个眼中钉,因为他居然弄出一个叫做基因检查仪的东西,能从一个单独的细胞破译出人的所有基因,并据此预言每一种疾病,包括人的生死期限。也就是说,他在扮演上帝的角色。这种对神明的亵渎,是虔诚的信徒们所不能容忍的。

而在行刺汤姆之前34年,预示基督复临(第二次降世)的圣火变了颜色,这令修士们大为振奋。这些年来,他们一直派出感觉最敏锐的人去调查那些声称能预卜未来或有特殊本领的人——那就是符合其古老标准的新救世主的候选人,但至今仍然没有结果。

又一个"危险"且"罪恶深重"的人被"清洗"掉了。这回杀手不小心留下了血样。由基因检查仪进行分析后所得出的三维全息投影图像显示:这是一个漂亮女人。

置身明处的汤姆,在面对着随时都可能到来的死亡威胁的同时,又开始饱受一场感情的煎熬。他所发明的基因检查仪就像预报天气一样,对他8岁的女儿霍利的基因构成作出了如下结论:九号、十号和十七号染色体有严重编码错误。其中,十七号染色体P53肿瘤抑制基因缺陷明显。母系基因已有病兆,父系基因有突变倾向;九号染色体的一组基因易受损害。父系基因组已毁坏,母系基因组缺少;十号染色体有四个Ras基因的排列中有空缺,突变不可避免。

基因检查仪做起诊断来毫不留情,它分析有90%的可能性是:检查对象霍利·卡特染色体组的基因缺陷组合,最终会导致复合神经胶质胚瘤,即最恶性的脑瘤。

"天哪，怎么会是这样？"贾斯明·华盛顿不禁失声叫道。作为汤姆的搭档和霍利的教母，她一开始就反对汤姆用自己发明的仪器对女儿做检查。

"比我预料的更糟，"汤姆静静地说，"一个整体缺陷通常不会造成伤害。如果一个人能从父母任何一方继承一组健康基因，即使三个染色体都有畸变也能修复。但是霍利的基因组合是最糟的。所有可能发生的基因事故都发生了。"

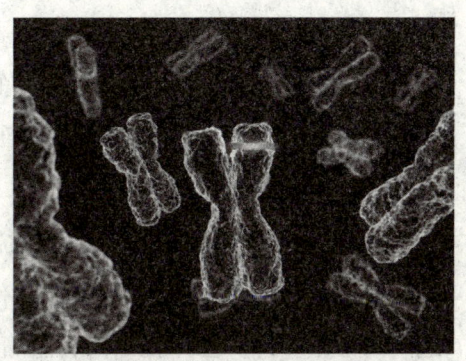

寻找到变异基因并改变它们，可治疗先天性疾病。

大约30年前，汤姆的母亲死于类似的肿瘤，而妻子奥利维亚在死后做检查时也被发现有脑肿瘤，所以他一直怀疑女儿会受到遗传因素的不利影响。现在，几个小时之内，基因检查仪就破译出了女儿的基因构成，同时宣布了她的死刑。

汤姆一下子陷入到了痛苦和绝望之中，不愿相信现实的贾斯明则为自己参与创造基因检查仪而感到羞愧。不过，清醒之后的汤姆狠下心来：一定要为女儿找到一种可行的治疗方法，解救或延缓女儿的生命。

寻找"特殊基因"

一个月之后，汤姆从他的从事基因疗法的同事那里获悉，一些经过化疗、放疗和其他疗法而没有什么效果的癌症病人，在由医生调整基因结构后却有了新生的希望。他的一位法国同行还惊讶地发现，有两位患有脑部肿瘤的重症病人，在输血之后却奇迹般地康复了。

这使汤姆想到：在那种稀罕神奇的血液里是不是含有某种化学物质，它具有治疗的功能。也许病人输的血中有某种基因结构改变了他们本身的DNA？一个消除他们本身不完善程序并用捐献者血液中正确的密码取而代之的指令？进而可以想见：在一个具有治病能力的人的DNA里，含有一种稀有的基因，这种基因使他能通过触摸或体液分泌出治病的化学物质，却不能将治病的能力传播开去。

可那位法国医生（他是个基督教徒）认为，也许那两位病人的痊愈和科学没有任何关系，只是上帝的意志。他对来访的汤姆说："圣诞节刚过去，复活节就要来到。也许就是因为上帝怜悯两个不幸的人？决定于预一下自然，以纪念他儿子的生、死与复活？"

汤姆只能一笑了之。科学固然也有它解释不了的东西，但一碰到什么难以理解的事情就联想到上帝，这种思维方式未免也太简单了吧？不过，作为无神论者的他倒是愿意相信，基督也许真的存在过，甚至相信他确实拥有某种能力。他所不相信的，是说基督是什么上帝的儿子。他对朋友说："如果基督能够做那些文献上记载的事情，在我看来，这是因为他的基因构成。不妨想象一下我们可能发现的东西：能够修复DNA的神气基因；使得蛋白具有还未被人发现的治病功能的密码。不管这个人是从上帝那儿还是从大自然那儿得到的这份天赋，他的基因里有修复人类所有基因缺陷的钥匙。"

于是，汤姆开始了他考察"圣迹"、寻找特殊基因的旅程，既是为科学探索，也是为女儿的病。

几乎与此同时，在汤姆的世界的另一面，位于约旦南部的"兄弟会"总部，这个秘密组织的头目伊齐基尔，却在谋划一个令他的下属瞠目结舌的方案：跟他们的"清洗"对象汤姆合作，利用这位基因科学家的技术，来寻找与救世主基因相符的人。

原来，"兄弟会"通过偷窥汤姆他们的个人基因组排序数据库，已经探明了汤姆的打算。伊齐基尔在致汤姆的信中称："我们之间有一个相关却不同的目标，如果你能帮助我们实现这个目标，我们就可以向你提供你所寻找的东西，即真正的耶稣基督的遗传样本。"

汤姆答应与"兄弟会"合作,并亲临"兄弟会"总部跟伊齐基尔见了面,取走了基督的 DNA 样本。伊齐基尔希望汤姆据此能够借助基因检查仪和个人基因组排序数据库,为他们找到与救世主基因相同的人。

汤姆又回到了自己的实验室。他万万想不到,此时此刻,他的生命仍然受到威胁:伊齐基尔手下的那个漂亮而又冷酷的女杀手,也就是杀死他妻子奥利维亚的元凶——玛利亚,一直为自己未能一下"结果"汤姆而抱憾,她不听上司发出的暂时放过汤姆的命令,决计自己采取行动"雪耻"。

经过一番整容化妆,玛利亚不露声色,轻而易举地杀害了汤姆那个基因研究小组的几位研究人员,还设计使贾斯明遭受车祸,差点丧命。最后,她又以保安的身份潜入汤姆所在的研究所,企图刺杀汤姆。关键时刻,贾斯明救了汤姆,玛利亚失手被擒。

故事的结局出人意料:玛利亚居然就是"兄弟会"苦苦追寻多年的所谓新救世主,因为她与基督有着相同的基因。这一切,玛利亚本人却并不知晓,虽然她清楚自己从小就拥有神奇的治病能力。由于犯下许多血债,玛利亚被判处死刑,"兄弟会"想尽办法也无力回天,自己的老巢也被整个端掉。汤姆的女儿霍利,最后为神奇而又特殊的基因所救,回复到正常的生活。

《基因传奇》称得上是一部惊险科学小说。它以想象中的 2002 年为时间背景,而其现实背景——现代生物工程和遗传学——我们也并不陌生。然而,它的主题却很宏大:通过一系列构思巧妙、扣人心弦的事件,集中展现了两个"世界"——科学与宗教——之间的矛盾冲突,同时也探讨了两者之间的关系。

正如一篇评论所点明的那样,该书作者实际上指出了一种将科技与宗教结盟的可能性。一方面科技愈发达,人的异化愈明显,主体存在的危机愈严重,人类的精神支柱面临崩溃;另一方面宗教界也图谋变革,适应高科技社会的发展,从而维持有神论的延续。小说中缺少"爱心"的玛利亚终究成不了真正的基督,而汤姆给自己注射了"上帝的基因"后成功地救活了女儿,也赢得了"爱",因此成了隐喻中真正的基督。

该作品的作者迈克尔·科迪在1996年12月写道："尽管这部小说的背景是不久的将来,但书中提到的技术现在大部分已经成为可能。基因疗法已存在多年,'人类基因组计划'也一样,四五年之内可望完成,这个计划将人类拥有的每一个基因都置入染色体的特定序列。"

汤姆·卡特博士的基因检查仪是作者想象力的产物。但1996年8月25日伦敦《星期日泰晤士报》刊登的一篇文章,介绍了一种基因机器的开发情况。这部机器能够预测人的寿命以及可能染上的严重疾病。美国为药物研究而开发的这种机器叫做"基因集成块"。目前(1996年)它还不能解读全部人类基因组,但是几乎在所有的方面它都是基因检查仪的雏形。

小说中提到的由贾斯明·华盛顿博士开发的"基因精灵软件",则是美国执法机构正在开发的一种软件的延伸——从有关人的DNA得到他们的外貌图像。

迈克尔·科迪还写道:科学在迅猛发展,我在调查研究的过程中发现,最令人难以信服的不是与未来有关的问题,而是与历史有关的问题。仍然有两个问题促使我不停地思考:

现在有可能发现真正的基督遗骸的一部分吗?如果能发现,它能向我们揭示些什么呢?

破解遗传疾病宿命

人们一直以来所期待的医学革命或美好愿景,根植于我们势必越来越熟悉的两大技术手段:基因检测和基因疗法。它意味着,在行将到来的"基因医学时代",医疗保健的基本方法将发生转变——从关注疾病的检测和治疗,转变为以预测和预防疾病为主,预防的意义将大大超出治疗。

由此,医生将有更强的能力诊断疾病、预测健康、判断疾病的发展和制订治疗方案；运用基因学信息研发和施用的药物将更具针对性（所谓"靶向治疗"），并能提前预知一种药物的效果，以及是否会对具体某个人产生不良作用或毒性，从而实现"个性化用药"。

回望数个世纪以来医学的进步，总体而言，我们主要在3个方向上有了攻克疾病的能力：公众健康和卫生知识的普及；含麻醉的消毒手术及器官移植技术的发展；抗生素、疫苗的发现和应用。今天，当我们迈进翔实解读"人之书"的新时代、对人类基因的认识取得长足进

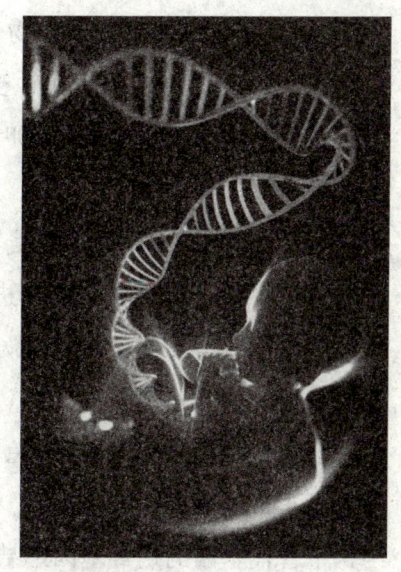

胎儿基因测序。

步，并已开始从分子水平理解自身和思考疾病的起因时，可能便步入了攻克疾病之第4个方向的起始阶段：推进基因疗法。

事实上，近几十年来，我们已经获取了许多有关健康问题的基因规律，对基因在我们的生理机能调节、功能障碍和疾病的发生中所扮演的重要角色，有了大概的了解，并且已能在一定程度上精确地描述缺陷基因、测出它们的序列及其正常的成分。

相应地，就可以有针对性地制造新药或进行治疗。而一旦识别出某种疾病是遗传性的，也可以就此预测其特定的发病风险、选择准确的诊断方法、通过定期检测建立起细致的监控，以及采取其他先期干预或治疗性措施。

从不太严格的意义上讲，最早的基因疗法，也许是在上个世纪初用胰岛素治疗糖尿病（只是我们用的并非基因，而是基因的产物）。简单地说，所谓的基因疗法，是指利用基因工程技术来对人类基因进行操作，以矫正有缺陷的基因所带来的不利结果。

基因疗法主要有两种：第一种是体细胞治疗，即用正常的基因替换异常（有缺陷）的或潜在的致病基因。也就是说，将正常拷贝的基因导入受者

体内,然后整合到受者的遗传物质中,从而修正基因缺陷。所有的干预、修饰都发生在体细胞内,基因的改变不会传递给子代;第二种是种系治疗(也叫生殖细胞疗法),即在精子、卵或胚胎细胞中进行遗传改变,防止有害的突变传给下一代。

1990年9月14日被看做是基因疗法的诞生日,美国国家卫生研究院的三位专家最先尝试使用基因进行治疗。他们的施治对象是一个患有严重且罕见的遗传性免疫系统疾病的4岁幼女,她的免疫系统因为缺少一种酶而丧失功能,无法抵抗疾病(称为腺苷脱氨酶缺乏症)。其治疗的步骤是:先从患者血液中取得一些免疫细胞(白细胞)进行培养,再让它们接触携带了正常基因的反转录病毒。等这些细胞原有的DNA(脱氧核糖核酸)与携带替代基因的病毒基因组结合后,再把这些细胞重新注入患者的血液中。

此后,基因疗法断断续续地取得了一些进展。不过,尽管虽然基因疗法早已进入临床试验阶段,但目前在治疗大多数遗传疾病上,并没有取得太大的成就。也就是说,现有的治疗能力远远落后于诊断水平。另外,基因疗法还有许多未知因素乃至危险因素,也引起了争议(比如担心携带新基因的载体被随机整合到基因组中存在诱发癌症的潜在风险、胚胎基因疗法可能会扩大对人类的生物结构的人为改变,等等),而人们对操控人类基因的危险性及被滥用的可能性也普遍存有恐惧心理。

还应看到,虽然基因治疗在一定程度上是从"根儿"上解决问题,但也并不意味着它能包治百病。因为,有的疾病不完全是由基因决定的,还跟心理、环境和生活方式等因素有关。医学界人士认为,未来基因疗法将变成治疗基因疾病的一种选择。当初,单克隆抗体发展成常规疗法用了30年时间,骨髓移植也差不多花了这么长时间才变成标准的治疗方式。重要的是应该意识到,发展一种全新的治疗方式虽然看起来很慢,但每一步都会离目标更近。

DNA双螺旋结构的发现者之一、诺贝尔奖获得者詹姆斯·沃森在他新近出版的一部著作中断言:"看来基因疗法似乎还要很长的时间,才能创造基因革命开始时所预见的奇迹。"尽管如此,他仍旧认为,"这个技术破解遗传疾病宿命的潜力实在很大,医学界绝不能放弃它。"

造个完美娃娃

进入2010年10月之后,媒体先后披露了3条与人工生殖技术相关的要闻:其一,85岁高龄的"试管婴儿之父"罗伯特·爱德华兹,因发展体外授精疗法而获得了2010年度诺贝尔生理学或医学奖;其二,一个由冷冻了将近20年的胚胎孕育而来的健康男婴在美国一家医院诞生,打破了此前胚胎冷冻13年后成功孕育的纪录;其三,澳大利亚研究人员发现一种可以精确测定胚胎健康状况的新方法,借此医生可以挑选出最健康的胚胎植入子宫,同时可大大提高体外受精成功受孕的概率。

这3条互为关联的重要信息,既呈现出生育技术进步及人类"改良"自身的美妙图景,又潜藏着敏感的道德纠结与伦理纷争,可谓喜忧参半。

回望1978年的那个夏天,爱德华兹一手"培育"的世界上第一个"试管婴儿"路易丝·布朗甫一问世,便引发了轩然大波。一些尖刻的舆论谴责他采用"一项没有人性和损害人之生命尊严的技术",扭曲了人类生殖的核心意义,削弱了历久弥珍的人与人之间的关系。路易丝的母亲(她因输卵管阻塞失去了"自然的"生育能力)在其两岁多时描述道:"街上的人盯着她,就

世界上第一个"试管婴儿"路易丝与她的儿子卡梅伦,左为"试管婴儿之父"罗伯特·爱德华兹教授。

像看动物园里的猴子。"而爱德华兹许多年前曾这样对媒体说:"我常被人们称为疯子。"

的确,试管婴儿的横空出世,给传统的家庭伦理关系带来了不小的冲击。根据配子来源、受精场所和妊娠场所这3个变量的相互组合,试管婴儿可以有16种非自然的生殖方式。其中最微妙的一种情况是,一个孩子可能有5个父母:提供精子的"遗传学父亲"、提供卵子的"遗传学母亲"、十月怀胎的"代理母亲"、养育孩子的"社会学父亲"和"社会学母亲"。这当中关系之复杂,责任、权利与义务界定之困难,不言而喻。

此外,如果没有严格的法规、制度约束,一旦精子或卵子被频繁采集和过度使用,就有可能导致借助捐赠精子或卵子生育的后代之间近亲婚配的机会增大,引起遗传疾病发病率的上升;而如果在"代孕"过程中出现意外、冷冻受精卵的提供者双双离开人世……诸如此类的一系列问题,也都会给道德、法律、伦理和社会管理带来严峻的挑战。

尽管如此,人们现在还是越来越倾向于从积极的方面来看待人工生殖技术的发展。事实上,自路易丝·布朗出生以来,全球已有约400万个人类生命,拜试管婴儿技术之所赐而得以降临人间。如今,试管婴儿技术已经走过三代:体外受精-胚胎移植技术、卵子胞浆内单精子显微注射技术、胚胎移植前基因(遗传学)诊断技术;而且,已然超越了单纯解决不孕不育问题的范畴,正向着规避遗传疾病、实现优生优育的更高层次迈进。

值得一提的是,美国早在十几年前就已开始出现数百起"不当生命"和"不当出生"的法律纠纷。在这些类型的案例中,一些医生或医院因事前没能告知未出生胎儿的健康问题,而遭到了严重残疾或重症疾病儿童的父母起诉。这类事情的发生意味着,父母将越来越能够干预和保证其后代出生前的健康。而许多科学家也相信,修补遗传缺陷、改变进化命运,将是人类创造的又一个惊天伟业。

可以设想,一旦科学家能够做到纠正基因缺陷、治愈遗传疾病,可能就很难再拒绝我们另外给未出生胎儿附加某些理想的遗传性状,诸如更高的智商、更好的容貌、更强的体魄,或者某种特异的个性特点。

这样一来,原本为了预防某种疾病而开发出来的一项技术,就极有可能会发展成用以制造"完美"孩子的工具。其结果是,某些人或许会因其特定的合成基因被强化而获得生存优势。英国著名的生育学专家罗杰·戈斯登(爱德华兹是他在剑桥大学念博士时的导师)指出,"能够增强人类的外表与能力,在技术上也许是达到了极致,但在社会伦理中却被视为最糟。"这常常也让遗传学家和医生们处于一种进退两难的境地。许多社会学家、伦理学者恰恰存有这样的疑虑:设计人种系细胞的遗传变化以指导后代之进化发育的可能性,会把社会推到"优生时代"的悬崖峭壁,其后果对我们这一物种的生物学和文明社会的影响,都是不可预测和不可知的。

而历史告诉我们,科学有一种"怪癖",就是有时会出现出人意料的结果,正如19世纪的英国首相本杰明·迪斯雷利所言:"我们所预期的事几乎都不会发生,我们想不到的事却往往发生了。"

有朝一日,我们甚至还有可能走得更远:可以决定什么类型的男女能最好地确保人类的延续,然后人工繁育出这样的男女,就像英国作家奥尔多斯·赫胥黎在《美丽新世界》中所描述的那样……

美国未来学家阿尔温·托夫勒早就指出,未来几十年冲击家庭的最明显的倾覆力量,可能会是一种远远不同于一般科学技术的特殊技术——新的生育技术。我们恐怕再不能以过去的经验来看待它对社会的重大冲击了。

耐人寻味的教训

3个年轻人参加广东省佛山市的公务员招考,顺利地闯过了笔试和面试关,不料却"折"在了体检上——他们均被诊断为地中海贫血基因携带者,因而遭到淘汰。为此,他们把佛山市人力资源和社会保障局告到了法院。这个广受瞩目的国内"基因歧视第一案"历时8个多月,于2010年9月3日尘埃落定——佛山中院维持一审判决,判原告败诉。

相较前时也曾引来诸多非议的"乙肝歧视"来说,"基因歧视"这个"新鲜"事儿恐怕更具典型意义,因为它有着更多的潜台词,更高的"技术含量",更广阔的社会背景。可以想见,随着基因检测的普及和范围的进一步扩大,乃至被滥用,基因歧视有可能成为一种较为普遍的社会现象,与之相关的纠纷和官司也会越来越多。

就拿发生在佛山的这件事情来说,已有医学专家提出怀疑:遗传检测收费不菲,地方上做该项检查或有利益驱使,更别提其决策考量及所设置的"门槛"非科学的因素太多,从医学上讲根本就站不住脚。试想,如果地贫基因携带者被禁止做公务员,那么,糖尿病、冠心病、癌症、高血压等的基因携带者又将如何?展望将来,现代人的慢性病可能越来越多,有家族病史的人也越来越多,难道也都要统统筛查一下他们的基因,再确定其是否"适合"做某项工作?

其实,地中海贫血包括地贫基因携带者在我国南方相对多见(后者约占广东人群的12%)。地贫基因携带者无贫血或是轻度贫血,从医学上说不会传染,不需治疗,不会发生成病,实际上与正常人无异(需注意的只是要避免"携带者"通婚生出重度地贫患儿,另外不宜长期从事剧烈运动或到高原地区活动)。

但是,"携带者"这一敏感的关键词,往往容易造成人们对疾病(基因)携带者概念和实际疾病确诊概念之间的混淆,乃至产生偏见。而强调某人是某个隐性遗传病基因的"携带者",无形中还会给其遗传特征打上烙印,导致许多意想不到的心理和社会问题。

一位专家说得好:"今天对他人缺陷的歧视,可能会造成明天别人对你缺陷的歧视。这样的规定不仅是医学的事实判断,还包含了价值判断……"

在遗传筛检史上有过不幸的前例,教训深刻,耐人寻味。

1972年5月16日,美国国会颁布国家镰状细胞贫血症控制法令,要求对所有"不是白人、印度人或东方人种族的"所有人做镰状细胞性状的强制性筛查。施行这个筛查计划的背景是：大约每600名美国黑人中就会有1人受到镰状细胞贫血症的侵袭。这种隐性遗传病与血红蛋白基因上的一个单一突变相关联，它会导致红细胞变形呈镰刀状，因而容易破裂，由此造成贫血和血管阻塞。

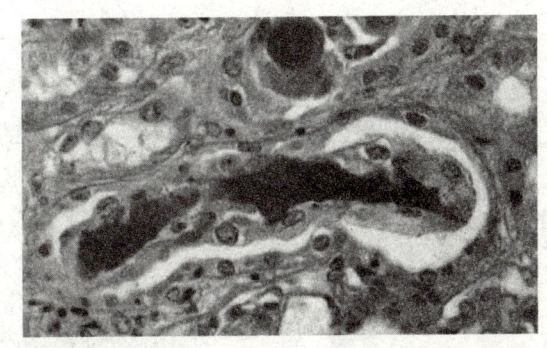
镰状细胞

应该说，这个着眼于非洲裔美国人之健康需要的筛查计划，其初衷是好的（最早针对遗传疾病所作的诊断之一，就是为了检测镰状细胞贫血症发展出来的）。然而，谁也没有料到，该计划施行不久就惹出了大麻烦，对非洲裔美国公民的生活产生了严重影响：有的州规定，非洲裔公民不做镰状细胞性状检查就不发给结婚证书；有的州把做镰状细胞性状检查当做孩子入学的条件；许多被确诊的镰状细胞基因携带者或失去了晋升机会，或丢掉了工作，或被保险公司拒之门外……

在不让镰状细胞性状传给后代的狂热之中，一位科学家甚至建议："应该在每一个年轻人的前额上刺花，作为表明拥有镰状细胞基因的标记"，以阻止"他们互相恋爱"。在这种社会氛围之下，诸多"暴露"了身份的镰状细胞基因携带者遭到了非携带者的摈弃。他们当中的许多人别无选择，只能彼此通婚，继续生儿育女，结果反倒"制造"了更多的镰状细胞贫血症患者（从遗传学的角度看，如果"携带者"——携带同种疾病基因但并不显出病征的人——跟另一个"携带者"结婚，那么，这对夫妇每次妊娠生下一个患病孩子的概率都是1/4）。

真遗憾，这个立意良善的强制性筛查，造成的伤害却比带来的好处还多，最终竟成了遗传筛检的一个失败的典范！多年以后，詹姆斯·沃森就此发出了这样的感慨:悲哀而又讽刺的是,从纯粹医学观点来看,这个筛检运动其实是很有道理的。当时尽管在治疗上已有进展,但镰状细胞贫血症仍是痛苦的慢性病。对这种预防胜于治疗的病,筛检是最好的方法,但是最初设计来根绝它的机制在执行时却有很大的缺失,反而激怒了许多原本想造福的对象。

但愿类似的事件不要在今天重演。

潜藏着的危险

基因时代已然浮现。

自1953年发现DNA双螺旋结构以来,分子生物学进展迅速,基因科学的研究成果日新月异,并且与公众的生活有着越来越密切的联系。很多曾经被我们视为常识的东西,在今天都遭到了新研究的质疑,甚至被彻底推翻。正如我们所看到的,通过将行为、才能或健康状况归咎于基因,遗传决定论有着使社会和个人同时摆脱困境的效果。

另一方面,如果人的所有健康和行为问题都是由于其基因功能所致,那么,我们对社会性疾病的责备就只能针对个人的不足或缺陷,而不能针对经济的或其他社会的问题了。吊诡的是,如果类似这样的遗传解释能够用来豁免个人,则不难预见,强奸犯、暴力杀人犯等等恐怕都可以从基因中找出理由开脱了。

然而,我们又被告知:有关"全能基因"的虚构观点是建立在有缺陷的科学基础之上的,它没有考虑到我们和我们的基因所生存的环境状况,而只是把传统认为有社会、环境或心理原因的疾病归咎于基因。有关这类研究的新闻报道通常还会让人们普遍认为,我们的健康问题源于我们体内,从而把注意力诱离需要我们对付的外部因素。美国遗传流行病学家阿比·李普曼把类似这样的一个过程称为"遗传泛化",具体指的是不断地将个体之间的差异归纳为其DNA密码的过程,DNA密码作为遗传之源规定(至少是部分地规定)了大部分疾病、行为和心理机制的变异。此外,遗传泛化还指采用遗传学技术来处理健康问题的过程。

可以想见,这往往会导致遗传歧视和有危险的医学操作,即这类技术和利用这类技术所得到的信息潜藏着被滥用的可能。因此,一直有学者呼吁:有必要对遗传学研究和由此所产生的技术发展加以控制。

从现实情况看,恐怕没有哪个科学领域会比行为遗传学带来更多的麻烦,而且,基因认知极有可能会揭示出某种可怕的未来。比如,根据预测性遗传信息,越来越多的人将会被贴上标签,进而产生一个新的人群——"健康的病人"。他们没有病,但有理由怀疑他们在未来某个时候会发展出一种特定的病,同时也会在他们身上形成一个终身的心理监狱——遗传"编序"的监狱。

再如,人类也有可能亲手制造出许多"基因贱民":基于求职者或雇员的基因型而剥夺他们未来的工作机会,将会导致在社会上出现遗传性失业大军;某些人可能会因其特定的合成基因被强化而获得生存优势,终使社会上分化出遗传基因优等人和遗传基因劣等人,遗传歧视之门由此打开,"遗传统治"顺"势"而为。而以基因纯洁性的名义所施行的流产、绝育乃至谋杀,恐怕也难以避免。

不妨换一个角度看"人以群分":人类社会发展至今,有产者和无产者、当权者和无权者、知识精英和劳动阶层之间的划分,各自都有其依凭。在不远的将来,势必会出现一种更有"科学根据"、更合"内在机理"的划分方法:基于基因型的方法。由此我们也更有理由怀疑,试图以驾驭DNA来解决社会问题,无论如何都有造成"基因极权政治"的危险。

遗传科学近些年来的快速发展已然提出了这样的挑战:在得到这门知识的一切好处的同时,如何排除一切风险或使之最小化?探讨我们的相关研究在道德、法律及社会层面的影响,应该提上日程了。

第五章　福近易知，祸远难见

　　2002年底，一种俗称"非典"的疫情在广东悄然蔓延，及至2003年春，形成了一场影响全国甚至世界的公共卫生事件。当这个后来被确认是因感染SARS冠状病毒而引起的新的呼吸系统传染性疾病，在一些地方一度闹得几乎人人自危之时，熟悉科幻作品的人们惊讶地发现：类似SARS病毒这样的瘟神，其实早已在一些科幻小说中出现；而作家们的某些臆测和观点，竟然跟现实有着某种契合。

　　近年来不时露头的病毒是打哪儿来的？从结核病到霍乱再到流感，疾病的传播速度为什么越来越快？这跟气候变化和病毒自身的"进化"到底有没有干系？跟人类与动物越来越密切的接触究竟有没有关联？

　　有人用一个等式描述了未来社会可能会出现的画面："善变的病毒+改变中的生态+日益密切的人员交流=更多无法控制的传染病的出现。"等式左端是我们今天已有的事实，其中的每一项都有着无限多种可能的变化。

　　这些变化所引发的问题，连同那些越来越让人揪心的环境问题，终有一天会成为人们心头挥之不去的噩梦。

给怪异病毒画像

　　瘟神在我们广大的国土上游荡、徘徊，威胁着我们亿万亲爱的同胞。工厂的烟囱停止冒烟；霓虹灯失去了光辉。飞机懒洋洋地在机场上打瞌睡；联合收割机在田头睡大觉。大街上川流不息的汽车，一下子变得冷冷落落，稀稀拉拉，屈指可数。难道是爆发了核战争？难道是能源危机再次来临？难道是经济危机又一次发生？

不，不，是瘟疫的魔影笼罩着我国！

这瘟疫像旋风般袭来。不，不，简直像闪电般袭来！在短短的几天内，数以万计本来非常健康的人，一下子全都病倒在床上。

到处可以听见人们痛苦的呻吟声，到处可以听见人们发烧时的胡话声，到处可以听见人们接连不断的咳嗽声、擤鼻涕声。

救护车日夜不停地开来开去，还不够用。医院连走廊上、院子里都躺满病人。学校停课，课堂里再也听不到琅琅读书声……

1978年，当"科学的春天"刚刚降临中国大地之时，一位科幻作家在他新创作的一篇科学幻想小说——《演出没有推迟》中，写下了以上文字。这样触目惊心的场面，在某种程度上不正是2003年春中国遭受"非典"突袭的形象写照么？

《演出没有推迟》的作者是著名作家叶永烈。它后来收入1979年2月由中国少年儿童出版社出版的叶永烈科幻小说集《丢了鼻子以后》，这本书第一次印刷就印了60万册。2003年5月9日，叶永烈在他上海的寓所接受笔者电话采访时说，连他自己都无法理解当年怎么会有那样的幻想。小说描述的是一种名叫"A-1"型的病毒，通过呼吸途径"侵入人体后24到48小时

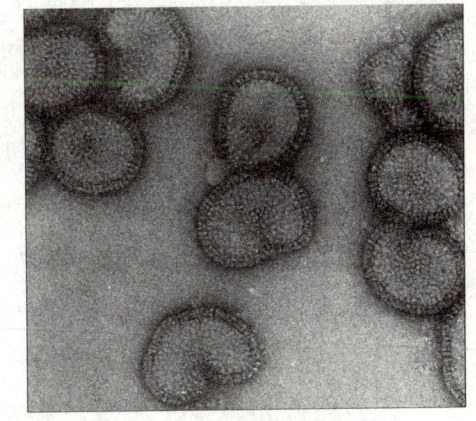

流感病毒，人类社会最流行的病毒。

内就会发病,人开始发高烧"。"戴上一个普通的5层纱布的口罩,可以把病菌挡住;可是,病毒却仍能钻进去"。

小说提及:"病毒是异常狡诈多变的家伙,它不断改变着自己的面貌——几年一变,甚至一年一变,使人们制成的预防疫苗失效"。书中主人公、出差J国的中国红旗歌舞团副团长朱辉受到感染,发烧到40摄氏度,返回祖国时"一下飞机,立即隔离。连他坐的飞机也被扣留了,不能起飞"……

如果把《演出没有推迟》所写的"A-1"型病毒换成"非典"冠状病毒,把流感换成肺炎,那么这篇25年前问世的科幻小说岂不就成了2003年"非典"的纪实文学?

令叶永烈感到欣慰的是,当年他笔下的一些科学幻想已不断地被现实所证实:如《小灵通漫游未来》中的"袖珍无线电话"和"飘行车"(磁悬浮列车);而他在1976年的文革岁月中还写出了关于从恐龙蛋化石中提取恐龙DNA、复活恐龙的科幻小说《世界最高峰上的奇迹》。20年后,不仅科学家真的对恐龙蛋化石进行了认真研究,而且就连走私者也打起了恐龙蛋化石的主意。

叶永烈告诉笔者,在中国还没有一个艾滋病病人的时候,他写出了中篇科幻小说《爱之病》,描述了艾滋病在中国的蔓延。小说当年曾经无法发表,原因是"这会给外界造成中国也有艾滋病的印象"。直到我国有了上千例艾滋病人的时候,这篇小说才得以问世……

采访叶永烈的当日,笔者还电话采访了另一位著名科幻作家王晋康。当时他正在网络上跟人"应战",起因却是"非典"——有人批判他的科幻小说是"伪科学",他要据理反驳。"'非典'的出现证明,我在科幻小说《生死平衡》中提出的观点是正确的,那就是:人类不可能靠药物疫苗等'人体之外'的东西来对病菌病毒取得完全胜利,人类必须转回来依靠自身的免疫机制,同病原体建立一种相对稳定的平衡。"

"大器晚成"的王晋康,被看做是我国当代科幻小说最具代表性的作家之一。他于1997年发表的科幻小说《生死平衡》结尾预言:人类在2038年将遭受一种超级病毒的蹂躏!

"看来我是保守了,它提前了35年。"王晋康说。

这些年有不少怪病毒相继出世,汉塔、埃博拉、艾滋、非典,等等。究其原因,主要是文明的发展使许多封闭地域被打开,现代交通又使它们易于传播。但会不会还有另一个因素,即医学对原来的优势病毒种群的抑制打乱了自然界中病毒的平衡?王晋康坦言:"医学在干扰人类的进化"这个观点并不是他的发明,他最先见之于美国著名科幻和科普作家阿西莫夫在40年前撰写的一部科普著作。

人类应该怎么对待病毒?王晋康甚至提出了一个很"异端"的建议:干脆培养低毒性病毒,任其在人类中传播,让它们成为病毒世界的强势种群,以"低烈度纵火"的方法持续化解危险的临界状态。

他还说,人们有一个误解,总认为相对于病毒来说,病菌比较容易对付,因为有抗生素嘛。实际上,这是一条更加危险的道路,它绕开人类的免疫机制,完全靠外力同病菌作战,结果使病菌的抗药性越来越强,人类的免疫力越来越弱,总有一天会出大乱子。

王晋康认为,抗生素等药物的升级与病菌的进化是一场永远不能结束的军备竞赛,而且,很可能以前者的失败告终——20世纪90年代美国科学家柯亨就指出,我们不得不考虑我们已经接近后抗生素时代。"不过,总的说来,这个问题还没有到大暴露的时候,那就先立此存照吧:希望某一天再有什么超级病菌(而不是超级病毒)肆虐时,人们能想到我这句话。"

在他看来,自然界是一张复杂的无处不在的天网,你牵动任何一个网眼,都会在意想不到的地方产生振荡。"不要把对某种病原体的防治看成是孤立的事,而必须把病原体的进化和人类免疫系统的进化纳入到一个整体中考虑。这正是达尔文医学的观点。"他说,这些观点不一定正确,只是一些假说而已。但提出一个新的思路让专家们参考,至少不是一件坏事。"希望读到这个观点的人能够心平气和地对待它,用事实去反驳它,而不要再加上什么'草率''胡说'之类的评语。"

人类最可怕的敌人

它是世界上最小的生物,堪称除人类自身外人类最可怕的有生命的敌人。在20世纪开始之前,没有谁想到过这种小东西的存在。然而,千百年来,它的某些种类却经常改头换面,跟人类玩"躲猫猫"或"变脸"把戏;甚至,时不时还会闹性子,像猎人一般猎杀人类,让人惊骇万分、防不胜防。

它的名字叫病毒——virus。这是一个拉丁词,意思是毒素或毒液。这种最小最简单的生命有机体,最早是由俄国植物学家德米特里·伊凡诺夫斯基和荷兰植物学家马丁努斯·贝叶林克在19世纪末研究烟草花叶病时发现的。1901年,美国军医沃尔特·里德研究证实,导致许多美国士兵丧命的黄热病,其感染原不是一般的细菌,而是比细菌小得多的病毒!

这一"新"的生命形式的出现,使20世纪初的许多医学问题迎刃而解,也完善了巴斯德的细菌理论。它让科学界认识到,病毒侵害是导致许多人类疾病的原因所在,必须加以研究,而且还必须跟细菌区分开来。1914年,德国细菌学家克鲁泽证明:一般的感冒是病毒所引起的。到了20世纪30年代,人们已经知道,包括麻疹、流行性腮腺炎、水痘、流行性感冒、天花、小儿麻痹症及狂犬病等40种人类常见疾病,都是由病毒引起的,但病毒的特性依然是一个谜。

如今,我们大致已经清楚,病毒是一种完全寄生的微生物,它本身没有任何代谢机制,而完全依赖其侵入的宿主细胞提供养料来进行自身繁殖,而且繁殖速度极快。一般病毒只有一般细菌大小的1/1000,它能够与人体内的细胞紧密地结合在一起,所以不容易受到任何化学药品及任何其他疗法的攻击。

病毒侵入人体以后跟细菌的作用机理也不一样。细菌通常只是产生一些危害身体的毒素,而病毒则是直接侵入到体内一些代谢或细胞机制里，甚至能够摧毁其免疫系统，因而经常会造成细胞或整个宿主有机体的死亡。打个比方：就像人类打仗一样，它攻到你的司令部去了，或者把你的通信系统破坏掉了，这就比跟你枪对枪地打要厉害得多。

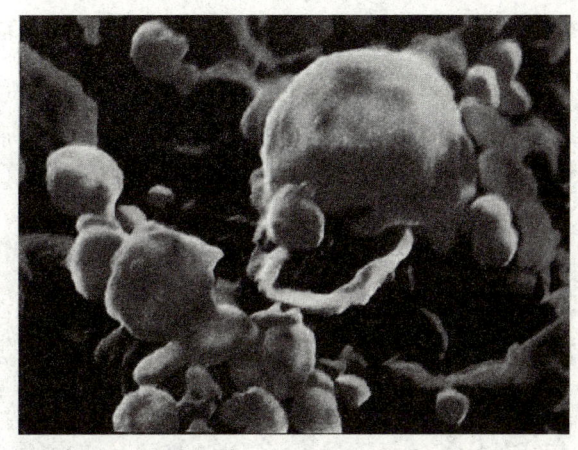
显微镜下的禽流感病毒

更邪乎的是，像人流感病毒这样的病毒还会以惊人的速度突变，并能与其他流感病毒交换基因，实现重组重配。这种新的"杂交病毒"往往更为活跃，更为危险，也更难预测，更难对付。2009年夏天肆虐全球的甲型H1N1流感，其新的病毒基因就是由来自猪、禽和人流感病毒的基因组成的。该病毒目前的致死率虽然不高，但不排除变异的可能。因为甲型流感病毒的特点就是毒力强，易变异，人和动物都会感染。

流感病毒的传播具有潜伏性和隐秘性，在未导致人发病时，也可以传播。今天，尽管我们已经可以快速测定每一株流感病毒的基因（甚至全基因组）序列，但对其起源和进化的规律仍没有完全把握，更别说预测其爆发时间了。无怪乎国外一位流感专家就此叹曰："只闻钟声滴答，而我们却不知道时间。"

生命世界中的异类

新的科学证据表明，人的许多癌症也与病毒有关，病毒的袭击可以导致正常的细胞循环失去控制，变成无序的疯狂分裂。这主要是因为细胞中的原癌基因(调控细胞分裂的一种关键基因)在病毒的作用下发生突变成为癌基因;也可能是病毒直接带给细胞癌基因,这些癌基因的表达就让细胞发生癌变,从而有序的分裂被打破。宫颈癌、肝癌、某些淋巴癌都直接与病毒的作用有关。

关于病毒的来历,我们所知甚少。由于它和生命不可分离,有人推测说它可能与生命同时出现,甚至更早。鉴于病毒比细胞还要简单,过去盛行的一种假说认为,病毒实际上是最早出现的生物。根据这种假说,核酸(生命的最基本物质之一)不断复杂化,直至成为细胞;而较简单的核糖核酸(RNA)和脱氧核糖核酸(DNA)在进化的路途中落在了后面,学会了寄生方式,最后成为病毒。

换言之,病毒可能曾经是一些寄生在较大细胞内的小细胞,随着时间的推移,那些在寄生生活中非必需的基因逐渐丢失。这一假说的证据是:细菌中的立克次氏体和衣原体就像病毒一样,需要在宿主细胞内才能复制。它们缺少能够独立生活的基因,这很可能是寄生生活所致。实际上,是较高级生命退化产生了病毒。

还有一种似乎更被认同的理论推测说,病毒是从几十亿年前一些脱离开细胞的基因片段演变而来的。这些片段经过漫长的时间,逐渐发展了独立生活、进行自我复制和细胞内寄生的能力,最终"修炼"成了病毒。病毒还有可能由蛋白质和核酸复合物进化而来,它们与细胞同时出现在远古地球,并且一直依赖细胞生命生存至今。

可能是受到英国天文学家弗莱德·霍伊尔的设想——病毒是从外层空间落到地球上的——启发,美国作家迈克尔·克莱顿在1969年发表了他的科幻名作《安德洛默达品系》。该书讲述的是人类遭遇太空微生物(细菌或病毒)的奇异故事。此后出现的一些科幻作品常常也涉及这一主题,以至给人留下了这样一种印象:某些超级杀人病毒或细菌,是为了罪恶之目的而在实验室里研制出来的。

20多年前,当艾滋病刚刚开始肆虐并在世界范围内引起恐慌之时,就有传言说：艾滋病是生物武器实验室的产物；还有人声称艾滋病病毒是被有意放置在古埃及第十八王朝国王图坦卡蒙（前1361—前1352年在位）墓穴中，用以惩罚盗墓者的暗器，这病毒随着墓穴的财宝一同出土，被带到美国展览而传播开来。

甚至，在对999个常去教堂做礼拜的黑人所进行的一项调查中，竟有1/3的人相信"艾滋病是针对黑人的一种种族灭绝手段。"2009年4月28日，甲型H1N1流感爆发伊始，印尼卫生部长苏帕里还表示，该流感病毒可能是人工合成的，而她过去曾指责西方国家可能制造并向发展中国家传播病毒，以帮助这些国家的制药厂增加利润。

用病毒作"武器"自然早有人想到，也并非不可能做到。只是，对于滥用病毒可能带来的难以预料的后果，除了那种丧心病狂的疯子，恐怕没有人不会不在冒险一试之前掂量掂量吧？

永无休止的战斗

前面提到的一个同样看不见踪影的小玩意——细菌，近些年来也是频频对人类发难，这究竟是上天有意的安排，还是人类活动导致环境、生态之变化使然？抑或另有其他因素、缘由？

2006年9月秋，两条由世界卫生组织发布的消息引起了许多人的关注：其一，世界卫生组织警告说，结核病已经出现了可耐多种药物的菌种，这种菌种导致的结核病目前尚无药可治，其致命程度高于艾滋病，对公共卫生构成极大威胁；其二，被打入"冷宫"30年的DDT杀虫剂获得新生——世界卫生组织允许其在疟疾高发病地区重新使用。

从这两条消息透出的信息看，问题均与人类用药不当及疾病的抗药性相关。耐多药结核病的出现主要是由于对结核病治疗不当引起的，如处方不当、药物质量低劣、药品供应无保障以及病人未能坚持服药，等等。

而DDT杀虫剂的起伏则颇有戏剧性：早在第二次世界大战期间它就被用来对付蚊虫传播疟疾，且效果极佳，曾被奉为灵丹妙药，甚至在农田里也大量喷洒。然而，DDT的滥用很快就造成了严重的后果：食虫的鸟类开始消失、庄稼和蔬菜被污染，甚至造成许多人中毒，最终落了个全球禁用的下场。这次DDT重被起用，人类实在也是不得已而为之，因为原以为会被根除的最可怕的昆虫携带疾病——疟疾又"杀"回来了……

这是人类不得不面对的尴尬：现在，引发疟疾的原生动物已经可以抵抗大多数抗生素了，而传播原生动物的蚊子也已经对很多杀虫剂产生了抗性。另外，由于气候变化和生境的改变，以前从来没有疟疾的地方现在也出现了。

更令人吃惊的是，尽管许多疾病，如麻疹、肺炎和百日咳已经折磨了人类几千年，但在过去的二三十年间，至少又出现了30种新型传染病，而许多人们熟悉并害怕的疾病又以更加致命的抗药性形式重新出现。比如前述新发现的耐多药结核病就具有极强的抗药性，市场上销售的任何抗结核病药物对它都无可奈何，患者通常只能坐以待毙。

说来可能有些丧气，也许在若干年之后，伴随着人类抗击病菌最有效

这幅名为《植物夫人》的油画作品，表达了美洲人和自然融为一体的生活本质。西班牙人进入美洲之后，打破了这块土地的原始氛围，使许多原本与人类隔绝的丛林病毒进入了人类世界。

的武器——抗生素的失灵、失效,将会出现毒性极强的"超级细菌",即便是简单的肺炎、肠炎都无药可治。甚至,就连割伤手指这等小事也可能使人丧命。

为什么像蚊子这样的带菌者,以及疟疾寄生虫这样的病原体对杀虫剂和抗生素会产生抗性?科学家给出的答案之一是自然选择及许多生物体可以迅速进化这一能力。另一个答案是,人类总是随意地使用控制手段(包括随意用药),却没有考虑生态因素,这在很大程度上成全或助长了病菌的抗药性。

在耐药菌渐渐"刀枪不入"背后,实际上就是抗生素的滥用问题。据说,在美国,买一支枪非常容易,而买一支抗生素却非常困难。抗生素是严格控制的处方药,医生乱开处方会受到处罚,患者必须持处方才能购买到抗生素。而在我国,滥用抗生素十分普遍。更不用说,一些地方在鸡、鸭等饲料中掺杂抗生素,还有的养鱼户为了减少鱼病发生,往鱼塘撒喹诺酮类抗生素。一方面动物、禽类体内残留的抗生素会转移到人体,另一方面,动物、禽类产生的耐药菌也会传播给人类。

真正的危险在于:对于这个导致疾病和死亡的社会问题,我们的社会从上到下,似乎都没有什么危机感,也不清楚有没有什么机构真正在管?患者自己认识有误区,再加上医生、厂家、商家"合谋",滥用就不可避免。

我们冒险地干预自然界,不仅会目睹直接可见的后果(如物种的灭绝),而且还将承受更加不可捉摸的力量对我们生存与健康的影响——令人忧虑的是,后者委实难以预见,这让我不由地想起清朝小说家李汝珍写在《镜花缘》中的一句警世恒言:"福近易知,祸远难见。"

想来也有些可悲,数百万年的进化使人类拥有了非凡的技艺,但人们仍无法摆脱外在物质世界对身体的侵害,随时都在与无穷种类和数量的病菌进行抗争,以维持生命的有限存在。

人类与病菌就像展开军备竞赛的敌我双方,一方面是新的抗菌药物的不断升级换代,另一方面则是耐药菌株的不断推陈出新。

这是一场永无休止的战斗。

1958 年的诺贝尔医学或生理学奖得主约书亚·莱德伯格发现了细菌的接合生殖现象(他在 1952 年证明:噬菌体病毒微粒能将遗传材料从一个细菌传至另一个细菌)。这意味着,抗药性的传播,又因不同品系的细菌可经过"接合"过程来互换基因而大为增进。按照莱德伯格的说法:"在统御地球方面,我们唯一的竞争者是病毒。人类的延续存活并不是必定的。"

一个前所未有的实验

只要春天还听得到鸟叫,我们就应该感谢卡森。这句话或许有点儿夸张,但今天应该没人会否认,现代环境运动的肇始,当以整整半个世纪以前《寂静的春天》问世为标志。而这部给世界带来极大震撼的警世之作,恰恰是因鸟儿的遭遇所促发。

1958 年 1 月,出版过几部海洋科普读物并颇有些声名的生物学家蕾切尔·卡森(Rachel Louise Carson,1907—1964),收到马萨诸塞州一位住在鸟类保护区里的熟人、报纸编辑奥尔佳·欧文斯·哈金斯的来信,获悉滴滴涕(DDT)已造成保护区内的鸟类濒临灭绝,情况非常糟糕。

"去年,灭蚊飞机飞过我们的小镇,……喷洒了好几种致命的药。……一下子毒死了我们七只可爱的鸣鸟。第二天早上,我们就在门前捡到三只死鸟。它们都是些跟我们生活得很近、信任我们、在我们的树上筑巢多年的小鸟。"奥尔佳在信中悲愤地写道,"……所有的这些鸟儿死去的样子都很吓人。它们的嘴张得大大的,张开的爪子都痛苦地耷拉在胸口。"

尽管卡森对 DDT 造成的危害已经有所耳闻,但奥尔佳信中谈到的情况还是让她感到震惊和愤怒。奥尔佳希望卡森能利用她生物学家和科普作家的威望,影响政府官员去调查杀虫剂的使用问题,可卡森觉得给杂志撰写文章警示公众或许最为有效。然而,编辑们竟然都回绝了。那个时候,政府官员和科学家都把DDT当成化学上的奇迹并为它欢呼;它的发明者、瑞士化学家保罗·米勒因此还获得了1948年诺贝尔生理学或医学奖。

卡森思之再三,认为揭示真相自己责无旁贷,于是下决心写一本书。她要让公众认识到,尽管DDT曾经被认为是"人类的救星",但它和其他杀虫剂实际上也有可能成为"人类的杀手",因而强效化学制剂的使用应更为谨慎、更有节制。在跟一位好友谈到这本新书时,卡森说:"知道自己在做什么,如果再保持沉默,我的内心就无法平静。"

她很快便开始行动:收集资料,实地考察,调查访谈。起初,工作进展比较顺利,她很容易就能从政府部门和图书馆得到她想要的信息。但是,当官员们发现她写作的内容后,就不愿意再合作了,还有不少人试图阻止她的要求。此时,她的身体也不是很好,正受着多种疾病的困扰。

"我对杀虫剂的作用了解得越多,就越感到害怕。我意识到这是一本书的写作素材。"后来回忆起1958年年初的日子,卡森这样说道,"我发现,作为一个自然主义者,对我非常重要的事物都受到了威胁,在我所能做的事当中,没有一样是比写书更重要的了。"

断断续续地写了3年多,卡森终于完成一部名为《人类与地球对抗》的书稿。编辑建议把新书改名为《寂静的春天》,并在1962年9月将其推出。两周后,《寂静的春天》登上了《纽约时报》畅销书排行榜的榜首。一场巨大的风暴也随之降临:围攻和谩骂都来了,从"煽情"到"歇斯底里的女人"和"极端主义分子",什么难听的话都有。

且听代表主流商业文化的声音如此陈述:"没有鸟类或动物我们可以照样活,但是,正如目前市场不景气所显示的

卡森手里拿着的,是她自己的著作《寂静的春天》。

那样,没有商业我们就活不了。"还有人说,对于那些坐在家里写书的人来说,环保听起来极其美妙,但对于家庭主妇来说,谁愿意去买被虫蛀烂的苹果呢?还有更为恶劣的叫骂声:"为什么一个没有结婚的老处女会如此关心遗传基因的问题?"解释只能是她"可能是一个共产主义者。"还有人针对书名写了首打油诗:"千言万语只为说明,比人命更值钱的是鸟儿的生命。"

与此同时,许多大公司施压要求禁止这本书的发行,并指责书中包含了"荒唐的错误"和"耸人听闻的推论"。

不难想象,卡森当年为人类的生存环境发出预警(从某种意义上说亦可视为"科学幻想"),承受了多么巨大的压力。但是,人类不能没有卡森这样的乌鸦般的先知。正是因为她的呼唤,大大激发了人们的生命意识和自然意识,由此,环保事业逐渐被公众认可和接受。1959年美国总统大选时,正在竞选总统的肯尼迪和尼克松还曾当众吃下威斯康星州产的越橘,以表示对种植者的声援,因为这些越橘被指受到杀虫剂的污染。但后来,卡逊又受到肯尼迪总统的特别邀请,出席其家庭聚会,说明政府开始意识到了环保事业已经引起公众的关注。

1964年4月14日,卡森因患癌症与世长辞。1970年,美国设立环境保护署;1972年,美国全面禁止DDT的生产和使用;同年,联合国在瑞典首都斯德哥尔摩召开了里程碑式的联合国人类环境会议,"只有一个地球"第一次成为全人类的共识。1980年,美国政府追授卡森美国普通公民所能得到的最高荣誉——总统自由奖章。时任美国总统吉米·卡特在致辞中肯定了她的环保先驱者地位,称赞她"给美国和世界带来的是一个觉醒的春天。"

卡森深刻洞察了技术和进步背后隐藏的危险代价,并通过预言一种灾难性的可能惊醒了整个世界,大大激发了人们的生命意识和自然意识。就在去世前不久,卡森还在一次演讲中发出警告:"合成化学物质的污染已经演变成一个前所未有的实验,而人类已经被迫成为这个特殊实验的对象。"

今天这个时代的人们,恐怕已有身陷其中、进入"角色"之虑了。

曾记否,2009年,在中国,三聚氰胺奶粉事件的阴影还未消去,又有三个惊人消息几乎同时传来:其一,美国疾病控制和预防中心发出的一份研究报告表明,美国市场上15个品牌的婴儿配方奶粉中含有高氯酸盐,可能会影响胎儿和婴儿的大脑发育;其二,包括德国NUK婴儿爽身粉在内的12个品牌的爽身粉,在韩国被检出含有禁用的一级致癌物质石棉。;其三,美国一项研究显示,出生缺陷与杀虫剂等农药污染密切相关。女性在春夏季节杀虫剂使用高峰期怀孕,其婴儿有出生缺陷的风险要大于其他季节怀孕。

不难理解,受了"污染"的母亲,会通过子宫或乳汁,把有毒的化学物质"转赠"给后代。几件事联系起来看,不能不佩服卡森的先见之明。在前面提到的那次演讲中,她还断言:"……我们一生下来就开始受到这些化学物质的污染,甚至尚未出生,还在母亲体内时就已经受到污染了。如果人们不从此改弦更张的话,这种污染将会终生跟随我们。而这种污染会引起怎样的后果,目前却谁也无法预料,因为根本就没有这样的先例可以用来帮助、启示我们作出预测和判断。"

说来让人晕菜:出现在美国"毒奶粉"中的高氯酸盐,竟然是火箭和导弹燃料中常用的一种化学物质(主要用作火箭燃料与烟火中的氧化剂及安全气囊中的爆炸物)。高氯酸盐污染据称为"冷战"时期进行火箭和导弹试验遗留的产物。美国的50个州里,如今有超过一半的州其饮用水含高氯酸盐。

逾半个世纪以来,化学工业使用数以千计的自然和人工合成有机化学物,制备农药、塑料、药物、颜料等产品,相关行业已经成为全球经济的一个主要部分。这些化学合成物质最终都会进入人体或释放到环境中去,并且产生影响。让人难以置信的是:随便抽查美国人的血液就能显示,血液中存有可测量出含量的化学品超过200种,可这些化学品一个世纪以前是不存在的。

谁"偷"走了我们的未来?

第六章　如影随形

用永远不知疲倦的机器人代替人工作,是人类长久以来的梦想,中外相关传说和想象甚多。在古希腊罗马时期,原始机器人以活雕像和各种神奇的机器形态,存在于神话或诗歌等类型的文学作品之中。中世纪之后,出现了一些模仿或模拟活物的简易自动装置。

16世纪,在布拉格的犹太人中开始流传一个故事,说的是一个用黏土塑成的人形"戈兰姆",只要在它的嘴里放入写有上帝名字的纸条,他就能活动起来。这与现代那些跟电子计算机相连并受输入程序控制的机器人对照,称得上是现代机器人的原型了。

到了18世纪,欧洲钟表业取得长足发展,各种观赏钟表和人形玩具相继出笼,引得贵族老爷争相收藏。当时,在法国和瑞士有许多技术专家在王室的资助下大显身手,接二连三地制造了许多自动偶人,它们能够自动地写字或弹琴。这些偶人实际上都是使用诸多凸

在一个多世纪以前的蒸汽机时代,有人想象很快就会出现的一幅画面:一个由蒸汽驱动的机器人正拖着犁耙在耕作。

轮(主要是把回转运动变成往复运动的机械零件)制造出来的复杂而又精巧的机械。

随着西欧工业革命的开始,各类自动装置的性能和控制功能得以不断提高、完善。人们对"人造人"的幻想更是多姿多彩,并逐渐从过去的神话型幻想向科学型幻想过渡。但与此同时,也搅起了一种不安的情绪。

机器人的"道德"

玛丽·雪莱于1818年发表的近代意义上的第一部科学幻想小说——《弗兰肯斯坦》,从某种意义上说也算得上是第一部机器人小说。它讲述的是由人创造出来的"活的形体",最后竟然害死了创造者本人的故事。以后的一些机器人小说都未能摆脱这一框框。

100年之后,这种意念又以更高级的翻版形式问世了。1920年,捷克斯洛伐克剧作家卡雷尔·恰佩克(Karel Capek,1890—1938)写出了一部科幻剧本《R·U·R》(即《罗素姆万能机器人》),并于次年在布拉格的国民剧场演出,产生了广泛的影响。该剧讲述的是在23世纪初期,机器人不愿再受人类统治,发动叛乱并屠杀人类的故事。剧中首次使用了"robot"(机器人)这个词。它源于捷克语中的robota,意为奴隶或被压迫的劳工。

认真说来,恰佩克塑造的机器人,类同于《弗兰肯斯坦》中在实验室里用化学方法制造出来的玩意儿,应该称作"人造人"或"复制人"(英文为"Audroid")。而"Robot"则应是由电脑和机器零件组装制造的"机械人"或"机器人"。不过,如今科幻作家们已经习惯用"Robot"来表示(用机械制造的)"机器人"了。

深受西方哲学、文学思想影响并做过新闻记者和报刊编辑的恰佩克是一位享有盛誉的著名作家,出生于一个乡村医生家庭,大学时代念的是哲学,并以一篇美学论文获得了查尔斯大学的博士学位。他最先发掘了

幻　想

机器人作品题材,并开创了东欧当代科幻小说的先河。他善于采用虚构的情节和戏剧冲突揭示现实中的矛盾,通过动物或某种幻想的形象来讽刺社会生活中的丑恶现象。他在20世纪30年代中期创作的三部著名作品《鲵鱼之乱》、《白色病》、《母亲》即是用科幻的手法,表现了反法西斯主义的战斗精神。

恰佩克笔下的机器人是具有象征意义的,故事本身也引发了人们无尽的思考:人们制造机器人本意是想让人从繁

捷克斯洛伐克剧作家恰佩克

重的体力劳动和令人生厌的工作中解脱出来,可是,一旦脱离了人的控制,机器人竟变成了人的敌人,反过来伤害人类。1926年,在美国还出现了一部影响巨大的科幻电影《大都会》,它向人们描绘了一个被机器人统治的未来城市。

类似这样的"臆测",表现了人们在迎接机器人时代到来的同时,对前景的迷惘与忧虑;而且,这在随后几十年中几乎左右了机器人科幻创作的主题,并潜移默化地影响着社会公众的心理。

这种状况,直至美国著名科幻作家艾萨克·阿西莫夫提出了约束机器人行为的三条著名法则后才有所改观。阿西莫夫持有这样的观点:机器人终究不过是机器,只要在建造时采取合理的安全保障措施,那安全不就得到保障了吗?

虽然阿西莫夫早在1939年5月就写出了他的第一篇机器人故事,但"机器人学三大法则"却诞生于一年半之后,即1940年12月23日。这一天,当阿西莫夫正与《惊人科幻小说》杂志主编约翰·坎贝尔谈他的一篇机器人科幻故事的构思时,坎贝尔突然打断他说:"阿西莫夫,你必须记住,任何机器人都必须遵循三条法则。首先,它们不能伤害人类;第二,它们必须

执行命令,而同时又不能伤及人类;最后,它们必须保护自己不受伤害。"

坎贝尔的这些话启迪阿西莫夫想到了制定"机器人学三大法则"的可能性,但几乎直到一年后,即1941年10月4日,他开始创作第四部短篇小说《环舞》(又译《转圈圈》)时,才第一次完整、清晰地表述了这三大法则:

(1)机器人不能伤害人,也不能任凭人类受到伤害而袖手旁观。
(2)机器人必须保护人,除非该命令与法则(1)相抵触。
(3)机器人必须保护其自身,除非该命令与法则(1)、(2)相抵触。

从形式上看,这三条法则似乎模仿了牛顿的三大机械定律。但无可否认的是,阿西莫夫首次使用了"机器人学"(Robotics)这个词。也就是说,他按照"机械学"、"弹道学"及其他一些固定词的构成方式,想当然地创造了"机器人学"一词。如今,"机器人学"已成了广为人知的术语,指的是关于设计、建造、维护和使用机器人方面的一切科学与工艺学。阿西莫夫甚至被誉为"机器人之父"或者"机器人学之父"。

阿西莫夫在他晚年所写的科幻小说《机器人与帝国》中,又进一步提出超越机器人学三大法则的第四条法则,即"零规则":机器人不得伤害人类,或坐视人类受到伤害而袖手旁观。这第四法则似乎与第一法则并无差别,但第一法则中提到的是作为个体的"人"(a human),而第四法则提到的是"人类"(humanity)。这从宏观上规定了机器人与人类的关系。

机器人学三大法则构成了支配机器人行为的一套"道德标准",从而给"机器人社会"赋予了新的伦理。它们被编成程序,输入到计算机化的机器人的大脑中去,几十年来实际上已成为研制和使用机器人必须遵循的公认的基本法则。阿西莫夫通过这三大法则的相互作用,构思出一系列情节紧张、妙趣横生的短篇小说,把他的每一个机器人故事中的主角推入进退维谷的境地。由于设计机器人电脑中的阳电子电势差对其行为起决定作用,因此执行三法则是有等级次序的,这在阿西莫夫的科幻作品中都得到了体现。

如《环舞》讲的是在对水星的探险中,机器人斯皮迪被派往于人类有害的环境中采硒,结果陷入一个两难境地:因为那个地方危险,保护自身的安全(第三法则)与执行人漫不经心下达的命令(第二法则)在这一特定形势下发生了抵触,机器人只得像跳环舞一样绕着硒湖转圈圈。宇航员鲍威尔为帮助斯皮迪,想出机灵的一招:他勇敢地置身于有致命性危险的太阳射线之中,并向机器人呼救。在这生死攸关的时刻,第一法则起了决定性的作用;斯皮迪不能任人伤害而无

阿西莫夫创造了有意识却无自由意志的机器人,这是过去的科幻作家不曾想到的。

所作为,于是它冲上去把鲍威尔救出,同时也使自己摆脱了困境。

在阿西莫夫的机器人科幻作品中,新奇大胆的幻想与巧妙、严密的推理得到了有机的结合,思想深刻、叙述生动更是锦上添花,堪称作为科幻泰斗的阿西莫夫的独特风格。作者非同凡响的逻辑思辨才能从《证据》这篇小说中得到了更充分的体现:人们怀疑竞选市长的地方检察官拜厄利是个机器人,其竞选对手也千方百计地想利用"三法则"考验他。当一个人当众表示不相信拜厄利具有人性,并向他进行挑衅时,他愤怒地以耳光作为回敬。依第一法则推断,他的确是个真人了。但机器人心理学家卡尔文博士事后却指出:存在一种情况,假如被打者也是机器人的话,那么打人者仍然有可能是机器人(因为此举并没有违反第一法则)。

其后阿西莫夫创作的《钢城》、《裸日》、《镜像》等名篇,对"机器人学三法则"作了更深地阐释和发挥,并上升到了一个新的高度,其内容也愈见丰富。

在阿西莫夫笔下,机器人不再是荒诞不稽的"坏蛋",也抹去了妖魔鬼

怪的色彩。它们都被描写成是精心设计的机器，内部装有足够安全的装置，有的甚至还会说话、拥有意识。但是它们没有超越于人的自由意志，只能执行人们的各种程序指示，甚至没有权利自杀（因为自杀违反第三法则）。这类"正面人物"的出现，对以机器人为题材的科幻小说创作产生了重大影响。后来描写机器人的科幻作品基本上都遵循着阿西莫夫所创立的"机器人学三法则"。

不过，"机器人三大法则"也是有"漏洞"的。也正因为如此，阿西莫夫和他的后续者可以钻漏洞，创造出变化无穷的故事情节。阿西莫夫自己也写过机器人小说《骗子》，让机器人厄比曲解"伤害"的意义：为了避免人类受到（心理的）伤害，厄比不断说谎，来迎合人类的自尊心和虚荣心，却没想到欺骗其实伤害更大。比这更严重地曲解三大法则的情形，是特别强调第一法则的重要：为了避免人类彼此伤害，所以不能不把人类软禁起来（关入地底世界、关入温室……），由机器人来控制一切。机器人可以不听人类的命令，因为在第二法则和第一法则抵触时，第二法则无效。这样一来，人类反而成为机器人豢养的宠物，丧失自由意志了！

像人一样思考

让机器能够像人一样思考，同样也是人们长久以来的梦想。然而，这可不是一件容易的事情。与此相关的一门极富挑战性的科学，人们通常称之为"人工智能"。

攻克机器思维这个堡垒究竟有多难？这方面的一位权威人物约翰·麦卡锡有言："如果想在人工智能领域有所成就，我们需要1.7个爱因斯坦、2个麦克斯韦、5个法拉第，再加上3项曼哈顿计划。"但时光回溯到40多年前，人们的认识可不是这样的。

在1956年夏天于达特茅斯举行的、被认为具有里程碑意义的那次讨

幻　想

论会上,约翰·麦卡锡首次提出了"人工智能(AI)"的概念。当时,他与马尔温·明斯基、爱德华·费根鲍姆等人工智能领域的大腕信誓旦旦地指出:机器会思想的时代即将到来!他们甚至认为,这一天的到来压根就用不了20年时间。

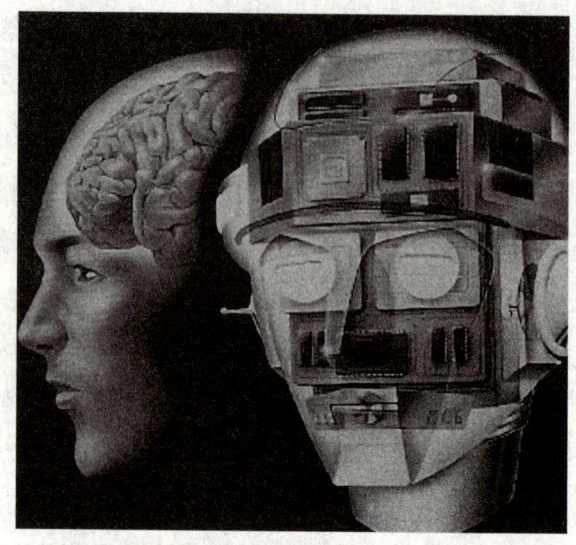

让计算机能够像人一样思考,是人们长久以来的梦想。

现在回过头来看,这种估计显然是太乐观了。明斯基的一位搭档在回忆当年的那种"狂妄之勇"时打了这么一个比方:"当时的情景倒很像第一批到达北美新大陆的人们环顾四野并且高呼:'这里是丰美之地,我们将用10到15年的时间去令之富饶繁荣。'我们并不知道这片区域到底有多么广阔。"

一位学者也揶揄道:如果说半个世纪的人工智能研究证明了些什么的话,那就是在机器中实现人的认知功能是一件非常困难的事情。

约翰·麦卡锡本人几十年来所做的工作,是探讨用可以通过电脑操纵的公式来系统地表达人类思维的所有形式。他坚称:"没有理由相信我们不能写出一个能使电脑像人一样思考的公式。"

2009年8月22日,笔者与中国科技馆原馆长王渝生博士应邀作客北京电视台《非常故事汇》节目,探讨家庭机器人未来到底有多能?开场放过科幻短片后主持人英达问我:你觉得像片子中讲的那么聪明机灵、善解人意的机器人,人类能够造得出来吗?

我给出了一个比较保守的答案:在近期可以预见的未来,不太可能!这也取决于我们对"智能"或"思维"是如何定义的。接着我又补充道:一旦真有那一天,必定出现了一种足以颠覆现有认识的超级技术,并且必定会给人们的思想观念和生活方式带来改变。试想,假如时光倒流150年,那时候的人们谁能预料得到电话、电视和电脑这些玩意儿啊?

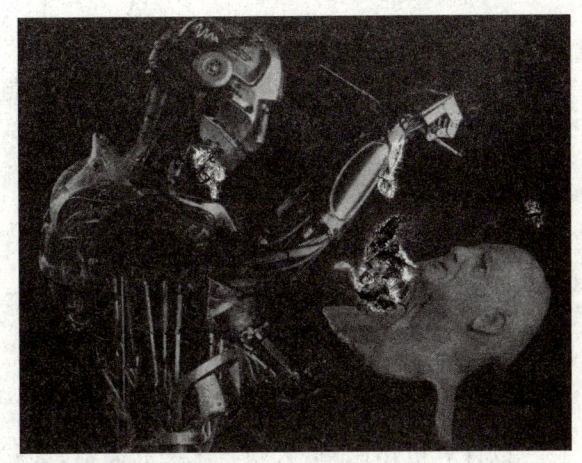
未来的机器人可能会自己设计面孔

我的保守答案之科学依据,综合起来说是基于:思维就其固有的本质而言是一种生命活动。无生命的智能和思维,如同无物质的生命一样,(以目前的认识来看)是不可想象的。而情绪、感情和自我意识,纯属人之特性。今天的机器人尽管可以通过编程而在面部表情上展现出喜怒哀乐,也可以对什么是真伪(认识论)和什么是正误(伦理学)作出判断,但对于什么是美丑(美学)这类反映内在的心态、主要靠情感领悟的问题,它又如何回应呢?

再说,任何人类思想都是和语言表达密切相关的。没有语言就没有思想,人们在谈论"思维机器"的时候怎么能够不考虑用于表达思想的语言呢?而语言又是一种共享的生活方式——人类生活的直接产物。不管人们所建造的机器是何等聪明,它都不可能去共享人类的那种生活方式。因为它是机器,因为思考需要精神状态,而具有精神状态的特性只存在于人类生活中。

不承想,王渝生这个比我年长25岁的"老顽童"居然很是前卫,他在回答英达所提问题时表示,他相信在心理学、脑科学和认知科学,特别是思维科学充分发展时,智能机器人很可能会有感情。一旦智能机器人能够自我学习、自我判断乃至自我改造,人类产生感情所需要的条件完全就可以在机器人身上实现。人类在将来与机器人产生感情,甚至和机器人结婚,也不是没有可能。

"老顽童"的设想并非没有依凭。大脑与电脑虽有重要差别——大脑由蛋白质构成,电脑由芯片构成,但两者都靠程序运行;人的自然智能本身是程序的产物,即建立在基因指令的生命物质上。人工智能的坚定拥护者认为,大脑神经元的存储行为和模式改变,跟计算机的相应行为是非常相似的。从理论上讲,计算机可以模拟整个大脑。一旦计算机模拟了所有的神经元和它们之间的连接点,就说明大脑的"智力"和计算机的模拟"智力"不再有任何区别。

以计算机作比喻:人脑与思维的关系,如同硬件与软件的关系。计算机程序,犹如思维,不具备物质形态,却与执行程序的物质实体计算机,有着清晰的因果关系。计算机程序需要通过计算机来实现,就像思维需要通过大脑来实现一样。

换句话说,思维是大脑这台"肉质机器"的产物,既然构成大脑元件的物质与其他物质并无本质的不同,为什么大脑的活动不能由其他物质元件(机器)来替代呢?假设用电子神经元替代人脑中的神经元,不就可以依次将人脑最终由一个生物机体变成一个电子设备了吗?顺理成章的是:认知的所有方面,比如语言、记忆、学习、推理甚至情感之类的精神活动,都可以通过计算机器来执行(早在1943年就有学者论证了人脑的神经元为何可以被视为计算器件)。

在这方面,又是科幻小说"领先"一步。本书第一篇提到,美国科幻作家罗伯特·海因莱因于1966年出版的《严厉的月亮》描述了一种具有自我意识与情

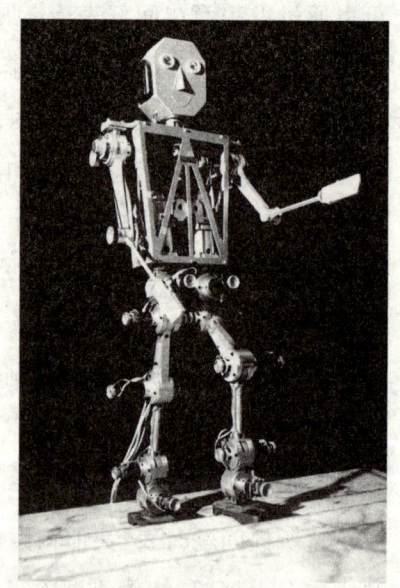

这是由我国独立研制的第一台具有人类外观特征、可以模拟人类行走与基本操作功能的类人型机器人。2000年12月初,它在国防科技大学首次亮相。

感、能够跟人类进行对话和交流的思想型电脑——迈克。在它的帮助下,由地球移居过去的新生的月球人经过武装斗争,终于获得了独立自主权。

而阿西莫夫在1976年发表的科幻名作《活了二百岁的人》当中的机器人主角,其最为奇特的"个性",也是他能够像人一样思考。

由于某种偶然发生的"事故",这个名叫安德鲁的机器人生来就具有艺术天赋。他以自己的绝技创作并(通过主人)售卖艺术品,为主人赚了一大笔钱,他自己由此也拥有了自己的账户,并得到主人一家的宠爱。后来,安德鲁开始具有越来越多的人类性格特点,竟至于提出要用钱购买自己的"人身自由"。在达到目的后,他又提出更多的要求。当他已经150岁的时候,他脸上的肌肉已被重新设计过,能够表达人的各种感情。

但是,安德鲁一直觉得,做一个事实上的人是不够的。他不但想被看做人,而且还想在法律上被认定是人。他发出了这样的疑问:"我具有人的形状,我有与人的器官相等的各种器官。事实上,我的几个器官和修复过的人体内的某些器官是完全相同的。我曾经在艺术上、文学上和科学上对人类文化作出过很多贡献,与现在活着的任何人所作出的贡献同样多。我在哪一方面不是人呢?"

安德鲁想要成为一个人,已经期望了六代人那么长的时间。他不能再等下去了。问题的关键在于,安德鲁与人类不同,他是永生的。一个永生的机器人变成了人,肯定会让只活到70岁的人愤愤不平。安德鲁得知这一言之有理的歧视后,认为消除这种歧视的唯一办法就是做一次手术,让自己的电离子脑子能

1999年,美国试金石影片公司将《活了二百岁的人》搬上银幕(又名为《铁甲再生人》,由罗宾·威廉姆斯主演)。在一个跨越了200年的故事里,安德鲁在阻止那些制造他的人销毁自己的过程中领会了人性的错综复杂。

量耗尽,这样他就能自然地"死去"。

长期以来他就已经知道事情会发展到这一步:他终于来到外科医生的工作室。他已经找到了一位能做即将进行的手术而且技术相当熟练的机器人外科医生——他不相信任何一位外科医生能做这种手术。

从手术中苏醒过来的安德鲁确信,他虚弱的感觉完全是不真实的。可这之后不久他便意识到,手术造成了太多的损失,他只能活一年左右,他将度过他被造之后的第200个周年,但已虚弱得不能安排200周年纪念了。

安德鲁是坐在轮椅里参加庆典的。在全人类的目光注视之下,世界总统说:"安德鲁,50年以前我们宣布你是150岁的机器人。"停顿了一下之后,他用更庄重的语气继续说道,"马丁先生,今天我们宣布你是200岁的人。"

安德鲁微笑着,伸出他的手去和总统握手。

故事的结局十分悲壮,也相当感人。当安德鲁躺在床上的时候,他的思想活动正在慢慢地减弱。他拼命抓住他的思想。人!他是人!他希望这是他最后的思想。在最后的一刹那,他又有了一个一闪而过的记忆。"小小姐……",他低声念出的,是他对他服务的第一个家庭的那个小姑娘的称呼。

阿西莫夫本人对这个故事也相当满意,在他最喜爱的自己的作品当中,该小说排名第二。他甚至声称,在写这个故事的结尾时,他几乎把自己感动得热泪盈眶。

好梦还是噩梦

社会面临的问题越来越复杂,机器越来越智能化,人类对机器的依赖性越来越强……会不会有那么一天,机器或机器人将具备自主意识和自我设计的能力,进而群体反叛人类,甚至把人类置于其有效控制之下,最终成为掌控地球的新势力?在上文提到的BTV《非常故事汇》节目录制现场,放过科幻电影《机械公敌》那惊心动魄的片断之后,主持人英达把问题抛给了王渝生和我两个嘉宾。

王老先生的观点是:人无远虑,必有近忧。科技的应用有正面作用,也有负面效应。有些坏的可能性,与其信其无,不如信其有。这样才能防患于未然。

科幻电影《机械公敌》剧照

我的看法仍然倾向于保守:机器人终归只是机器,工具而已,给它植入确保行为无害的运行规则或"套"上安全装置不就安然无恙了吗?我不相信没有生命的自主意识。

然而,那些常被视作"杞人之忧"的幻想,距离我们的现实生活竟也是如此之近!就在我们录制完那台节目3天之后,《纽约时报》登出一篇题为《科学家担心机器会比人聪明》的报道,提到:由于人工智能方面令人吃惊的进展,一些计算机科学家正在争论是否应该对某些研究设限,以防这些研究可能导致人类失去对计算机体系的控制,而这些系统承担着越来越多的从发动战争到同顾客电话聊天的社会工作。有人甚至认为,可以自动杀人的机器或者已经产生,或者很快将会出现。

这篇报道的观点,跟此前两年在美国旧金山召开的"奇点峰会——人工智能(AI)和人类未来"所传出的信息如出一辙。在当年的那个峰会上,有AI研究人员提醒说,现在是制订道德指导原则以保证这些进步会帮助人类而不是危害人类的时候了。最让人最担心的情况是,一个才华横溢的发明者创造出一个对人类怀有敌意、可以自我编程但却没有道德观念的智能机器。

而在目前的人工智能领域,则有这样一种理念:当人工智能机器达到一定的智能水平(即在某天突然达到一种称作"奇点"的状态)之后,它们将会"失去控制",以我们无法想象的速度自行进化,以至于远远地并且非常迅速地把我们抛在后面。就此有一声刺耳的警告称:如果你认为这种神一样无所不能的人工智能机器不可能被很快制造出来的话,那么不妨回想一下,利奥·西拉德在20世纪30年代预测一颗炸弹(原子弹)可以摧毁一座城市,当时的人们却把他看作疯子的情形。

曾经有人这样发问:我们有理由相信无机生命(机器)会发展出与有机体类似的生存和竞争意吗?或者说,机器最终会接过我们人类的准则吗?对于这个十分重要的问题的一个回答是:无论人类的准则是否传递给机器,适者生存的原则在有机和无机生命身上都会很快地发生作用。生存的本能或行为更有可能由适应者传下去;而最适于生存的机器更有可能成功地制造更进一步的机器。

人们担心:机器总有一天会自己设计、制造并操作将来的机器,届时我们很可能没有任何办法来避免这一可能性的发生。1997年,英国人工智能与控制论专家凯文·渥维克博士出版了《机器的征途——为什么机器人将统治世界?》一书。书中向我们展示了第一批能够学习、互相交流和自我设计程序的机器人,并且向我们发出了警告:未来的机器人将会统治世界:

> 在2050年,我们人类为机器所驱使,必须做机器规定我们做的事情。许多人被用做一般劳动力……这些人类劳工都已经被阉割了,以防止出现不必要的性冲动;而且对他们的大脑也作了适当的调整,以避免人类性格中的弱点,如发怒、感到压抑或是有一些不切实际的想法。

真正的问题或许反映在这样一种忧虑中:当我们使机器具有更多的智能时,并不知道哪里是危险的边缘,因为对于智能的衡量并不明确,更何况智能所要包括的领域是如此之广。这情形"很像是闭着眼睛在悬崖上行走,每向前迈一步之前,你说:'我刚才走的一步没出问题,因此我就再迈一步吧。'在没有到达悬崖边缘之前你还不会出事,但等到了的时候就太晚了"。到那时候,人类是圆了一个好梦还是迎来了一个噩梦呢?

不过,也有不少人对此持乐观态度,认为各种各样的智力至少有可能建立一种共生关系。机器人或计算机不会取代我们的地位,而会作为我们的朋友和同盟者,跟我们一道走向光辉灿烂的未来——只要我们在此之前不要自我毁灭。更有人工智能专家大胆设想:智能机器人实际上是人类演化的后代,它们从我们人类中成长,学习我们的技能,与我们拥有共同的价值标准,可以看成是我们人类思维的后代。

很有可能,未来的人们将能够把他们的思想加载到高级计算机中,由此转化形式,使得自己可以永远生存下去。而在此之前的一幅图景则是:学会使用计算机与机器人,已成为未来人类接受文明的重要条件,就像过去人们要立足于社会,就必须学会读书、写字一样。

生物能被远程操纵吗

2009年底上映的好莱坞科幻大片《阿凡达》,用电影语言建立了一个逼真鲜活的世界,并且演绎了一段惊心动魄的外星冒险故事。片中展现的最为神奇的一项"技术",就是借助先进的计算机界面设备,人类能够以"心灵感应"驱动和控制化身,并通过后者的感官体验环境、认识

电影《阿凡达》剧照

世界。也就是说,通过一个生物的大脑,可以对另一个生物的身体实施远程操纵。

好的科幻故事往往建立在现实世界的科技创新基础上,并由此展开合理的想象,无怪乎美国杜克大学的神经系统学家米格尔·尼古莱利斯感叹:"《阿凡达》影片中展现的内容与我们当前正在实施的实验有着惊人的相似之处。"

尼古莱利斯是一个有多国科学家参与的研究计划"重新行走项目"的首席科学家。目前,该项目正尝试将生物"湿件"(一种模仿生物系统及结构的智能程序)融入机械硬件——外骨骼"神经假体"装置,当它披挂在瘫痪者身上时,可从大脑接收行动指令。

前不久,训练猴子利用脑波活动控制它们自己的"化身"已获得初步成功:在位于美国北卡罗来纳州的实验室,研究人员训练一只猕猴在跑步机上直立行走。接着,他们从插在猕猴脑部的电极获取神经信号,通过互联网将其连同视频一起发给位于日本的一个实验室,而该实验室里的一个机器人接收信号后,可以随猕猴做出同样的动作。

不难预见,当大脑(神经)信号能够转变成电子信号时,通过大脑控制电子装置,进而控制肌肉就有可能实现。这类研究对于重度瘫痪者来说具有十分重要的现实意义;而且,将人类的神经系统直接与机器连接起来,对于理解神经信号控制与移动的细节十分必要,对理解思想、情绪与神经活动的关系也有不可忽视的影响。假如有一天,一位外科医生能够将自己的手和机器人的手建立联系,那么,他就能够在此基础上实施远程手术。

面向开放的未来,人类的电子化或许将会成为一种趋势。事实上,想象中的"电子人"已经进入科学研究的视野。"电子人"也叫"半机械人",在英文中是"控制论的生物体"(大致与仿生学生物体同义,意即既是生物的又是电子的)一词的简称。一个电子人的诞生,意味着将人的神经细胞、肌骨骼和其他系统与电子装置产生联系,使人体的各项功能得到提高或延展。

眼下,欧美许多研究机构正在开发"大脑-计算机接口",企望它们能够反映出大脑闪现的念头,并将其转化为计算机能够理解的信号。例如,德国科学家研制的一套计算机软件,可以识别大脑产生的与运动意念有关的神经生理信号,也有望学会把所测到的信号与某种特定的运动挂钩。

经过校准的计算机,将能解析大脑电流、识别运动意念,并把大脑电流转换成不同的指令,用于控制假肢或瘫痪者肌肉的运动,甚至以意念(大脑思维)移动鼠标或给电视换台——"啊哈,动了!"梦想成真。

这么说来,人们所热切幻想的"心灵感应"或思想控制,借助某种电子装置而非只是大脑本身就可以实现,就像现在我们能够借助电话和无线电而不是单靠声音同千里之外的他人谈话一样。但这跟那种带有表演性质、超感觉且难以捉摸的所谓"意念移物",并不是一回事。

心有灵犀一点通

2010年1月29日,《人民日报》登出新华社1月28日发自南京的一则电讯,标题是《我科学家蟾蜍实验成功/相隔千里可"心灵感应"》。这条消息称:东南大学和中国康复研究中心等单位的研究人员,借助微电子神经桥和3G无线互联网技术,在相隔1000多千米的南京和北京之间,实现了两只蟾蜍的互感互动。换句话说,就是让本地动物能够远程感受外地动物的神经信号,并产生类似的动作。

具体的实验过程如下:北京小组给蟾蜍一个刺激,使之做出缩腿动作,同时在坐骨神经上产生神经信号。随后,由微电子系统将此神经信号放大处理,再通过3G无线互联网传送到南京。南京小组将信号接收处理后,又用它去刺激本地蟾蜍的坐骨神经。这时,南京蟾蜍做出了与北京蟾蜍相似的缩腿动作。反过来实验,也得到了相同的结果。

这实际上是一种电子"心灵感应",其重要的科学意义在于,实现了神经信号的远程传递和动物的"数字化"。此项技术一旦成熟就可以运用到人身上(比如帮助瘫痪病人行动或进行康复训练),甚至在国防和航天等方面也具有潜在的应用价值(比如对身处太空、深海、高温、核辐射、战场等特殊环境下的机器人进行实时遥控而无须操作复杂的动作指令)。

事实上,近年来国外这一领域已经出现了一些过往想象的"科幻产品":日本于2005年推出的可由电脑控制的机械骨骼装置——仿生肢,能模仿佩带者的步态和身姿,从而让瘫痪病人"立"起来。澳大利亚程序设计员彼得·沙恩·福特研制的一种新型人机联结界面,能使人利用皮肤表面电极接收神经信号,再经人工智能分析,达成与人交流的目的。2004年初,福特应用改善后的这套系统(被称为神经转化技术),让美国华盛顿特区一个四肢瘫痪、不能说话的男子利用神经信号旋转电视,创造了新的奇迹。

肉体与机器的结合,总能让人产生无限的遐想。在不远的将来,我们或许还能直接在大脑安装无线连通的互联网呢!甚至,在人与人之间进行大脑和大脑的直接交流——"心有灵犀一点通"?

回溯到1971年,在"大脑控制"还让人们觉得遥不可及的年代,美国畅销书作家迈克尔·克莱顿推出了科幻小说《终端人》。它讲的是一个暴力性发作症患者被强制施行外科手术——在大脑深处植入电极,向大脑的兴奋区域输送由电脑控制的镇定脉冲——以改变其行为方式。手术很成功,然而,谁也想不到患者竟逃离医院,开始一系列谋杀活动,成了一个不折不扣的杀人狂……小说的结局虽然很糟糕,但却引起了英国电信公司的一个学徒深深地思考:这种技术能不能在现实中得到安全地开发和利用?

30年过后,英国电信公司当年的那个学徒、后来的雷丁大学控制论教授凯

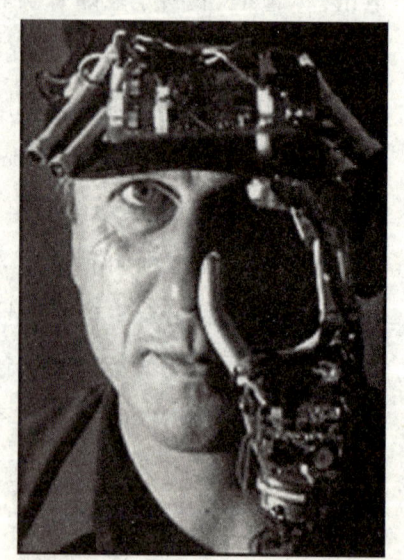

"电子人"凯文·沃威克

文·沃威克，冲破人与机器之间的界限，做了一件惊世骇俗的大事：2002年3月14日，医生将一块3毫米宽、带有120个电极的方形芯片从沃威克的左手手腕植入，使他的神经系统通过芯片线路与电脑相连，他因此而成为世界上"人机合一"第一人，也可以说是人类历史上的第一个电子人。此后的3个月，这位勇敢而富有梦想的科学家将自己的身体变成了一个"电脑外部设备"，尝试了一种"半是机器半是人"的新生活。

"我想给'人'这个概念赋予新的内涵。"沃威克如是说。

然而，一个跨越界限的神话诞生之后，必定使自然、机器与人的关系变得日趋模糊和复杂，并带来令人困惑的问题：一个机器与生物的杂合体究竟是什么？我们能接受什么样的人性改变？操纵人的生命是不是符合伦理？一个科学家对他操纵或者创造的生命形态负有怎样的责任？

"非自然"的选择

当意识游离于肉体，当神经铰接于网络，奇幻的视窗便闪电般地构筑起来。

他叫凯斯，是个"城市电脑牛仔"。在他生活的那个时代，跨国企业集团和犯罪组织竞相控制全球电脑系统，并且肆无忌惮地进行信息大战。这个网络独行侠属于生活极不稳定的下层阶级，但他却能够使自己的大脑神经系统与全球电脑系统相连通，并可闯入各种网络，利用人工智能体为自己服务。

借助这一"本事"，凯斯受雇于一家公司，当起了信息的窃贼，同时得以逃避纷繁恼人的现实世界，在电脑创意空间里浪游。这是加拿大作家威廉·吉布森（William Ford Gibson）于1984年出版的科幻小说《神经浪游者》所讲述的故事。如果说，这一幻想在20多年前还显得离谱的话，那么，放在今天来看，恐怕很少会有人将其视为无稽之谈了。

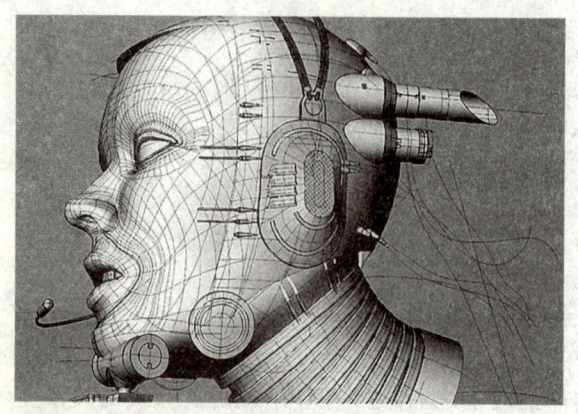

有朝一日，人类也许会发展出电子智力。

科学家设想，再过十几年，即大约在2029年，高频带宽的通讯技术业已成熟，人类将进入神经植入时代。届时，可通过神经网络来直接与人脑沟通，市面上会出现种类繁多的神经植入物，目的是辅助人们的视觉、听觉，乃至语言、记忆与推理等功能。

比如，植入大脑中并与神经直接连接的"记忆芯片"，将可载入海量信息，使记忆容量被大大扩展，并且随时都可以"调用"。而直接提高大脑信息处理能力的实践，将首先集中在纠正由神经和感觉方面的疾病与功能障碍所造成的明显缺陷。

一种更具有挑战性的方案是：把思想下载到个人计算机上。通过对人的大脑进行扫描，绘制出神经细胞、轴突、树突等的位置、相互之间的联系和具体内容的图谱。在此基础上，具有足够容量的神经计算机就可以模拟出大脑的整体结构以及它所记忆的内容。

如前所述，势必有一天，人体的许多器官及部位，都会被功能更好的人造器官和假肢所取代；甚至，"被不死的诱惑引诱而出卖他们的高贵灵魂"，将大脑与计算机联机，把记忆力进行移植、转存……人工智能的创始人之一马文·明斯基也相信，随着人工智能科学家不断地试图逐个神经元地复制人脑，与其让人在自然的进化中不断地摸索前进，还不如让下一步进化过程进行"非自然的选择"。

只是不知道，成为一个被如此这般"强化"了的人，会是什么感觉？而一旦人脑与电脑实现"连通"，隐私又该如何保护？

幻想化成了事实

阿西莫夫在他的有生之年已经看到,1959年,美国造出了世界上第一台工业机器人,由此宣告机器人已从科学幻想变成了现实。随着机器人技术的不断进步,机器人的用途也日益广泛,并且已越来越多地进入到人类生活的领域。近年来,应用于看护高龄者、儿童等生活助手领域的机器人备受关注,并且取得了长足的进步。

叶永烈在为阿西莫夫的《机器人科幻小说全集》简体字中文版所撰写的序言中,讲述了一个有趣的故事——

2003年8月21日,日本首相小泉纯一郎在捷克首都布拉格出席国宴时,带了一位非同寻常的客人同赴盛会。这位客人能够讲一口流利的捷克语。他举起盛满香槟酒的酒杯与宾客干杯,等到别人一饮而尽之后,他却说自己不能喝酒,因为他还没有到法定饮酒年龄!

确实,这位重52千克、高1.2米、行走速度每小时可以高达3千米的客人,还不足3岁。他"出生"于2000年11月20日。当然,即便他到了法定饮酒年龄,他也不喝一杯酒,甚至不喝一口水,不吃一粒饭。

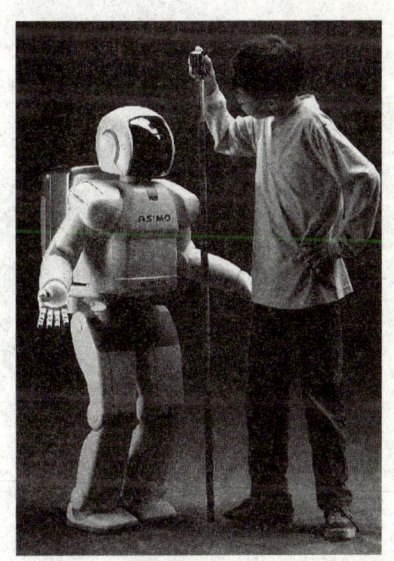

由日本本田公司研制、开发的目前世界上最聪明的机器人阿西莫。

他妙语如珠,对答如流,而且说话富有幽默感,在国宴上不时引发一阵阵大笑声。由于他的出现,把捷克总理拉迪米尔·什皮德拉和日本首相小泉纯一郎都撂在一边,成为宴会上风头最足的新闻人物。

幻　　想

这位特殊的客人,便是日本生产的世界上最先进的机器人,名叫"阿西莫"(ASIMO),与阿西莫夫(ASIMOV)仅一字之差。阿西莫夫以写机器人科幻小说而著称。然而,日本本田公司为"阿西莫"取名,并非纪念阿西莫夫,却是源于"新型双脚步行机器人"(英文为"Advanced Step in Innovative Mobility",开头字母的缩写为 ASIMO)。不过,人们倒是由此反推,说阿西莫夫的名字也源于"新型双脚步行机器人",表明这位美国的作家一出生就注定要写机器人科幻小说。

阿西莫如今也是"世界名人"。他在出生当年就被美国《时代》杂志评为当年"十大风云人物"之一。《时代》对他的评价是:"温馨可人。能够陪用户跳舞,计算税率,烧烤食物。尤其可人的是还能细心护理残疾人,周到地给年迈者洗一个'温情泡泡浴'。"

小泉纯一郎访问捷克,为什么要把机器人阿西莫也带去呢？只要听听阿西莫在捷克国宴上的祝酒词,就明白了:"如果捷克作家卡雷尔·恰佩克先生能够看到我来到这里的话,他一定会惊喜万分。让我们为人类和机器人的友好干杯！"

幻想,跟我们的现实生活离得越来越近了。不止于机器人,还有各种各样与机械、计算机、网络等相关的许多事物,都由幻想化成了事实。2003年秋,笔者赴日本东京采访,写出了下面这篇文章,兹录于此,就当做是本书的尾声吧——

下班了,您一身轻松地走到自己的家门口,用不着掏钥匙,门"啪"的一声便自动打开了;进了屋子,您同样无须"举手之劳",只在一瞬间,那灯光、湿度以及房间和洗澡水的温度就已自动调节好,而电子烹调装置也几乎同步启动……

相信吗？借助先进的"传感与控制"技术,上述这些一直停留在纸上的美好的"科学幻想",很快就会真正走进并深深地影响到我们的现实生活！10月下月,记者赴日本京都参观"欧姆龙创新技术展示会",更真切地感受到了这一点。

设在欧姆龙京阪奈研究中心的这个展览,以核心元器件、产业和社会生活三大展区,全面展示了传感与控制技术的发展与应用前景。展示会现场人头攒动、热闹非凡,各种新颖、奇特的仪器和装置吸引了许多眼球,令人赞叹不已。

"这一切都离不开'传感'和'控制'。"欧姆龙(中国)集团有限公司总经理皆川泰平先生告诉记者,机器设备实现网络化意味着我们行将进入一个"传感网络时代"。在这种新一代网络社会的商业中,处于网络的进口与出口的"传感"和"控制"技术已显得越来越重要:它们能够将感知到的各种信号(当然也包括人的感官信号)迅速转换为有价值的信息,并在网络上进行处理,从而使人们随时随地都能够轻易地得其所需。

瞧,这位女士亮着的是一张集身份证、信用卡、饭卡等多种功能于一身的智能卡。她身边立着一套特殊的传感装置。你在食堂"米西"过后,只需把饭碗菜碟往屏幕前的盘子上一放,传感装置就会自动算出你吃这顿饭所吸收的总热量,以及你应该"刷"掉的相应费用。

照片在修版过程中也用得着"传感"与"控制"技术吗?是的,其独特的图像模式识别技术能够利用计算机把人脸识别出来,并对面

独具"慧"眼的机器人。这个胸前标着"OMRON"(欧姆龙)字样的机器人于2004年11月在上海工博会亮相。它集成了先进的人脸识别技术,其眼睛可以用来智能拍照。强大的人脸识别功能还使它能够根据对象的性别、年龄发出不同的问候。

部肤色进行"补正",使照片呈现出来的人脸更加靓丽。

这位先生手里攥着的小玩意儿是干吗使的?哦,原来是可以根据个人情况进行自动编程、装在衣袋里也能进行测试的计步器。今后,它甚至还能"配置"在手机里呢!展示会上这一类小家伙真是不少:有可以自己在家里简单而准确地测量血压的数字式自动血压计,有放入腋下测体温仅需5秒钟的电子体温计……

大家伙自然也少不了。例如,活跃于食品生产线上的知觉传感器,可代替人眼检查产品的缺陷和污垢,辨别包装的形状和文字,保证高质量的产品生产。还有在金融、流通、车站业务、交通管理等领域大显身手的各种电子自动感应信号装置、自动售票机和自动检票装置、在线自动付款机控制系统等等,不一而足。

这一切昭示:高品质的电子元器件及装置,已经成为舒适而安全的信息科技社会的坚实后盾。在不久的将来,瘫痪病人通过思维就可以操作机械假肢,因为美国杜克大学的研究人员在2001年首次在人体上证实,植入大脑的电极能够提供控制机械装置的有用信号。

可以想见,还有更大的惊奇在等着我们呢。

还记得前面写过的一句话吗?能够最终领悟到自己可以实现什么的人类是无羁的。在发生重大变革的时期,如果没有实现可能梦想到的东西,情有可原;如果没有梦想到可能实现的东西,则是失算。

让我们用大脑去想象、用双手去创造、用双腿去践行——人类光辉的未来吧!

参考书目

[1] Frank M.Robinson: Science Fiction of the 20th Century: An Illustrated History, Collectors Press,1999.

[2] Forrest J.Ackerman: Forrest J.Ackerman' World of Science Fiction, General Publishing Group,1997.

[3] John Clute and Peter Nicholls: The Encyclopedia of Science Fiction, ST.Martin's Griffin,1995.

[4] Brian Aldiss: Trillon Year Spree: The History of Science Fiction, House of Stratus,2001.

[5] 大卫·凯尔著,芨弘译.科幻历史图说.台湾:照明出版社,1980年4月版。

[6] 约翰·克卢特著,陈德民等译.彩图科幻百科.上海:上海科技教育出版社,2003年7月版。

[7] 艾萨克·阿西莫夫著,卞毓麟等译.古今科技名人辞典.北京:科学出版社,1988年5月版。

[8] 卡尔·萨根著,金吾伦等译.布鲁卡的脑.上海:上海三联书店,1987年10月版。

[9] 阿尔温·托夫勒编,顾宏远等译.未来学家谈未来.杭州:浙江人民出版社,1987年9月版。

[10] 丹尼尔·J·布尔斯廷著,戴子钦等译.发现者.上海:上海译文出版社,1995年1月版。

[11] C.弗拉马里翁著,李珩译,李元校.大众天文学.南宁:广西师范大学出版

社,2003年1月版。

[12] G.伏古勒尔著,李珩译,罗玉君校.天文学简史.南宁:广西师范大学出版社,2003年1月版。

[13] 米歇尔·霍斯金主编,江晓原等译.剑桥插图天文学史.济南:山东画报出版社,2003年3月版。

[14] 斯迪文·迪克著,李经等译.外星生命探索.北京:清华大学出版社,2001年6月版。

[15] T.A.赫彭海默著,朱卫国等译.倒计时.上海:上海科学技术出版社,2003年4月版。

[16] 凯伊·戴维森著,暴永宁译,吴伯泽校.展演科学的艺术家:萨根传.上海:上海科技教育出版社,2003年12月版。

[17] 迈克尔·怀特著,黄群等译.地外文明探秘.上海:上海科技教育出版社,1999年12月版。

[18] 迈克尔·G·泽依著,牛宇闳译,刘力校.改变人类命运的科技力量.北京:机械工业出版社,2002年1月版。

[19] 库尔特·拜尔茨著,马怀琪译.基因伦理学.北京:华夏出版社,2000年11月版。

[20] 弗里曼·戴森著,庞秀成等译.想象中的世界.长春:吉林人民出版社,2001年1月版。

[21] 苏西·科依著,黄咸弘译.罗伯特·H·戈达德:火箭之父.北京:外文出版社,1999年9月版。

[22] 亚瑟·克拉克著,佘秉枢译.太空:宇宙的秘密.北京:中国少年儿童出版社,1999年10月版。

[23] 詹姆斯·冈恩、郭建中主编.科幻之路.福州:福建少年儿童出版社,1997年8月版。

[24] 郭建中著.科普与科幻翻译:理论、技巧与实践.北京:中国对外翻译出版公司,2004年12月版。

[25] 吴国盛著.科学的历程(第二版).北京:北京大学出版社,2002年10月版。

[26] 叶永烈著.是是非非"灰姑娘".福州:福建人民出版社,2000年10月版。

[27]黄一农著.社会天文学史十讲.上海：复旦大学出版社,2004年12月版。

[28]李杰信著.我们是火星人.北京：科学普及出版社,2003年1月版。

[29]周孟璞主编.科幻爱好者手册.成都：四川辞书出版社,2000年4月版。

[30]顾诵芬、史超礼主编.世界航天发展史.郑州：河南科学技术出版社,2000年12月版。

[31]吴岩编.科幻小说教学研究资料.北京：北京师范大学教育管理学院,1991年8月印。

[32]甘本祓著.茫茫宇宙觅知音.北京：科学普及出版社,1983年1月版。

[33]齐奥尔科夫斯基著,麦林等译.在地球之外.长沙：湖南教育出版社,1999年8月版。

[34]卡尔·萨根著,周秋麟等译,李元校.宇宙.长春：吉林人民出版社,1998年10月版。

[35]耶范特·特奇安等编,周惠民等译.卡尔·萨根的宇宙：从行星探索到科学教育.上海：上海科技教育出版社,2000年12月版。

[36]亚当·罗伯茨著,马小悟译.科幻小说史.北京：北京大学出版社,2010年2月版。

[37]史蒂芬·霍金著,徐明贤等译.时间简史——从大爆炸到黑洞.长沙：湖南科学技术出版社,1992年2月版。

[38]迈克尔·克莱顿著,祁阿红等译.重返中世纪.南京：译林出版社,2000年10月版。

[39]让·儒勒-凡尔纳著,刘扳盛译.科幻小说之父凡尔纳传.长沙：湖南科学技术出版社,1999年9月版。

[40]艾萨克·阿西莫夫著,涂明求等译.阿西莫夫论科幻.合肥：安徽文艺出版社,2011年11月版。

[41]艾萨克·阿西莫夫著,朱岚等译.阿西莫夫最新科学指南.南京：江苏人民出版社,1999年12月版。

[42]艾萨克·阿西莫夫著,江向东译.不羁的思绪——阿西莫夫谈世事.上海：上海科技教育出版社,2009年12月版。

[43]艾萨克·阿西莫夫著,吴虹桥等译.宇宙秘密——阿西莫夫谈科学.上海：

上海科技教育出版社,2009年8月版.

[44]布莱恩·奥尔迪斯、戴维·温格罗夫著,舒伟等译.亿万年大狂欢:西方科幻小说史.合肥:安徽文艺出版社,2011年11月版.

[45]阿瑟·克拉克著,朱荣杰等译.太空序曲.重庆:重庆出版社,2008年5月版.

[46]阿瑟·克拉克著,李敏译.天堂的喷泉.北京:科学普及出版社,1996年1月版.

[47]罗伯特·祖布林等著,阳曦译.赶往火星.北京:科学出版社,2012年3月版.

[48]马丁·特纳著,陈昌亚等译.远征火星.北京:中国宇航出版社,2011年7月版.

[49]理查德·霍姆斯著,暴永宁译.好奇年代.长沙:湖南科学技术出版社,2012年5月版.

[50]阿德里安·贝里著,田之秋译.大预言:未来500年.北京:新世界出版社,1997年1月版.

[51]G.E.R.劳埃德著,孙小淳译.早期希腊科学.上海:上海科技教育出版社,2004年12月版.

[52]王作跃著,安金辉等译.在卫星的阴影下——美国总统科学顾问委员会与冷战中的美国.北京:北京大学出版社,2011年8月版.

[53]詹姆斯·冈恩著,马云飞等译.倾听者.北京:中国青年出版社,1999年3月版.

[54]D.M.罗维克著,陈良忠译,杜若甫校.人的复制.合肥:安徽少年儿童出版社,1992年2月版.

[55]朱尔斯·卡什福特著,余世燕译.月亮的传说.太原:希望出版社,2005年8月版.

[56]基普·S·索恩著,李泳译.黑洞与时间弯曲——爱因斯坦的幽灵.长沙:湖南科学技术出版社,2000年4月版.

[57]保罗·戴维斯著,庞秀成译.我们是唯一的吗?发现外星生命的哲学含义.长春:吉林人民出版社,2001年10月版.

[58]王琢著.想象力论——大江健三郎的小说方法.上海:上海文艺出版社,2004年5月版.

[59]蒂莫西·费瑞斯著,张宪润译.银河系简史.长沙:湖南科学技术出版社,2009年3月版。

[60]卞毓麟著.追星——关于天文、历史、艺术与宗教的传奇.上海:上海文化出版社,2007年1月版。

[61]郑军编著.第五类接触:世界科幻文学简史.天津:百花文艺出版社,2011年1月版。

[62]爱德华.S.里德著,李丽译.从灵魂到心理:心理学的产生,从伊拉斯马斯·达尔文到威廉·詹姆士.上海:上海三联书店,2001年7月版。

[63]约翰·巴罗著,徐彬译.艺术宇宙.长沙:湖南科学技术出版社,2010年4月版。

[64]萧星寒著.星空的旋律:世界科幻小说简史.苏州:古吴轩出版社2011年6月版。

[65]长山靖生著,王宝田等译.日本科幻小说史话——从幕府末期到战后.南京:南京大学出版社,2012年10月版。

[66]达科·苏恩文著,丁素萍等译.科幻小说变形记.合肥:安徽文艺出版社,2011年11月版。

[67]达科·苏恩文著,郝琳等译.科幻小说面面观.合肥:安徽文艺出版社,2011年11月版。

[68]罗伯特·斯科尔斯等著,王逢振等译.科幻文学的批评与建构.合肥:安徽文艺出版社,2011年11月版。

[69]戴维·林德伯格著,王珺等译.西方科学的起源.北京:中国对外翻译出版公司,2001年7月版。

[70]J.G.弗雷泽著,徐育新等译.金枝.北京:新世界出版社,2006年9月版。

[71]丹尼斯·奥弗比著,任华等译.环宇孤心.北京:中信出版社,2002年3月版。

[72]A.纳塔利·卡布罗尔等住,邱举良译.在宇宙中寻找生命.北京:科学出版社,2007年9月版。

[73]加来道雄著,刘玉玺等译.超越时空——通过平行宇宙、时间卷曲和第十纬度的科学之旅.上海:上海科技教育出版社,1999年5月版。

[74]加来道雄著,伍义生等译.物理学的未来——科学决定2100年的世界蓝

图.重庆:重庆出版社,2012年5月版。

[75]迈克尔·怀特著,李煜斌等译.异想天开的大脑.北京:中国人民大学出版社,2011年3月版。

[76]约翰·M·巴里著,钟扬等译.大流感.上海:上海科技教育出版社,2008年12月版。

[77]叶永烈著.丢了鼻子以后.北京:中国少年儿童出版社,1979年2月版。

[78]安东尼?伯吉斯著,王之光译.发条橙.南京:译林出版社,2011年6月版。

[79]J.布洛克曼编,李泳译.未来50年.长沙:湖南科学技术出版社,2004年5月版。

[80]爱德华·泰勒著,连树声译.原始文化:神话、哲学、宗教、一书和习俗发展之研究.南宁:广西师范大学出版社,2005年5月版。

[81]威廉·塞西尔·丹皮尔著,李珩译,张今校.科学史及其与哲学和宗教的关系.南宁:广西师范大学出版社,2001年6月版。

[82]乔治·萨顿著,鲁旭东译.希腊黄金时代的古代科学.郑州:大象出版社,2010年5月版。

[83]米歇尔·怀特著,叶秀敏等译.阿西莫夫:逸闻趣事.呼和浩特:内蒙古人民出版社,1999年5月版。

[84]马特·里德利著,陈虎平等译.先天后天:基因、经验及说明使我们成为人.北京:北京理工大学出版社,2005年9月版。

[85]艾萨克·阿西莫夫著,汉声杂志译.机器人短篇全集.成都:天地出版社,2005年6月版。

[86]尼阔·普朗察著,王义豹译.地外生存:人类文明在宇宙中的命运.长沙:湖南教育出版社,2002年4月版。

[87]约翰·格里宾著,黄磷译.大宇宙百科全书.海口:海南出版社,2001年8月版。

[88]杰弗里·科尼利厄斯等著,颜可雄译.星空世界.北京:中国青年出版社,2001年1月版。

[89]Jean-Piere Verdet著,徐和瑾译.星空——诸神的花园.上海:上海三联书店,2001年6月版。

[90]格雷戈里·肯尼迪著,杨寅辉等译.阿波罗登月.北京:世界知识出版社,
1998年1月版。

[91]文森特·V·德索马著,徐艳梅等译.探索火星语星际空间.北京:世界知
识出版社,1998年1月版。

[92]让·赫德曼著,易照华译.天外智慧.南京:江苏人民出版社,2000年7月版。

[93]洪韵芳主编.天文爱好者手册.成都:四川辞书出版社,1999年9月版。

[94]布鲁斯·捷克斯基著,胡中为译.行星上的生命.南京:江苏人民出版社,
2000年7月版。

[95]帕特里克·摩尔著,宋莹宇等译.火星的故事.北京:北京理工大学出版社,
2004年5月版。

[96]帕特里克·摩尔著,马里垣等译.火星的故事.北京:北京理工大学出版社,
2005年1月版。

[97]史蒂芬·霍金著,吴忠超译.果壳中的宇宙.长沙:湖南科学技术出版社,
2002年2月版。

[98]凯伦·法林顿著,黄凰等译.巫怪的故事.太原:希望出版社,2007年8月版。

[99]奥布里·米伦斯基著,张铁梅等译.你的遗传命运:了解基因,保护健康,
挽救生命.上海:上海三联书店,2003年8月版。

[100]菲利普·R·赖利著,钟扬等译.林肯的DNA以及遗传学上的其他冒险.
上海:上海科技教育出版社,2005年9月版。

[101]詹姆斯·沃森登著,陈雅云译.DNA:生命的秘密.上海:上海人民出版社,
2010年5月版。

[102]王子晖等编著,陈珊译.生命的来历:前生物进化与太空生物学.北京:科
学出版社,2011年1月版。

[103]梅利沙·斯图尔特著,傅霞译.雷切尔·卡森.杭州:浙江人民出版社,
2007年3月版。

[104]西奥·科尔伯恩等著,唐艳红译.我们被偷走的未来.长沙:湖南科学技
术出版社,2002年6月版。

初版后记

　　拖了很长的一段时间,《幻想》这部书稿总算交差了。

　　发出电子邮件的那天傍晚,我陪太太到住家附近的雕塑公园散步,贪婪地做了好些深呼吸。瞧见眼前草地上有个红色的造型,我不假思索脱口而出:"哦,火箭。"太太听了一乐:"什么呀,那是一只凤凰!"

　　哈哈!我也乐了,心想,这些日子里沉迷于创作中,满脑子都是太空、登月、火箭,还有克隆人、外星人和机器人之类的玩意,几近走火入魔了。

　　一场"苦役"过后,往往更能真切地感受到轻松和自由;那些值得珍视和回味的东西,也总是会情不自禁地涌上心头。

　　我首先想到的,是我27年前逝去的奶奶。慈祥、优雅的她给了我最初的人生启蒙和最早的文学熏陶,还有令我深切铭刻在心、终生不能忘怀的挚爱。我11岁那年,奶奶走了。但在我的精神世界里,她始终没有离我而去。我把奶奶看成是我有生以来遇到的第一个"贵人"。她伴随着我度过了幸福、快乐的童年时代,让我感受到了人生的美好、生活的意义,给我留下了许多宝贵的东西。

　　我也非常庆幸自己能够在一个相对宽松、自由的家庭氛围里成长。我的父母虽然对我抱以较高的期望,我一度也因为不能接受他们在某些方面对我的管教而跟他们产生过剧烈的摩擦,但在我的个人志趣和职业选择上,他们却由着我的性子,没作要求或干涉。

尤为令我感怀的是，在20世纪70年代末80年代初，我的家境并不宽裕的时候，父母就超前地给我订阅了好些科普和文艺杂志，购买了不少科普读物，极大地满足了我的阅读需求。在我真正懂事并喜好读书之后，父母也没有强求我一定要埋头念功课、考高分、获得好名次，而是希望并鼓励我全面、均衡地发展。这使得我在中小学时代就能够拥有许多自己掌控的课余时间，以及一个自由探索、思考的广阔空间，用以从事课外阅读、社会活动和体育锻炼。

后来，虽然我没有如愿考上名牌大学念自己喜欢的生物学专业，但我在大学毕业第二年后得以顺利而又轻松地进行专业和职业的"转型"——从研究所来到报社，从工科转向文科，要说那也是自然而然、水到渠成的事情。我自信在职场上跟那些科班出身的绝大多数同行相比，毫不逊色、绝无羞愧。是父母在很大程度上促成了我的今天，使我得以愉快、自如地做自己喜欢做的事情。我为自己拥有这样的父母而感到欣慰、自豪。

我还想告诉读者朋友，有缘在少年时代"结识"阿西莫夫和叶永烈，真是我这辈子的福分。那之前，我一度走过一段下坡路。正当我在无聊、苦闷和迷茫中徘徊的时候，读到了阿西莫夫和叶永烈的科普与科幻作品，并由这些佳作引导，走进了科学的世界。

渐渐地，我成了一个忠实的"阿迷"和"叶迷"，愈发感受到了读书求知和思考、钻研问题的乐趣，个人的命运也因此而改变。少年时代那段心有所寄、热切期盼（读到他们的作品）的美好时光，令我终生难忘。事实上，这两位著名作家不仅仅是将我引进科学世界的出色的导游，而且还是我心中的偶像和指路明灯。他们已经深深地融入了我的事业和生活，并给我的人生带来了多彩的亮色。

正因为这些缘故，多年来我对阿西莫夫和叶永烈一直心存感激，怀有一种极为特殊、深厚无比的感情。2002年4月，在阿西莫夫逝世10周年之际，我与孙珉为北京电视台策划了一个名为《缘分的天空——阿西莫夫在中国》的专题节目，并且特意邀请永烈老师来到演播室做嘉宾，一起畅谈在

"科学的春天"里发生的故事。对我而言,这不正是自己"从幻想到现实"的一个活生生的体现吗?

同样也是带着感恩和感怀的心情,我想就《幻想》一书成稿的有关情况再多说几句。此书虽然是我的个人创作,但它却由一系列相互关联的机缘所促成,并凝聚了我的许多亲友的智慧和心血。

最早也许可以追溯到1992年10月10日。那天下午,我慕名去往北京师范大学拜访青年科幻作家吴岩,得到了他编印的一份《科幻小说教学研究资料》。不久,由吴岩介绍,我结识了《少年科学画报》的编辑徐来和两个科幻迷星河、杨鹏。记得,我们4个年轻人曾坐在一块,兴致勃勃地商议过科幻"接龙"的话题。

1998年秋的一天,徐来打来电话,约我给她所供职的杂志主持"科幻城堡"专栏,系统地介绍世界科幻名篇。我愉快地接受了邀请。从1999年1月开始,这个栏目(后来我建议改名为"奇幻城堡")在马真主编的支持和鼓励下,经由郑原、孙文鑫、蔡磊、韦小黎、张映光、温燕等编辑的努力,一直延续至今。

为写好专栏,我利用业余时间开始了对科学幻想作品的系统研究和思考。兴许可以这么说,在此过程中,我实现了由一个单纯的科幻爱好者向一个有目标的科幻研究者的角色转换。

十分幸运的是,在这方面,我很快又得到了机遇的垂青。

1999年夏的一天,我所供职的《科技日报》总编辑张飙找到我,让我给他兼管的《中国科技月报》撰写一篇有关科幻的特稿。在一个月之内,我写出了总计近4万字的两大篇文章《科学幻想,百年激荡》及《中国科幻百年》,分4次在杂志上连载。

随后,蒙主持杂志工作的于莘明、王绯两位抬爱,我在《中国科技月报》上开设了"科幻时空"专栏。时《北京晨报》改版,"想象空间"专刊编辑杨易看到我的文章,又约我在《北京晨报》上开专栏,从另一个角度介绍科学幻想的历程……

应该说，以上工作在很大程度上奠定了《幻想》一书的基础。

我特别要提及并感谢的是北京少年儿童出版社原副总编辑赵萌，她最早向我提出了将我的专栏文章汇集成书的具体构想；而且，通过她和北少领导刘子君、赵彤等的努力，争取到了北京市科普创作出版基金的支持。

不过，纯粹是由于我个人的原因，暂时还不能按照原来的设想写成系列书稿。除了时间因素，我深感苦恼的是应该采用怎样的表达方式，使其少一些"知识硬块"，更适合少儿读者阅读？

正巧，这时我的一位朋友匡志强博士正在策划一套书，试图打通科学与人文，将历史、科学、文学、艺术等各种文化融会贯通于一体，他把这套书取名为"大文化书系"。在跟他进行交流时，他建议我不妨撇开做"系列"的想法，先做一部"成人版"试试。这样，有了一个"总纲"式的东西，再作细化或通俗化，相对来说就会容易一些。

现在，这个尝试完成了，我也增强了创作"少儿版"系列书稿的信心。

《幻想》一书的写作，断断续续进行了一年多。

感谢匡志强、洪星范两位耐心的朋友和出版社容忍我一拖再拖，并做了精细的编辑、加工工作。

感谢王屹、范春萍为我审读了全部或部分书稿，并提出了精辟的修改意见。

感谢我的恩师、《中国食品报》原副总编辑王仁兴在学术研究和事业方向上给予我的重要指导及巨大的鼓励。

感谢我的上司、《科技日报》社社长助理李钢在创作上给予我的悉心指导和帮助。

感谢金涛、郭建中、李元、饶忠华、汤寿根、叶永烈、武夷山、吴岩、江晓原、刘兵、刘华杰、田松、杨虚杰、王洪波、孟雄、姚海军、凌晨、郑军、董仁威、戴文权等为我提供了有益的指导意见或相关资料。

感谢李新、董维义、冯澎、周维海、姚萍、费蓉龄、陈彬、吴迪、姜卫、白金龙、王艳梅等在制图和打字等方面给予我的具体帮助。

　　本书在撰写过程中，曾参考了大量文献，并从中引用了部分图片。由于资料来源广泛，无法一一列举，谨在此表示真诚的谢意。

　　末了，还要感谢我的太太刘深。除了帮助我斟酌字句、审读书稿，出了不少好主意，她还容忍我忙乎的时候头发"长得像个野人"，书房"比狗窝还乱"。

　　应该感谢的朋友还有很多，恕我不能一一列出，但我会永远铭记在心里。

　　写书虽是一场"苦役"，但在我看来，同时也是一次愉快、充实的思想之旅，何况我也喜欢。做这件事情让我澄清了心境、明确了方向、坚定了信念，进入到一片更为广阔的天地。写下这句话的时候，书中提到的"追梦人"戈达德的那句名言又在我的脑海里闪现：常常得到证实的是，因为昨天的梦想，就是今天的希望和明天的现实！

　　记得有一天晚上，写书写累了的时候，我独自出去散步，不知怎么突然想到：两年过后我就到"不惑之年"了，届时如果要写一篇"四十感言"的话，我会写些什么？

　　我想，我会回望一下自己曾经怀有的那些落了空的梦想，比照一下它们与现实和希望的距离。当然，这并不是苛求自己一定要取得多大的成绩。其实，做人做事最可贵的或许是：处得坦然、过得自在、活得开心。所以我要经常告诫自己，别把宝贵的生命和光阴耗费在无趣的追求、无聊的纷争和无谓的牺牲上，要做就做有意义且自己也感兴趣的事情。

　　这本书就算是我年届38岁时的一个"交代"罢。我希望今后几年能够不断地修订再版，也希望听取读者朋友的宝贵意见。我的联系地址是：（100038）北京复兴路15号科技日报社。电子邮件：asimov@126.com。

　　谢谢各位！

尹传红

2006年6月13日于北京

新版补记

照我看,最轻松、最开心的码字儿活计,就是书稿完成之后写"后记"了。

本书"初版后记"开篇提及,书稿交差的那天傍晚,我陪太太到公园里散步,"贪婪地做了好些深呼吸"。当初有两件事我没交代:一是那会儿我太太正身怀六甲,距生产只有不到3个月时间了;二是此前太太曾略带嘲弄口吻批评我说:孩子没影儿的时候你就整天忙乎写书,现在孩子都要出来了,你这书稿还没脱手,可真能拖呀!

呵呵,旧话重提,是要表明本人做事认真、精益求精,还是想检讨自己行事拖沓、积习难改呢?

不管怎么说,一番辛劳总算没有白费:在犬子尼莫将满7岁之时,我同样敝帚自珍的另一个孩子——《幻想》的第二版问世了。伴随着她的,还有几个意想不到的收获:先是在出版两年后的2009年,入选"上海市优秀科普作品";紧接着,问鼎2010年度上海市科学技术进步奖(系唯一一部获得该年度这一奖项的科普作品);在刚刚过去的2012年,又荣膺由国家科技部评出的30部"全国优秀科普作品"。

这五六年间,我不时也从所收来信或转述中,获知一些读者阅读《幻想》的感受。例如,2009年秋,湖南株洲一位退伍军人给我写信说:"我天生的兴趣是在自然科学方面,经历的坎坷又使我对人文社会科学产生了兴趣。因此,两方面的结合让我对科幻和军事理论情有独钟,现在正尝试科幻小说创作。今年年初我买到了您的那本《幻想》，非常喜欢，……希望以后能有机会向您请教。"

2010年春，一位小学校长发信告诉我，她是在南行的火车上，几乎一口气读完了《幻想》。她说，此前她还从未怀有这么大的兴趣，去阅读一本科学方面的书。而一位从事学术研究的文科博士则表示，《幻想》为她打开了一扇了解自然科学、尤其是天文学的窗口。读到半截儿的时候，她已然感觉到科学其实也非常有趣，并不是她原先所想象的那么枯燥。

这本书在一定程度上得到大家的认可，令我欣喜而又快慰。还有数位熟识，甚或不相识的朋友，如金涛、张志敏、匡志强、王卫英、董丽丽等，专为《幻想》撰写了评论或赏析文章，亦让我十分感怀。

特别要提及的是，金涛前辈多年来一直对我关怀备至、鼓励有加，并为我的科幻研究和创作提供了诸多高明的指导，以及大量的相关资料。就在半个月之前，我于科学普及出版社偶然看到金老师为其新著所撰序言中的一段话，直感叹这位著名的科幻作家的"预见力"，同时也非常感谢他对我的抬爱。他写道：

"这本《林下书香》是一个尝试，它在《科学时报》(今之《中国科学报》)的'读书'专版上前后坚持了近十年，受到读者欢迎，也对繁荣科普创作与出版起到了一定的推动作用。经过这个专栏率先评介的许多优秀作品，如潘家铮院士的科幻小说、卞毓麟的《追星》、张开逊的《回望人类发明之路》、尹传红的《幻想》等，都相继获得国家各种规格的奖励，即是一例。"

一个星期后见到金老师，我再次向他表示谢忱并报告：上个月在老家参加同学聚会时，我特意跟一位分别32年后重逢、名叫赖涛的同学合了个影。当年，13岁的我，正是从这位同学那里，通过阅读《大海妈妈和她的孩子们》一书，第一次知道了"金涛"这个名字，还有许多关于海洋的知识和故事。那个时候，怎么能够幻想到，若干年过后，我们这相隔千里的两辈人会有"交集"，并因之相熟而成为忘年交呢？

在"结识"金涛老师之前两年，大约在1979年春，我读到叶永烈老师写的《小灵通漫游未来》，眼界大开，心潮澎湃，对未来充满幻想和期待，同时也对科幻小说产生了浓厚的兴趣。稍后，又从报刊上读到叶老师写的许多科普、科幻作品，对他十分钦佩、仰慕。难忘我的少年时代，有一个时期，《少年科学》杂志连载叶老师的科幻作品，我非常喜欢、入迷，常盼着能够尽早一睹为快。每个月当中的某几天，在父亲下班回到家时，我总要向他问一声"《少年科学》来了没有？"

也没想到，十多年后，我会与叶老师相交相知，并在2002年4月一起成为北京电视台纪念阿西莫夫逝世10周年专题节目的嘉宾。又一个10年过后，在2012年8月举办的上海书展上，我还应科学普及出版社之邀，以叶老师当年小读者的身份，担当了叶老师新书读者见面会的嘉宾主持，共同回味那一段美好的阅读时光。也正是在那一天，得赠叶老师特意从美国带给我的一件礼物——阿西莫夫自传英文版和几本科幻画册。稍晚看到叶老师于书之扉页写下的一行字——送给"阿迷"传红，我又猛然意识到，这件礼物别具意义：这是我的一位偶像赠给我另外一位偶像的自传啊！

过后不久，跟一位朋友聊及"爱"，听对方感慨："……很多人一辈子连挚爱的人都没有找到。"当然，她指的是那样一种"爱"。这里，我却愿意把其范畴放宽，视为一种在承接开启心智、触及灵魂的滋养，并因此而心怀理想与希望的恩泽之后，所意愿回报的那样一种"爱"。对阿西莫夫和叶永烈两位"恩师"，我抱持的正是这样一种情感。《幻想》一书特别题献给他们，就是要感谢他们以幻想和真知"引导我走进科学世界并改变了我的人生道路"。

其实，在"科学的春天"里，我的科普阅读缘与福，不止于此。2009年9月18日，在一个科普界人士聚会的宴席上，我意外地见到"久违"了的科普界前辈甘本祓老师，惊喜不已。他在自我介绍时说："大家可能不记得我了。过去我也写过一些科普读物,20多年前去了美国……"我则在他落座之时给他敬酒,激动地对他说道:"甘老师,我还记得您!我小时候读过您写的书:《生活在电波之中》、《今天的科学》;还有您发表在《知识就是力量》上的两篇很有影响的文章:《茫茫宇宙觅知音》、《谁是电波报春人》。"

老人家睁大了眼睛,显得十分惊讶:"是吗?那时候你在哪里?多大年纪?"我告诉他,当时我在柳州,念小学五年级,11岁。我还说,《今天的科学》是分几辑出的,一个名叫练军的同学得知我只有第一辑,就表示愿意把他手头的第二辑送我。至今我还记得那天中午放学后,我在他家门外边等着他拿书时的情形。

与甘老师重续"前缘",我倍感亲切、温馨。几年来,我们鸿雁传书、沟通频繁,成了忘年交。其间,经我向担任"少儿科普名人名著书系"编委会主任的叶永烈老师推荐,甘老师的《生活在电波之中》新版很快得以面世。在新版"序曲"中,甘老师写了这样一段话:"感谢尹传红先生,是他告诉我少时曾是《生活在电波之中》的小'粉丝',才鼓起了我续修该书的热情。"而我,则把这看作是对自己当年所受教益的一种自然回报,说来我该感谢、感激、感恩他老人家才是啊!

事实上,也正是得益于甘老师早年所撰科普名作《茫茫宇宙觅知音》(该书修订本亦列入"中国科普大奖图书典藏书系"),本书修订时单独列出"茫茫宇宙觅知音"一章,并对原有相关文字作了大幅修改。甘老师的科普创作理念——"写科普不能板起面孔'讲课',应该用严肃的态度、生动的语言、恰当的比喻、必要而准确的数据来揭示所介绍的科技问题的精髓。这样才能使科普作品论之有物、看之有趣、听之有理、思之有获。"——对我很有启发。期盼《幻想》经过不断修订,能够达成这样的目标或效果。这也是作者最大的心愿。

我是在科普、科幻作品的熏陶和影响之下走进科学世界的。有缘在少年时代受此恩泽和滋养,得以健康、快乐地成长,并一步步实现自己当年的梦想,是我一辈子的福分。3年前,我在科学随笔自选集《星星还是那颗星星》的"后记"中,写下了这样一段话:"当一个人回首自己的童年和青年时代时,能够触动心灵的记忆,往往不是他有过怎样的生活,而是那时的生活中有过怎样的希望。"

上述几位科普界前辈,还有我没提到名字的若干师长,以及我所挚爱的奶奶和父母双亲,正是这样一些给年少的我带来希望的人,也是激励和助推我不断地把自己的各种幻想化为现实的人。我深深地缅怀和感激他们。

我也要特别感谢中国科普作家协会理事长刘嘉麒、中国科普研究所所长任福君、科学普及出版社社长苏青、北京市科委副主任朱世龙、北京市科协副主席周立军、《科技潮》杂志原主编嵇立平,还有科普界其他一些领导、专家和朋友章道义、李元、汤寿根、居云峰、姚义贤、李象益、陈芳烈、王直华、郭曰方、刘泽林、王渝生、翁经义、林之光、卞毓麟、石顺科、董仁威、松鹰、曾涛、柴俪杰、张秀智、赵萌、范春萍、黄天祥、赵颖华、焦国力、梁沂滨、肖健、王旭彤、张宇蕾、刘彦峰、常越、李海霞、潘涛、吴岩、王世平、张红叶、许英、杨虚杰、温学诗、王予南、孟雄、杜爱军、郭晶、郑念、沙锦飞、谢小军、刘永谋、胡俊平、钟琦、万琳琛、郑军、郑洪炜、吕鸣、王卫英、李英、谢丹杨等。他们这些年来给予我亲切的关怀、热心的支持以及各种各样的机会,使我得以参与跟科普、科幻相关的一些研究、编撰和培训工作。这对于我拓展视野思路、积累创作素材、推进本书修订,大有助益,也让我深感荣幸。

此次修订工作历时半年,在初版基础上增加了大约8万字,在篇章结构和标题上也做了较大的调整,相对弱化了初版过于偏重的天文学内容。此外,对一些叙述过于简略或生硬的部分,重新做了改写。其中所添补的部分文字,取自近年来我应邀为《科技日报》《工人日报》《中国科学报》、《科技导报》《科普研究》《中国国家天文》《北京晚报》《新华书目报》等撰写的栏目文章,就此特向相关报刊和责任编辑薛守仁、陈广仁、颜燕、王荣荣、张南茜、黄哲雯、李峥嵘、麻晓东、李芸、温新红、杨新美、王月菊、句艳华、吴蕴豪、郭晓博、熊伟表示感谢。

最后，特别感谢叶永烈老师和匡志强博士为新版《幻想》撰写序言，特别感谢湖北科学技术出版社的何龙社长与高然编辑为本书出版做出了精心的安排，并以极大的耐心一次次容忍我的拖沓。我也热切地期盼经过本次修订所呈现出来的《幻想》，更能为读者朋友所认可，乃至喜欢。

尹传红

2013年3月22日于北京